Die Schattenseite der Kreativität

David Cropley

Arthur Cropley

Die Schattenseite der Kreativität

Wie Kriminalität und Kreativität zusammenhängen – eine psychologische Analyse

 Springer

David Cropley
School of Engineering
University of South Australia
Mawson Lakes, Australia

Arthur Cropley
Adelaide, Australia

ISBN 978-3-658-22794-4   ISBN 978-3-658-22795-1   (eBook)
https://doi.org/10.1007/978-3-658-22795-1

Die Deutsche Nationalbibliothek verzeichnet diese Publikation in der Deutschen Nationalbibliografie; detaillierte bibliografische Daten sind im Internet über http://dnb.d-nb.de abrufbar.

Ursprünglich erschienen unter: Creativity and Crime: A Psychological Analysis, Cambridge University Press, 2013

Fotonachweis Umschlag: © yuriyzhuravov, Adobe Stock
Umschlaggestaltung: deblik Berlin

Springer ist ein Imprint der eingetragenen Gesellschaft Springer Fachmedien Wiesbaden GmbH und ist ein Teil von Springer Nature
Die Anschrift der Gesellschaft ist: Abraham-Lincoln-Str. 46, 65189 Wiesbaden, Germany

Vorwort

Fast ausnahmslos wird Kreativität bewundert. Und das zu Recht. Auf sowohl individueller als auch sozialer Ebene ist sie Motor des Wachstums und der Erneuerung und trägt wesentlich zum menschlichen Wohlergehen in spirituellen, künstlerischen, wissenschaftlichen, technologischen, wirtschaftlichen, industriellen und weiteren Bereichen bei. So erstaunlich es jedoch klingen mag, hat die Kreativität auch eine Schattenseite, die ihr inhärent ist. Zum Beispiel: die Produkte von Kreativität besiegeln den Untergang anderer Produkte; kreative Prozesse verwerfen das Altbekannte auf Kosten derjenigen Menschen, die viel darin investiert haben; die persönliche Disposition zur Kreativität umfasst die Bereitschaft, die Bequemlichkeit anderer zu zerrütten.

Kriminalität bedeutet das absichtliche Begehen gesetzlich verbotener Handlungen – ohne Rücksicht auf die Folgen für andere Menschen oder manchmal sogar mit direkt böswilliger Absicht (wie im Falle des Terrorismus). Die Vorteile, die sich daraus ergeben, sind keineswegs trivial. Heutzutage wirft die Kriminalität 3,6 % des weltweiten Bruttoinlandsprodukts ab (Fedotov 2012) und gehört zu den zwanzig führenden „Volkswirtschaften" der Welt. Sogar wenn sie nur den 20. Platz einnähme, bedeutete dies immer noch, dass die Kriminalitätswirtschaft größer ist als die von Saudi-Arabien, Belgien, Norwegen oder Südafrika. Der interessantere Aspekt der Kriminalitätswirtschaft ist jedoch nicht ihr schieres Ausmaß, sondern ihre *Qualität*: Laut Brian Nichols, Principal Deputy Assistant Secretary des US Bureau of International Narcotics und Law-enforcement Affairs (Nichols 2012)[1], zeigen moderne Kriminelle eine beträchtliche Anpassungsfähigkeit. Wie Nichols es ausdrückte sind die Terroristen von heute im Begriff, *kriminelle Unternehmer* zu werden. Wenn Verbrecher neuartige Maßnahmen generieren, um ihre gesetzlich verbotenen Handlungen wirkungsvoller zu gestalten, fusionieren Kriminalität und Kreativität.

Der Betrüger, der eine neue Methode des Betrugs erfindet oder der Dieb, der einen neuen Weg findet, um etwa ein Alarmsystem zu überwinden, entwickelt Maßnahmen, die einen hohen Neuheitsgrad aufweisen und, wenn sie gut funktionieren, auch hohe Wirksamkeit. In diesem Sinne sind solche Verbrecher kreativ, auch wenn wir mit ihren Zielen nicht einverstanden sind. Dennoch bleibt die aktuelle analytische Terminologie nur unzureichend ausgestattet, um solche Aspekte der Kriminalität zu besprechen. Dem Mainstream-Denken mangelt es an einem Modell für die Analyse von Fällen, bei denen das Ziel von Kreativität darin liegt, illegalen Zwecken zu dienen. Im Ergebnis wird dadurch unter anderem die Fähigkeit beeinträchtigt, wirksame Gegenmaßnahmen zu ergreifen.

Agnew (2011) wies darauf hin, dass ein umfassenderes Modell der Kriminalität neue Einblicke liefern und neue Forschungsfragen aufwerfen würde. Parallel dazu gaben James und Taylor (2010) ausführlichere, für dieses Buch relevante Gründe an, warum

---

[1] Beide Reden: ► http://www.huffingtonpost.com/2012/04/23/crime-business-united-nations_n_1445742.html?ref=business. Zugegriffen: 24. April 2012.

mehr Wissen über die Schattenseite der Kreativität notwendig ist. Neue Erkenntnisse würden:

- eine neue Dimension für kriminologische Studien einführen;
- die Ermittlung der Umstände erleichtern, die zur Erzeugung dunkler Kreativität führen;
- die Analyse spezifischer Situationen vertiefen, um ihre „Vulnerabilität" für die dunkle Kreativität beurteilen zu können;
- helfen, zielgerichtete Gegenmaßnahmen gegen die dunkle Kreativität zu entwerfen.

Diese Autoren erwähnten auch einen weiteren Grund, warum Wissen über und Einblicke in die dunkle Kreativität wichtig sind. Solche Erkenntnisse würden helfen, Anstrengungen und Kosten zu vermeiden, die sonst durch den Einsatz unwirksamer Handlungen verschwendet würden. Sie hoben also auch den praktischen Aspekt der Verbesserung von Effizienz (im Gegensatz zur Wirksamkeit) der Strafverfolgung hervor und erwähnten ausdrücklich die Verschwendung von Mitteln durch den Einsatz von Gegenmaßnahmen zur Abwendung „falscher Bedrohungen" (2010, S. 35).

James und Taylor (2010) wandten sich speziell dem Terrorismus zu und zitierten Schneiers (2000, S. 238) Diktum: „Wenn Sie die wirklichen Bedrohungen gegen das System nicht kennen, woher sollen Sie wissen, welche Art von Gegenmaßnahmen zu ergreifen sind?"[2] Sie zitierten den Aufruf des US-Komitees für Wissenschaft und Technologie zur Bekämpfung des Terrorismus (CSTCT 2002, S. 214), das mehr Kreativität bei der Identifizierung von Bedrohungen und der Erarbeitung von Reaktionen, die diese Bedrohungen vereiteln könnten, forderte. Das Komitee rief also nach Kreativität in der Terrorismusbekämpfung! In einem ganz anderen Bereich empfahlen Wilks und Zimbelman (2004) eine Verringerung der Vorhersehbarkeit von gegen Steuerbetrug gerichteten Bilanzprüfverfahren durch die Einführung von *Überraschungen* wie etwa stetig wechselnde Termine bei den Kontrollen.

In diesem Buch werden wir einen konzeptionellen Rahmen für ein erweitertes Verständnis von Kriminalität aufbauen, welcher auf psychologischen Faktoren basiert, die in der Kreativitätsforschung eingehend erörtert worden sind. Anschließend werden wir auf praktische Implikationen unserer Analyse aufmerksam machen sowie anwendungsbezogene Vorschläge unterbreiten. Letztere werden sich allerdings allein auf Gegenmaßnahmen fokussieren, da wir keinesfalls vorhaben, ein Handbuch für kreative Verbrecher zu schreiben.

Für ihre Unterstützung der Vorbereitung dieser deutschsprachigen Fassung des Buches und die damit einhergehende sprachliche Beratung sind wir Katharina Heberer dankbar.

---

[2]   Diese und alle anderen Übersetzungen aus dem Englischen wurden von A. J. Cropley gemacht. Alle kursiv geschriebenen Hervorhebungen in den Zitaten wurden von uns hinzugefügt.

In diesem Text schließt die maskuline Form bei allen Bezeichnungen auch Frauen mit ein, es sei denn vom Kontext her klar ist, dass ausschließlich Frauen bzw. Männer gemeint sind.

David Cropley
Arthur Cropley

Inhaltsverzeichnis

Kreativität und Kriminalität: Grundüberlegungen

© Springer Fachmedien Wiesbaden GmbH, ein Teil von Springer Nature 2019
D. Cropley, A. Cropley, *Die Schattenseite der Kreativität*,
https://doi.org/10.1007/978-3-658-22795-1_1

Um den Zusammenhang zwischen Kreativität und Kriminalität systematisch zu besprechen ist es notwendig, erstens Kreativität und Kunst „abzukoppeln" und zweitens zwischen „listenreicher" und tagtäglicher „Straßenkriminalität" zu unterscheiden. Auch müssen die konkreten *Erscheinungsformen* von Kreativität hervorgehoben werden, weil gesetzwidrige Verhaltensweisen für die Kriminalität kennzeichnend sind; es ist kein Verbrechen, einfach vom großen Coup zu träumen. Dem selten besprochenen Thema der *Absicht* hinter Kreativität kommt auch eine besondere Bedeutung zu, denn böswillige Absicht ist der kreativen Kriminalität inhärent. Unterschiedliche Kombinationen aus schlechter Absicht und schlechtem Ergebnis (für jemanden) führen zu speziellen Arten von Kreativität, die meistens kriminell sind.

Über die Jahre ist die „dunkle Kreativität" durch verschiedene Autoren aus unterschiedlichen Standpunkten besprochen worden (z. B. Nebel 1988; McLaren 1993; D. H. Cropley et al. 2010). In diesem Buch versuchen wir nicht, uns mit allen Aspekten dieses Themas auseinanderzusetzen, sondern wir fokussieren auf diejenigen Aspekte, die für unsere Zwecke relevant sind. Insbesondere grenzen wir die Begriffe „Kreativität" und „Kriminalität" ein. Diese Schwerpunktsetzung führt zu einer bestimmten Beschränkung der Diskussion im Dienste einer fokussierten Abhandlung. Um Missverständnisse zu vermeiden, gehen wir im Folgenden auf diese Beschränkungen ein.

1.1 Beschränkung der Diskussion von Kreativität

Wir betrachten die Kreativität *nicht* als das besondere persönliche Eigentum außergewöhnlicher Individuen, welches diese von anderen Menschen abgrenzt und ihnen eine fast übermenschliche Kraft gibt, kreativ zu sein. Im Gegenteil: Wir verstehen Kreativität – wie diese in den ▸ Kap. 3 und 4 eingehender definiert wird – als etwas, wozu alle Menschen fähig sind, zumindest potenziell. Es muss allerdings zugegeben werden, dass Kreativität auf unterschiedlichen Ebenen erfolgt – z. B. gelegentliche Kreativität im Alltag versus weltbewegende, Paradigmen ändernde Kreativität auf der Weltbühne – und dieser Unterschied spiegelt sich auch in der kriminellen Kreativität wider. Folglich befassen wir uns hier *nicht* etwa mit dem Problem, dass die erhabene Kreativität berühmt gewordener Künstler, Schriftsteller, Musiker oder ähnlicher Menschen manchmal dazu führt, dass sie mit dem Gesetz in Konflikt geraten. Dieser Konflikt ergibt sich zum Beispiel aus Ungeduld mit konventionellen Bräuchen oder wegen des Wunsches, die Öffentlichkeit durch überraschende, schockierende oder sogar ekelhafte Verhaltensweisen zu beeinflussen. Ein Beispiel für Verhalten dieser Art bietet der Fall eines Künstlers in Großbritannien, der menschliche Körperteile aus frischen Gräbern stahl, damit er diese in Kunstwerken nutzen konnte.[1] Einige Fachleute fanden die Ergebnisse des Diebstahls künstlerisch kraftvoll und technisch wagemutig; als die Polizei darauf negativ reagierte, empörte sich der Künstler über die Einmischung in seine künstlerische Arbeit.

Das Buch geht auch *nicht* auf die innere Qual oder die Suche nach neuen Wahrheiten ein, die kreative Denker dazu bewegen können, in dunkle Schattenlandschaften des Geistes einzutauchen, wohin zu gehen andere Menschen nicht wagen (Gabora und Holmes 2010, S. 283–284). Die Folgen können Schäden für ihre körperliche und

---

1   ▸ http://www.independent.ie/world-news/parts-of-bodies-stolen-for-art-casts-452817.html. Zugegriffen: 20. Apr. 2012.

geistige Gesundheit sein. Zum Beispiel gibt es zahlreiche Dichter, Schriftsteller, Musiker und Maler des 20. Jahrhunderts, die Selbstmord begingen, darunter Sylvia Plath, Anne Sexton, Ernest Hemingway, Virginia Woolf, David Foster Wallace, Jimmy Hendrix, Kurt Cobain und Janice Joplin.

1.2 Beschränkung des Kriminalitätsbegriffs

Die traditionelle Kriminologie schenkt der Straßenkriminalität (Vergewaltigung, Tätlichkeiten, Raub, Vandalismus, Drogenhandel usw.) viel Aufmerksamkeit. Im vorliegenden Buch fokussieren wir dagegen auf Verbrecher, die Scharfsinn und List als Werkzeug einsetzen, um ihre Arbeit besser zu machen. Solche Merkmale grenzen ihre einfallsreiche Kriminalität von ungeplanten, impulsiven, opportunistischen, sorglosen oder rohen Verbrechen, brutaler Gewalt, sinnlosem Vandalismus oder wilden und unkontrollierten, antisozialen Verhaltensweisen ab. Ein einfaches Beispiel für die für uns *un*interessante Art von Kriminalität – zumindest im Rahmen dieses Buches – ist folgender Vorfall.[2]

In einer kanadischen Kleinstadt war ein Junge aus sehr unterprivilegierten Verhältnissen unterwegs ins Kino. Er hatte kein Geld, hoffte aber trotzdem irgendeinen Weg zu finden, in den Besitz des notwendigen Betrags zu gelangen. Unterwegs sah er einen geparkten Kleinlastwagen mit einem brandneuen Fernseher an Bord, auf den gerade in diesem Moment niemand aufpasste. Er entlud den Fernseher, trug ihn in eine nahe gelegene zwielichtige Gaststätte und bot ihn für Can$ 20 zum Verkauf an. Es fand sich schnell ein Käufer und der Junge ging direkt weiter ins Kino. Am selben Abend wurde er von der Polizei verhaftet, die wenig Schwierigkeiten hatte, ihn als Täter aufzuspüren. Er erzählte, dass er das Geld gebraucht habe, um ins Kino zu gehen. Deshalb habe er den Fernseher auch für nur Can$ 20 verkauft, weil er nur diesen Betrag benötigte. Als weiter gefragt wurde, was er das nächste Mal tun würde, wenn er wieder Geld brauchte, sagte er einfach, dass er etwas Anderes klauen würde; bis jetzt habe das immer auf die eine oder andere Weise geklappt. Als er schließlich auf den Schmerz hingewiesen wurde, den er anderen Leuten zufügen würde, zuckte er einfach mit den Schultern. A. J. Cropley und Davis (1976) zeigten, dass diese Unfähigkeit mit den Opfern mitzufühlen, ein prominentes Merkmal solcher Jugendlichen ist.

In starkem Kontrast zu diesem Fallbeispiel steht die Art von Kriminalität, für die wir uns in diesem Buch interessieren. Das Leben und Werk von Shirley Pitts, die „Königin der Ladendiebe" (Gamman 2013), bietet ein lehrreiches Beispiel dieser Art von Kriminalität. Shirley wurde 1934 in eine Familie professioneller Diebe geboren und war bereits im Alter von kaum mehr als zwanzig als einer der führenden Ladendiebe in Großbritannien bekannt. Sie liebte schöne Kleidung und spezialisierte sich darauf, teure Modeläden im Londoner West End auszurauben. Sie nahm Bestellungen für Kleidung im Voraus an und stahl dann, was immer die Kundin verlangte. Sie operierte auch auf dem Kontinent und führte Teams von Dieben nach Paris und Genf. Sie benutzte viele Pseudonyme und erfand persönliche Verkleidungen und raffinierte Ladendiebstahltechniken. Zum letzteren gehörte das Auskleiden von Einkaufstüten mit Alufolie, damit elektronische Sicherheitsetiketten das Alarmsystem nicht aktivierten, wenn

---

2   Diese Anekdote stammt aus A. J. Cropleys Zeit als praktizierender Psychologe in Kanada.

1

Shirley mit gestohlener Ware Geschäfte verließ. Sie verbrachte sehr wenig Zeit hinter Gittern und war eine der wenigen Frauen in Großbritannien, denen es je gelungen ist, aus dem Gefängnis zu entkommen. Gegen Ende ihres Lebens begann sie, ihre Lebenserinnerungen zu diktieren. Nach dem Tod erhielt sie eine einer Königin würdige Prominentenbeerdigung.

Wir untersuchen auch *nicht* die Lebensumstände, wie etwa Deprivation oder Vorurteil, die laut einiger Forscher bestimmte glücklose Menschen – wie den oben erwähnten Junge in Kanada – mehr oder weniger dazu zwingen sollen, sich in die Kriminalität zu flüchten. Auch *un*berücksichtigt bleibt die Frage der Fairness von Definitionen, welche bestimmte Verhaltensweisen als Verbrechen verfemen, obwohl diese Verhaltensweisen in einigen (oft weniger starken) sozialen Untergruppen als unbedenklich eingestuft werden (z. B. die Kultivierung und Verwendung von Marihuana). Solche Themen sind nicht bedeutungslos oder trivial, sie liegen jedoch außerhalb des Fokus dieses Buches.

Nur beiläufig geht das Buch auf positive Verknüpfungen von Kreativität und Kriminalität ein, zum Beispiel die Anwendung von Kreativität als konstruktivem Zeitvertreib oder Therapie für inhaftierte Kriminelle (z. B. Kunst, Theater, Musik oder kreatives Schreiben), sowie als prosoziale Aktivität für sozial gefährdete, entfremdete Jugendliche (z. B. durch die Teilnahme an Theater- oder Musikgruppen). Auch fokussieren wir *nicht* auf die negativen Folgen von Kriminalität für die Verbrecher, sondern nur auf die Folgen für den Rest der Gesellschaft. Dies erfolgt nicht aus Mangel an Interesse oder Respekt für solche Themen, sondern weil sie außerhalb unseres Schwerpunkts liegen: dieser umfasst den bewussten Einsatz von Kreativität, um eine bessere kriminelle Ausbeute zu erzielen bzw. im Falle von Terroristen schlimmere Verwüstung zu erzeugen.

Am deutlichsten ist die Art von Kriminalität, für die wir uns hier interessieren, in Bereichen wie Betrug zu sehen, aber auch bei einigen Formen von Diebstahl, Mord und Cyberkriminalität, organisiertem Verbrechen, Drogenschmuggel, Menschenhandel u. ä. und – von besonderer Bedeutung heutzutage – Terrorismus. Wir sprechen von „einfallsreicher" oder „listenreicher" Kriminalität (Ekblom und Tilley 2000), um diese Art von Kriminalität von der ungeplanten, impulsiven, opportunistischen, fast stumpfsinnigen Handlungsweise des jungen Mannes, der den Fernseher stahl, zu unterscheiden. Noch auffälliger ist der Unterschied zwischen listenreicher Kreativität und brutaler Gewalt, sinnlosem Vandalismus oder den unkontrollierten, asozialen Verhaltensweisen von etwa habituellen Schnellfahrern oder opportunistischen Plünderern.

1.3 Der Kreativitätsbegriff

Der Terminus „Kreativität" gehört zum alltäglichen Wortschatz. Dennoch, wie die ► Kap. 3 und 4 zeigen werden, wird das allgemeine Verständnis von Kreativität durch konnotative Nuancen stark beeinflusst. In ► Kap. 5 werden wir ausführlicher darüber diskutieren, dass die Umsetzung vorhandener Erkenntnisse über Kreativität durch die weitverbreitete Annahme verhindert wird, dass Kreativität immer gut ist. Zusammen mit ► Kap. 3 bietet folgender Abschnitt eine eingehendere Klarstellung dessen, was wir in diesem Buch unter „Kreativität" verstehen. Spätere Kapitel werden auch auf das Problem der Unschuldsannahme im Falle von Kreativität eingehen.

1.3.1 Kreativität der „Zweiten Generation"

Schon früh ist die Kreativität wiederholt Gegenstand einer regen Diskussion gewesen (z. B. Platon in seinem *Ion*). Aber der moderne Terminus tauchte erst vor ca. 150 Jahren in der Umgangssprache auf; nach Websters Wörterbuch erst 1875 in englischer Sprache,[3] zeitgleich mit dem Begriff „Intelligenz" im modernen Sinne. Sowohl Lombroso (1889) als auch Galton (1869), letzterer einer der Gründer der modernen empirischen Erforschung der Intelligenz, untersuchten Elemente dessen, was heute „Kreativität" genannt wird, ohne von diesem damals mehr oder weniger unbekannten Terminus Gebrauch zu machen.

In diesem Buch fokussieren wir auf die „moderne Kreativitäts-Ära", die mit der bahnbrechenden Rede von J. P. Guilford im Jahre 1949 (veröffentlicht als Guilford 1950), als er Präsident der American Psychological Association wurde, datiert werden kann. Guilford verlangte nach einer umfassenderen Sichtweise der menschlichen intellektuellen Fähigkeiten, die nicht nur die Suche nach „korrekten" Antworten berücksichtigen sollte, sondern auch die Generierung mehrerer Alternativantworten. Obwohl er auch persönliche Merkmale kreativer Menschen besprach, wird seine Rede meistens wegen seiner Betonung kognitiver Prozesse zitiert. Auf die Arbeit vor-Guilford'scher Denker werden wir nur kurz eingehen und überwiegend auf die neueren Forscher Bezug nehmen. Darüber hinaus wird unsere Diskussion sehr stark auf psychologische Erwägungen ausgerichtet sein, nicht etwa auf solche der Ästhetik oder der Philosophie.

Obwohl Guilford selbst und andere frühe psychologische Vordenker der modernen Kreativitäts-Ära, wie etwa Maslow, May, Rogers und Torrance, ausführlich über die Kreativität von gewöhnlichen Menschen und im Alltag schrieben, diente lange Zeit die Arbeit „herausragender historischer Figuren" (McWilliam und Dawson 2008, S. 634) als der Maßstab für die Untersuchung von Kreativität. In einer klassisch gewordenen biografischen Studie konzentrierte Ghiselin (1955) zum Beispiel auf berühmte Figuren wie Wolfgang Amadeus Mozart, Vincent van Gogh, Henry James, Henry Moore, Henry Miller, Stephen Spender und Thomas Wolfe. Damit wird nicht behauptet, dass sich früh in der modernen Ära niemand für „normale" Menschen interessierte, aber eine starke Schieflage der Forschung ist zu beobachten. Diese Fokussierung ist nicht gänzlich verschwunden, und wir wollen nicht suggerieren, dass sie es sollte. Ein ziemlich aktuelles Beispiel wären Csikszentmihalyis (z. B. 1996) Interviews mit als hochkreativ geachteten Menschen im Zuge der Entwicklung seines „Flow"-Modells. Kampylis (2010) beobachtete, dass anerkannt herausragende Persönlichkeiten manchmal einfach konventionelle Stereotypen über sich selbst wiederholen, die ihren besonderen Status verstärken – wie etwa die Vorstellung, dass sie eine Art von Conduit für Mitteilungen höherer Mächte sind, dass kreative Menschen alles für Kreativität opfern, oder dass sie über allen konventionellen Standards und Normen stehen. Infolgedessen wurde die frühe Erforschung der Kreativität durch Stereotypen erschwert, die dazu neigen die Wahrheiten über Kreativität eher zu verschleiern als zu erhellen. Silvia, Kaufman, Reiter-Palmon und Wigert (2011) sprachen sogar von „Anmaßung".

Auch wenn sie sich auf solche erhabenen Schöpfer nicht beschränkten, neigten frühe moderne Forscher zumindest dazu, auf Inhaltsbereiche zu fokussieren, die als intrinsisch kreativ oder als für Kreativität besonders geeignet betrachtet werden. Dies setzte den

---

3   Siehe: ▶ http://www.merriam-webster.com/dictionary/creativity. Zugegriffen: 23. Nov. 2017.

1

vor-Guilford'schen Ansatz fort, der auf weltbewegende Kreativität konzentrierte, etwa in den Künsten (z. B. Cattell et al. 1918; Patrick 1937), in der Literatur (z. B. Colvin und Meyer 1906; Patrick 1935), oder der Erfindung (z. B. Royce 1898; Rossman 1931). McWilliam und Dawson (2008, S. 634) bezeichneten solche auf herausragende Figuren und anerkannt kreative Felder fokussierte Forschung als die „Erste Generation" der Kreativitätsforschung. Diese Autoren wiesen darauf hin, dass die „Zweite Forschungsgeneration" jetzt erschienen ist. Diese umfasst auch Menschen, deren Produkte keine öffentliche Anerkennung finden, und Tätigkeitsfelder, die als tagtäglich betrachtet werden (z. B. Büroarbeit). Diese Erweiterung des Blickfelds erweist sich als für das Verständnis kreativer Kriminalität besonders hilfreich. Benötigt wird eine Konzeptualisierung von Kreativität, die zwischen ihrem Ausdruck in erhabenen und mehr oder weniger selbstverständlich bewundernswerten Formen und in alltäglichen – möglicherweise verwerflichen – Formen, wie etwa Kriminalität, systematisch unterscheiden kann.

1.3.2 Die „Abkopplung" von Kreativität

Ein zweiter wichtiger Aspekt der jüngeren Kreativitätsdiskussion ist die Notwendigkeit der „Loskettung" [engl.; unchaining] der Kreativität von der Kunst – wie es McWilliam et al. (2011, S. 113) bildhaft ausdrückten. Die Kreativität muss „abgekoppelt" [engl.: unhooked] werden. In einer Analyse der schulbezogenen Kreativitätsforschung in Australien zeigte A. J. Cropley (2012) auf, dass es dort, wie auch in vielen anderen Ländern, eine deutliche Tendenz gibt, Kreativität mit künstlerischen Aktivitäten gleichzusetzen. McWilliam und Dawson (2008, S. 634) fassten die Situation mit fast schockierender Klarheit zusammen: Im Bildungswesen läuft die Kreativität Gefahr, „an die Grenzgebiete verbannt" zu werden.

Die Annahme, dass Kreativität auf künstlerisch-ästhetische Aktivitäten beschränkt sei, ist plausibel: Sie macht intuitiv Sinn und entspricht wahrscheinlich dem alltäglichen Verständnis von Kreativität. Aber Woodman, Sawyer und Griffin (1993) wiesen darauf hin, dass Kreativität viel mehr bedeutet. Heutzutage wird sie als Bestandteil einer breiten Palette von Tätigkeitsfeldern betrachtet: zum Beispiel Architektur (z. B. Williams et al. 2011), Design (z. B. Lewis 2005), das Ingenieurwesen (z. B. D. H. Cropley und Cropley 2000), Industrie, Handel und Wirtschaft (z. B. Haner 2005), Ergotherapie (z. B. Schmid 2012) oder Sport (z. B. Eisenberg 2005). Nun erweitern wir diese Diskussion noch weiter, um auch Kriminalität einzubeziehen. Eine weitere Einschränkung des Verständnisses von Kreativität, über die sich A. J. Cropley (2012) beschwerte, ist der Glaube, dass Kreativität und konventionelle „Intelligenz" miteinander unvereinbar sind. Was für die vorliegende Diskussion von zentraler Signifikanz ist, ist das Verständnis von Kreativität als ein umfassenderes Phänomen, das weit über künstlerische Leistungen hinausgeht und weit mehr als eine kleine Gruppe von außergewöhnlich klugen oder ansonsten außergewöhnlichen Individuen betrifft.

1.3.3 Fokus auf die Ergebnisse kreativen Handelns

Oft diskutierten frühe moderne Forscher Kreativität in Bezug auf Denkprozesse (z. B. divergentes Denken) oder für Kreativität förderliche persönliche Merkmale (▶ Kap. 3) nicht aber hinsichtlich der Ergebnisse kreativen Handelns. Sogar einer der Autoren dieses Buches (A. J. Cropley 1967) sowie zum Beispiel Albert (1990) gingen so weit, dass sie empfahlen, die Ergebnisse von Kreativität außer Acht zu lassen. Solche Autoren kamen damals zu dem Schluss, dass es einfach zu schwierig sei, objektive Kriterien der Kreativität herauszuarbeiten. Darüber hinaus schienen Kriterien der Kreativität zu kultur- und epochenspezifisch, um in der Forschung eingesetzt zu werden. Aber Guilford selbst (z. B. 1950) hob die Notwendigkeit hervor, dass Kreativität zu etwas Nützlichem führe. MacKinnon (1978, S. 187) kam zu dem Schluss, dass die Analyse der Ergebnisse von Kreativität „das Fundament aller Studien der Kreativität" sei und auch Bailin (1988, S. 5) legte das Schwergewicht unmissverständlich auf die Ergebnisse: „Der alleinige kohärente Weg Kreativität zu verstehen, ist anhand der Herstellung wertvoller Produkte". Wie wir später zeigen werden, ist das Studium der Ergebnisse von Kreativität mittlerweile gut etabliert (z. B. Besemer und O'Quin 1999; D. H. Cropley und Cropley 2010a, 2016; Hennessey und Amabile 1999).

1.4 Böswillige Kreativität

Forscher haben eine Vielzahl von Etiketten für „schlechte" Kreativität entwickelt, darunter „übelgesinnte" [engl.: cantankerous] Kreativität (Silvia et al. 2011), „perverse" Kreativität (Salcedo-Albarán et al. 2009, S. 4) und „ungezügelte" [engl.: unbridled] Kreativität (Craft, Gardner und Claxton 2008, S. 169). In diesem Abschnitt wollen wir auf ein Problem eingehen, das in der Vergangenheit kaum thematisiert wurde: Es gibt nicht nur Kreativität mit schlechten Folgen, sondern auch solche mit der vollen Absicht, negative Folgen für andere Menschen herbeizuführen. Wir haben dies bereits als „böswillige" [engl.: malevolent] Kreativität bezeichnet (z. B. D. H. Cropley et al. 2008, S. 105).

Zwei Aspekte böswilliger Kreativität sind für unsere Diskussion besonders interessant. Der erste ist das, was sich aus der Kreativität ergibt: typischerweise eine wirkungsvolle und neuartige Lösung für ein Problem der Person, welche die Kreativität hervorbringt. Der zweite ist *die Absicht* hinter der Kreativität. Ohne die Absicht Schäden zu verursachen, bleibt Kreativität mit unglücklichen Folgen lediglich negativ; sie ist nicht böswillig. McLarens (1993) Analyse „der dunklen Seite von Kreativität" liefert eine Vielzahl lehrreicher Beispiele für schädliche Folgen, die jedoch nicht böswillig waren, weil ihnen die böse Absicht fehlte.

Die böswillige Kreativität ist wohl bei der Wirtschaftskriminalität am deutlichsten zu sehen; zum Beispiel als finanzieller Betrug mittels „kreativer Buchhaltung" – wie im Falle Enron. Diese Firma war ein amerikanischer Energiehändler und -lieferant, der 1985 gegründet wurde. In den 1990er Jahren schuf das Unternehmen durch zweifelhafte – wenngleich nicht illegale – Buchführungspraktiken die Illusion massiver Profite. Das Ergebnis war, dass sein Aktienkurs US$ 90 erreichte. Als es nicht mehr möglich war, sogar mithilfe „kreativer" Buchhaltung, die Schulden des Unternehmens zu verschleiern, sackten die Anteile sehr schnell auf US$ 0,26 ab. Die Gesellschaft meldete Insolvenz an und Gläubiger und Aktionäre erlitten Verluste in Milliardenhöhe. Mehrere Führungskräfte wurde ins Gefängnis geschickt.[4] Im ► Kap. 8 werden wir besonderes Augenmerk

---

4 Für weitere Informationen s. ► www.investopedia.com/updates/enron-scandal-summary/. Zugegriffen: 28. Feb. 2018.

auf Betrug legen, denn hier ist die Rolle von Einfallsreichtum, unerwarteten Assoziationen oder dem Mut, etwas Neues zu versuchen, am deutlichsten. Allerdings ist böswillige Kreativität auch bei Straftaten zu sehen, die das alltägliche Leben normaler Menschen berühren, angefangen von Ladendiebstahl, Einbruch und Raub bis hin zu Mord und letztlich Terrorismus.

Die Unterscheidung zwischen Kreativität mit böswilliger und mit wohlwollender Absicht erweitert die für unsere Zwecke relevante Klassifikation von Kreativität von zwei (positiv versus negativ) auf vier Kategorien (absichtlich negativ, unabsichtlich negativ, absichtlich positiv und – schwer vorstellbar in der Praxis, aber theoretisch möglich – unabsichtlich positiv). Diese differenziertere Kategorisierung macht es möglich, die Aufmerksamkeit von einer Fokussierung allein auf die Auswirkung von Kreativität weg zu bewegen und stattdessen auch psychologische Aspekte zu berücksichtigen. Wenn die Kreativität zu einem Ergebnis führt, das unbestreitbar negativ ist, kann es nun noch differenzierter untersucht werden, nämlich hinsichtlich der Absicht des dafür verantwortlichen Menschen. Wo es – wie beim Anschlag auf das Welthandelszentrum in New York am 11. September, 2001[5] – eindeutig ist, dass die Absicht war, anderen Schäden zuzufügen, wird das Etikett „negative“ Kreativität durch „absichtlich negative“ Kreativität ersetzt.

Der 9/11-Anschlag war sowohl neuartig als auch wirkungsvoll; er war also kreativ. Die vom Anschlag verursachte Verwüstung war nicht das Ergebnis einer zufälligen Kombination von Umständen oder ein unglückliches Nebenprodukt, sondern sie war das Hauptziel der Aktion. Der Anschlag hatte nicht nur ein negatives Ergebnis, sondern auch eine negative Absicht. Die Erfindung des Verbrennungsmotors hingegen, welche zu sowohl Luftverschmutzung als auch Millionen von Todesfällen in Autounfällen geführt hat, bietet ohne Zweifel ein Beispiel für Kreativität mit negativen Folgen, sie ist jedoch kein Beispiel für böswillige Kreativität. Es erscheint sehr unwahrscheinlich, dass Karl Benz, der das erste Automobil baute und patentierte, dies mit der Absicht der Umweltverschmutzung oder der Tötung von Menschen tat. Die negativen Folgen seiner Erfindung sind unbeabsichtigte und unvorhergesehene negative Aspekte der erfolgreichen Lösung des ursprünglichen Problems – wie man die menschliche Mobilität verbessern könnte. Wenn ausschließlich die Folgen (viele Todesopfer) entscheidend wären, müssten wir zum Schluss kommen, dass Benz ein schlimmerer Täter war als die 9/11-Terroristen, er wird jedoch eher als Wohltäter gefeiert.

1.4.1　Die Dimensionen der Bosheit

Kampylis und Valtanen (2010) argumentierten, dass eine relativ einfache Konzipierung negativer Kreativität, welche nicht weiter gehe, als zwischen ihren böswillig-destruktiven und wohlwollend-konstruktiven Aspekten zu unterscheiden, nicht ausreiche. Sie forderten einen multidimensionalen Ansatz, der ein breiteres und tieferes Verständnis der dunklen Seite der Kreativität bieten kann. Ein solcher Ansatz wäre besser in der Lage, einen brauchbaren Rahmen für die Formulierung und Beantwortung von Schlüsselfragen zu bieten, etwa der, wer von Kreativität profitiert und wie? Sie schlugen drei Dimensionen der Beurteilung der positiven oder negativen Natur der Kreativität vor, die dem von ihnen entwickelten psychologischen Testverfahren „Analytisches Gerüst für die

---

5　Dieser Anschlag wird ab jetzt als der „9/11-Anschlag“ oder das „9/11-Attentat“ bezeichnet und die Täter werden als die „9/11-Terroristen“ bzw. die „9/11-Attentäter“ gekennzeichnet.

◘ Tab. 1.1 Mögliche Kombinationen von Motivation und Folgen von Kreativität

Motivation	Folgen für den kreativen Menschen	Folgen für andere Menschen	Beispiel[a]
Positiv	Positiv	Positiv	Alexander Fleming
Positiv	Positiv	Negativ	Robert Oppenheimer[b]
Positiv	Negativ	Positiv	Galileo Galilei
Positiv	Negativ	Negativ	Christoph Kolumbus
Negativ	Positiv	Negativ	Trojanisches Pferd
Negativ	Negativ	Positiv	Schießpulver-Verschwörung
Negativ	Positiv	Positiv	Giuseppe Garibaldi[c]
Negativ	Negativ	Negativ	Bernie Madoff

[a]Die in dieser Spalte aufgelisteten Personen werden nicht notwendigerweise als Kriminelle betrachtet, obwohl die Kreativität von mehreren für mindestens einige Menschen schlechte Ergebnisse lieferte
[b]Vater der Atombombe
[c]Anführer der erfolgreichen italienischen Freiheitsbewegung Mitte des 19. Jahrhunderts und einer der „Väter des Vaterlandes"

Folgen von Kreativität" [engl.: *Creativity Consequences Analytical Framework*] zugrunde liegen (S. 206). Dieses Gerüst umfasst die Absicht der Person (d. h. Motivation), die Folgen der Kreativität für diese Person selbst und die Folgen für andere Menschen, entweder Einzelpersonen, Gruppen oder sogar die gesamte Gesellschaft.[6]

Kampylis und Valtanen benutzten ihren Rahmen, um vier Beispiele der Kreativität zu analysieren: Galileo Galileis Unterstützung der heliozentrischen Theorie des Sonnensystems, wegen derer er für den Rest seines Lebens unter Hausarrest gestellt wurde und ein paar Jahre zuvor wohl auf den Scheiterhaufen gelandet wäre (positive Absicht, gutes Ergebnis für die Menschheit, schlechtes Ergebnis für Galileo); Alexander Flemings Entdeckung von Penizillin (positive Absicht, gutes Ergebnis für die Gesellschaft, gutes Ergebnis für Fleming, der den Nobelpreis gewann); Christoph Kolumbus' Entdeckung Nordamerikas (positive Absicht, zweifelhaftes Ergebnis für Kolumbus, sehr schlechtes Ergebnis für die Native Americans); das Trojanische Pferd (böswillige Absicht, gutes Ergebnis für die Griechen, katastrophales Ergebnis für die Trojaner).

Die $2 \times 2 \times 2$ Matrix von Kampylis und Valtanen (2010) liefert insgesamt acht mögliche Kombinationen. In ◘ Tab. 1.1 fügen wir den von Kampylis und Valtanen vorgeschlagenen vier Beispielen vier zusätzliche Kombinationen hinzu. Die Konstellation Negative Absicht, positives Ergebnis für den kreativen Menschen, negatives Ergebnis für andere Menschen wäre die archetypische Definition der erfolgreichen böswilligen Kreativität, wie im Fall des Trojanischen Pferdes. Negative Absicht, negatives Ergebnis für den kreativen Menschen und positives Ergebnis für andere Menschen ist ein Beispiel

---

6   Unterstützt wird dieser Ansatz durch Sternbergs (2010) Unterscheidung zwischen „intrapersonalen", „zwischenmenschlichen" und „extrapersonalen" Vorteilen, die sich aus der Kreativität ergeben (► Kap. 6 eingehender besprochen).

1

für vereitelte böswillige Kreativität. Ein sehr berühmter Fall ist die Schießpulver-Ver-schwörung [engl.: gunpowder plot] im Jahre 1605 gegen Jakobus I., den schottischen König des Vereinigten Königreichs von Schottland und England Am 5. November 1605 wurden Guy Fawkes und sieben Komplizen verhaftet, kurz bevor sie mit 2,5 Tonnen Schießpulver das Parlamentsgebäude in London in die Luft sprengen konnten. Ihr Ziel war, Jakobus I. zu ermorden, in der Hoffnung, dass dies zum Aufruhr gegen die Regie-rung führen würde. Seitdem wird in vielen englischsprachigen Ländern am 5. Novem-ber „Guy-Fawkes-Day" mit Feuerwerk gefeiert, bis vor ca. 75 Jahren mit genau soviel Begeisterung wie noch heute Silvester in Deutschland

Die Kombination Negative Absicht, negatives Ergebnis für andere Menschen und (letztendlich) negative Wirkung für den kreativen Menschen wird im Falle von Ber-nie Madoff gesehen (und ist eine andere Art vereitelte böswilliger Kreativität).[7] Bernie Madoff ist als der erste wahrlich globale Schwindler berühmt geworden, weil er 4800 Opfer in 21 Ländern (einschließlich Deutschland) hatte. Er war ein hochangesehener amerikanischer Wertpapierhändler, der Ende 2008 wegen Betrugs verhaftet und zu 150 Jahren Haft verurteilt wurde. Er hatte jahrzehntelang einen Investmentfonds nach einem Ponzi-Schema betrieben und verursachte damit Schäden von über 50 Mrd. EUR.

1.4.2 Arten böswilliger Kreativität

Wenn wir nun dem Klassifikationssystem eine weitere Dimension hinzufügen, näm-lich die, ob das Umfeld die Entstehung und Umsetzung wirksamer Neuheit fördert oder hemmt (im Folgenden als „Umfelddruck" [engl.: press] bezeichnet), ergibt sich ein etwas anderes Kategorisierungssystem. Dieser Ansatz wird in ◘ Tab. 1.2 dargestellt und ergänzt ◘ Tab. 1.1 durch die Berücksichtigung der förderlichen oder hemmenden Wirkung des Umfelds. Der Überschaubarkeit halber unterscheiden wir nur grob zwischen zwei Polen des Umfelddrucks: förderlich versus hemmend. Aus der Sicht der Verbrechens-bekämpfung ist dieser Ansatz produktiver, weil er auch eine differenziertere Betrachtung der Art und Weise ermöglicht, wie das soziale Umfeld die Erzeugung effektiver negativer Kreativität unterstützt oder – vielleicht interessanter für die Strafverfolgung – sie hemmt. Das in ◘ Tab. 1.2 skizzierte System kann angewendet werden, um die in ◘ Tab. 1.1 angegebenen historischen Beispiele zu klassifizieren: Alexander Fleming = erfolgreiches Wohlwollen; Robert Oppenheimer = gescheitertes Wohlwollen (es wird berichtet, dass Oppenheimer den Krieg schnell beenden wollte, um Leben zu retten); Galilei Gali-lei = widerstandsfähiges Wohlwollen; Christoph Kolumbus = (aus der Sicht der Native Americans) gescheitertes Wohlwollen; Trojanisches Pferd = widerstandsfähige Bös-willigkeit; Guy Fawkes = vereitelte Böswilligkeit; Bernie Madoff = (zumindest eine zeit-lang) erfolgreiche Böswilligkeit; 9/11-Terroristen = widerstandsfähige Böswilligkeit.

◘ Tab. 1.2 unterscheidet zwischen kreativen Aktivitäten, die in einem unter-stützenden Umfeld durchgeführt werden und denjenigen, bei denen das Umfeld ver-sucht, die Kreativität zu blockieren. Demzufolge kann eine böswillige Absicht unter zwei Bedingungen realisiert werden. Auf der einen Seite kann das Umfeld die Absicht unterstützen und es entsteht „einfache" erfolgreiche Böswilligkeit: ein Beispiel wäre die Erfindung einer radikal neuen Waffe zu Kriegszeiten, die zum Sieg führt. Auf der ande-ren Seite kann das Umfeld versuchen, die bösartige Absicht zu vereiteln, aber umsonst,

7   S. ► https://en.wikipedia.org/wiki/Bernard_Madoff. Zugegriffen: 28. Feb 2018.

▣ Tab. 1.2 Kombinationen von Produkt, Person, Umfelddruck und Kreativität			
Motivation des kreativen Menschen	**Umfelddruck**	**Folgen für andere Menschen**	**Art von Kreativität**
Böswillig	Förderlich	Ungünstig	Erfolgreiche Böswilligkeit
Böswillig	Förderlich	Günstig	Gescheiterte Böswilligkeit
Wohlwollend	Förderlich	Ungünstig	Missglücktes Wohlwollen
Wohlwollend	Förderlich	Günstig	Erfolgreiches Wohlwollen
Böswillig	Hemmend	Ungünstig	Widerstandsfähige Böswilligkeit
Böswillig	Hemmend	Günstig	Vereitelte Böswilligkeit
Wohlwollend	Hemmend	Ungünstig	Vereiteltes Wohlwollen
Wohlwollend	Hemmend	Günstig	Widerstandsfähiges Wohlwollen

mit der Folge, dass trotz Gegenmaßnahmen das Ergebnis für das Umfeld schlecht ausfällt. In diesem Fall sprechen wir von „widerstandsfähiger" Böswilligkeit. Im Falle der 9/11-Anschläge ist es den Flugzeugentführern gelungen, trotz eines hemmenden Umfelds die Anschläge auszuführen; die Sicherheitsmaßnahmen konnten sie also nicht blockieren. Folglich muss zugegeben werden, dass die Anschläge nicht nur böswillig waren, sondern dass ihre Kreativität widerstandsfähig genug war, um trotz der Gegenmaßnahmen des Umfelds ihre Ziele zu erreichen. Es liegt auf der Hand, dass widerstandsfähige Böswilligkeit sehr gefährlich ist und schnell erkannt werden muss, um entsprechende Gegenmaßnahmen herauszuarbeiten und einzuleiten.

Kreative Kriminalität, wie wir sie in diesem Buch verstehen, kann nun etwas genauer beschrieben werden. In unserem Sinne umfasst sie böswillige Kreativität und, weil das Umfeld versucht, die Kreativität zu blockieren, widerstandsfähige Böswilligkeit. Die bisherige Kreativitätsforschung hat sich mit dieser Art von Kreativität so gut wie nicht beschäftigt, obwohl die Hypothese vernünftig erscheint, dass diejenigen Bedingungen, welche wohlwollende Kreativität entweder hemmen oder fördern, auch böswillige Kreativität fördern oder hemmen würden. Es ist also denkbar, dass auf die „gute" Kreativität fokussierte Forschungsbefunde auch Einsichten in das Problem bieten können, wie Kriminalität zu bekämpfen sei.

1.5 Der Kriminalitätsbegriff

Auch was als „Kriminalität" gilt ist keineswegs so klar wie es auf den ersten Blick erscheint. Denn in der kritischen Kriminologie können alle „tadelnswerten" Handlungen (Agnew 2011, S. 6) als „Verbrechen" bezeichnet werden, ob sie gesetzlich verboten sind oder nicht. So ist zwar die Verwendung von Werbung legal, um Kinder dazu zu bringen, ungesunde Lebensmittel zu essen, es ist aber auch gesundheitsschädlich und wird von einigen Kritikern als Verbrechen betrachtet. Viele tadelnswerte Handlungen können von Körperschaften oder Regierungen begangen werden (z. B. die Bereitstellung unsicherer Arbeitsbedingungen für Arbeitnehmer oder die aggressive Nutzung militärischer Gewalt für politische Zwecke), sodass einige kritische Kriminologen die Notwendigkeit betonen, auch solche Handlungen als kriminell einzustufen.

Einige Theoretiker betrachten den ganzen Begriff von Verbrechen als einen sozialen Konstrukt: Parnell (2003, S. 19) zitierte zum Beispiel den Durkheim-Spruch, wonach (sinngemäß wiedergegeben) „die Interessen der Herrschenden und ihre Legitimationsbedürfnisse definieren, was Verbrechen ist … nicht die Art der fraglichen Handlungen". Felson (2002, S. 17) drückte es noch deutlicher aus: „die Gesellschaft und ihr Gerechtigkeitssystem schaffen Kriminalität". Offensichtlich liegt auch Kriminalität – wie Kreativität – im Auge des Betrachters. Dieser Zustand macht die Diskussion über „Kriminalität" schwieriger als vielleicht erwartet. In diesem Buch werden wir deshalb den Begriff „Verbrechen" strikt formell verwenden: nämlich als eine Bezeichnung für Handlungen, die laut vorherrschendem Gesetz unerlaubt sind. Folglich werden wir nicht darauf eingehen, dass auch Handlungen, die nicht durch das vorherrschende Gesetz verboten sind, verbrecherisch sein können, wohingegen Handlungen, die gesetzlich verboten sind, akzeptabel sein können.

1.5.1 Das Verhältnis zwischen Kriminalität und Kreativität

Das taxonomische Verhältnis von Kreativität und Kriminalität (im Sinne von gesetzwidrigen Handlungen) muss an dieser Stelle geklärt werden. Sind gesetzwidrige Verhaltensweisen ein Bestandteil von Kreativität oder ist Kreativität ein Bestandteil gesetzwidriger Verhaltensweisen oder trifft beides nicht zu? Einige moderne kreative Individuen haben Gesetzwidrigkeiten begangen, um kreative Effekte wirkungsvoller zu gestalten (s. z. B. den oben dargestellten Missbrauch gestohlener menschlicher Körperteile), sodass es in der Tat gesetzlich verbotene Handlungen im Dienste der Kreativität geben kann (für eine Übersicht s. Brower und Stahl 2011). In diesem Buch gehen wir auf den entgegengesetzten Fall ein: Kreativität im Dienste der Kriminalität bzw. Kriminalität als ein Handlungsfeld, in dem Kreativität taktisch eingesetzt werden kann.

Der Zweck des Buches ist nicht zu behaupten, dass alle Verbrecher kreativ sind oder dass der Anteil kreativer Individuen unter Kriminellen ungewöhnlich hoch ist. Kriminelles Verhalten ist oft unüberlegt, opportunistisch, impulsiv und fast reflexiv. Dennoch, auch wenn der Anteil kreativer Menschen unter Kriminellen mit der Anzahl in der Allgemeinbevölkerung identisch sein sollte, wäre es fragwürdig, die Besonderheiten der kreativen Minderheit zu ignorieren und ihre kriminellen Handlungen anhand derselben Begriffe zu analysieren wie bei ihren weniger kreativen Kollegen. Als Teil seiner Forderung nach einem differenzierteren Verständnis von Verbrechen äußerte Ruggiero (2010) die Meinung, dass es für dieses Verständnis hinderlich ist, die Konzeptualisierung von Kriminalität in ein Korsett hinein zu zwingen. Schon vor etwa 30 Jahren beschwerte sich Hollin (1989) darüber, dass psychologische Behandlungsansätze zur Bekämpfung von Verbrechen darunter leiden, dass sie sich nicht aus einem hinreichend sicheren, begründeten, umfassenden und differenzierten Verständnis der Psychologie des Verbrechens ergeben.

1.5.2 Der Negativ-Katalog

Trotz unserer Fokussierung auf den einzelnen Täter sind für unsere Zwecke nicht alle gesetzwidrigen Handlungen kreativer Menschen interessant. Wir gehen *nicht* auf folgende Punkte ein:

1. Verpönte Verhaltensweisen, die sich aus persönlichen Merkmalen wie Rücksichtslosigkeit, bloßer Unkonventionalität oder subklinischen negativen sozialen Anpassungsmustern wie etwa unkontrollierter Impulsivität ergeben. Diese können zwar die Kreativität fördern, aber manchmal überqueren sie die Linie zur Kriminalität. Ein Beispiel wäre habituelles, rücksichtsloses Hochgeschwindigkeitsfahren vonseiten eines kreativen Künstlers oder Wissenschaftlers aus Verachtung für kleinbürgerliche Straßenregeln, welches schließlich zu einem Autounfall führen kann.
2. Verbrechen, die kreative Menschen im Laufe ihres Lebens begehen, die mit Kreativität gar nichts zu tun haben, sondern einfache Alltagskriminalität darstellen. Ein von einem kreativen Individuum begangenen Eifersuchtsmord wäre ein Beispiel.
3. Verstöße gegen gesetzlich verbotene soziale Tabus für kreativitätsbezogene Zwecke: Ein Beispiel sind Künstler, die gesetzlich verbotene Verhaltensweisen durchführen, wie öffentliche Obszönität, Blasphemie oder die öffentliche Beeinträchtigung der Rechte anderer, um einen kreativen Effekt zu erwirken.
4. Kriminelle Handlungen von Menschen, die sich auch „nebenbei" kreativ verhalten. Ein Beispiel wäre ein Einbrecher, der als Hobby etwa Gedichte schreibt oder Bilder malt, wenn er nicht gerade mit dem Einbrechen beschäftigt ist.
5. Kreative Leistungen, die von Strafgefangenen oder Menschen in Rehabilitationsprogrammen erbracht werden. Beispiele sind Kunsttherapie oder Theatergruppen in Gefängnissen oder in Programmen für gefährdete Jugendliche.

Eine schwierige Gruppe für unsere Zwecke in diesem Abschnitt besteht aus Menschen, die das Gesetz brechen, um Ziele zu erreichen, die zum Zeitpunkt der Entstehung offiziell verboten waren, obwohl sie jetzt als unbedenklich oder sogar bewundernswert angesehen werden. Nicht selten werden solche Gesetzwidrigkeiten auch zur Zeit ihrer offiziellen Verurteilung in bestimmten Kreisen als lobenswert eingestuft. Beispiele sind Menschen wie Galileo, Gandhi oder Widerstandskämpfer gegen den Nationalsozialismus. Gandhis Taktik des zivilen Ungehorsams und des passiven Widerstands beinhaltete neuartige Verhaltensweisen, die sich als wirksam und bewundernswert erwiesen (sie erreichten ihre Ziele ohne Zerstörung oder weitverbreitetes Chaos und waren irgendwie ansprechend).

1.6 Die logischen Grundlagen dieses Buches

Die logischen Grundlagen dieses Buches lassen sich wie folgt zusammenfassen:

1. Die Psychologie der Kreativität bietet Einsichten, die eine erweiterte Konzeption von Kriminalität ermöglichen.
2. Diese Einsichten bleiben weitgehend unerforscht, zum Teil wegen der fast universellen Tendenz, Kreativität mit ausschließlich guten Dingen gleichzusetzen.
3. Die Diskussion von Kreativität und Kriminalität vertieft auch das Verständnis der dunklen Seite von Kreativität.

4. Die Auseinandersetzung mit dem Zusammenhang von Kreativität und Kriminalität eröffnet auch neue Perspektiven hinsichtlich Prävention und Gegenmaßnahmen, vor allem im Zusammenhang mit Verbrechen, deren Wirksamkeit von Überraschungseffekten abhängt.

Die Anwendung von Begriffen aus der Psychologie beim Studium der Kriminalität ist nicht vollständig neuartig. In der Kriminologie, der Soziologie und der Anthropologie wird zum Beispiel auf kriminogene Faktoren im physischen, persönlichen, sozialen und institutionellen Umfeld eingegangen, wie etwa Fähigkeiten und Fertigkeiten, Persönlichkeit, Motivation und Einstellungen. Sozialwissenschaften liefern wertvolle Einblicke in solche Faktoren und unterstützen so eine proaktive Reaktion auf Verbrechen, aber – ohne den Wert dieser oder anderer verwandter Disziplinen zu unterschätzen – sind wir der Meinung, dass die Psychologie das Potenzial hat, einen besonderen Beitrag zu leisten, insbesondere durch den Einsatz der Kreativitätstheorie. Dieser Punkt wird in späteren Kapiteln genauer entwickelt.

Allerdings wird das Buch über die bloße Darlegung der Existenz einer Verbindung zwischen Verbrechen und Kreativität und die Analyse ihrer Natur hinausgehen. Es wird auch Anwendungsmöglichkeiten dieser Verbindung für die Praxis, zum Beispiel vorbeugende Maßnahmen und Ausbildung von Ordnungskräften, erarbeiten. Hilton (2010, S. 142) betonte die potenzielle praktische Nützlichkeit von Versuchen, das Verbrechen aus einem ungewöhnlichen Blickwinkel zu betrachten, und argumentierte, dass „Wissen über … Kriminelle erworben werden sollte, um die Entwicklung *neuartiger präventiver Maßnahmen* zu fördern". Die folgenden Kapitel sollen den Prozess des Aufbaus der erforderlichen Erkenntnisse in Gang setzen.

Die Herangehensweisen der Kulturwissenschaften an das Wesen der Kriminalität

© Springer Fachmedien Wiesbaden GmbH, ein Teil von Springer Nature 2019
D. Cropley, A. Cropley, *Die Schattenseite der Kreativität*,
https://doi.org/10.1007/978-3-658-22795-1_2

2

Kriminalität findet in einer „Ökologie" statt, die aus Interaktionen zwischen Tätern, anderen Menschen, Gemeinschaften und der physischen Umgebung besteht. Die unterschiedlichen Kulturwissenschaften fokussieren auf verschiedene Aspekte dieser Interaktionen: Wir unterscheiden zwischen auf das Umfeld fokussierten und auf persönliche Merkmale des Individuums fokussierten Erklärungsmodellen der Entstehung von Kriminalität. Diese Fokussierung ermöglicht eine Unterscheidung zwischen dem Grad der Hervorhebung der „existenziellen Psychodynamik" von Kriminalität bei den unterschiedlichen Kulturwissenschaften. Für die Psychologie ist diese „Psychodynamik" von zentraler Bedeutung. Wissen über die ihr zugrunde liegenden psychologischen Prozesse und Merkmale macht es möglich, die Kriminalität aus einem neuen Blickwinkel zu untersuchen und bietet neue Perspektiven für die Bekämpfung von Kriminalität.

Die Kulturwissenschaften befassen sich mit dem gesellschaftlichen Zusammenleben von Menschen. Sie untersuchen die Wechselwirkung zwischen den sozialen Verflechtungszusammenhängen von Menschen, den sozialen Strukturen ihrer Gemeinschaften und dem Raum, in dem alles stattfindet, und den sich daraus ergebenden Handlungs- und Verhaltensmustern. Dazu gehören Studien von etwa Sprache, Kunst, Religion, Justiz und Wirtschaftswesen. Beispiele von für dieses Buch besonders relevanten Disziplinen sind unter anderem die Sozialgeographie, die Stadtplanung, die Soziologie, und die Psychologie. Wie in ◘ Abb. 2.1 schematisch dargestellt wird, unterscheiden sich diese Wissenschaften hinsichtlich des Grades ihrer Hervorhebung des bewussten und aktiven Mitgestaltung des eben dargestellten Systems durch die daran beteiligten Einzelakteure. Auf diese Unterscheidung werden wir später im Kapitel zurückkommen.

2.1 Die Herangehensweisen der Kulturwissenschaften

Was haben diese Disziplinen mit der Kriminalität zu tun? Ein Konzept aus der Kriminologie, „proaktives polizeiliches Vorgehen", bietet einen hilfreichen Ausgangspunkt für diese Diskussion. Das proaktive polizeiliche Vorgehen oder die präventive Verbrechensermittlung hebt das räumliche, persönliche und soziale Umfeld hervor, in dem Kriminalität stattfindet aber – und für dieses Buch besonders wichtig – es untersucht auch den aktiven Beitrag von persönlichen Merkmalen und damit einhergehenden Verhaltensweisen von Tätern im Vorfeld von Verbrechen. Licate (2010, S. 15) sprach in diesem Zusammenhang von der „umfeldbedingten" Kriminologie. Für die Zwecke dieses Buches erscheint es besser, von einem „ökologischen" Ansatz zu sprechen (s. auch

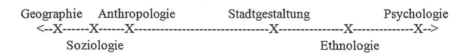

Geographie   Anthropologie   Stadtgestaltung   Psychologie
<--X------X------X--------------------------------X--------------X--------------X-->
         Soziologie   Ethnologie

Pol der niedrigen Betonung   Pol der starken Betonung
der existenziellen Psycho-   der existenziellen Psychodynamik des Täters   dynamik des Täters
(reaktiver Pol)   (proaktiver Pol)

◘ **Abb. 2.1**   Das Kontinuum der Betonung der existenziellen Psychodynamik der Kriminalität

Formosa 2010; Marzbali et al. 2011) und dadurch zu betonen, dass das Umfeld nicht nur aus physikalischen Merkmalen besteht, sondern auch aus menschlichen Akteuren, dem sozialen Umfeld und den psychologischen Prozessen der dynamischen Interaktionen zwischen allen Elementen des Systems.

Der Sinn eines ökologischen Ansatzes zur Kriminalität geht über die amtliche Erfassung von Straftaten weit hinaus. Er umfasst auch Aktionen wie die zielgerichtete Beobachtung aktiver Kriminellen, die Identifizierung gefährdeter Personen, die Regelung von Kriminalitätshotspots, den Aufbau von Erkenntnissen über die Beziehung zwischen etwa der Stadtgestaltung und der Kriminalität, das Ziehen von Rückschlüssen über zusammenhängende Straftatenabfolgen und die Entwicklung wirksamer Präventivmaßnahmen – aus der Sicht der breiten Öffentlichkeit vermutlich die allerwichtigste Aktion. Ein solcher proaktiver, ökologischer Ansatz ist unter anderem attraktiv, weil er sich bei der Bekämpfung von Verbrechen als wirksam erweist. Auf der Basis eines Literaturüberblicks gelangte Licate (2010) zu dem Schluss, dass ein umfassenderes Verständnis der Ursachen und der Faktoren, welche der Kriminalität zugrunde liegen, die Wirksamkeit von Verbrechensermittlungsmaßnahmen erheblich erhöht.

Ratcliffe (2016) argumentierte, dass Maßnahmen, die vage und diffus in der Konzeption von Kriminalität und Präventiv- oder Rehabilitationsmaßnahmen sind, deutlich weniger wirksam sind als konzeptionell klare, zielgerichtete Ansätze. Manning (2001) erklärte das Problem prägnant: Den Gesetzesvollstreckern fehlt eine allgemeine Vorstellung der Natur des Verbrechens, seiner Ursachen, seiner Dynamik und der Aktionsmodi seiner Bedingungsfaktoren. Peterson (2005) machte einen ähnlichen Punkt, indem sie argumentierte, dass viele Gesetzeshüter keine übergreifenden Konzepte haben, die ihnen verdeutlichen, was man beobachten sollte oder wie man das Beobachtete interpretieren kann. Außer intuitiven bzw. erfahrungsbezogenen Einsichten haben sie kein zusammenhängendes, übergreifendes Gerüst, das definiert, was im Sinne der proaktiven Verbrechensermittlung als „Information" gilt.

Um Kriminalität effektiv zu bekämpfen brauchen die Gesetzeshüter laut Coleman (2008, S. 307) „Systeme, um *brauchbares* Wissen zu erzeugen" oder nach Gottschalk und Gudmundsen (2009, S. 55) eine geeignete „Wissensorganisationsstruktur". Unter anderem können die Kulturwissenschaften zum Erwerb der notwendigen Systeme und Strukturen beitragen, indem sie:

- Konzepte liefern, die festlegen, was im Rahmen einer Fokussierung auf die proaktive Behandlung von Tätern hervorgehoben werden sollte: zum Beispiel kriminogene Faktoren wie Persönlichkeit, Einstellungen, Wertehaltungen, Glauben und Kognition, Familienstruktur, sozio-ökonomischer Status, Rollen und Bindungen, soziales Lernen, Untergruppenmitgliedschaft und damit verbundene Traditionen und Rituale, Status, Bildungsniveau, Geschlecht und Alter;
- Methoden der Datenerhebung und -analyse bereitstellen, die über Anekdoten und allgemeine Eindrücke hinausgehen;
- Konzepte bereitstellen für die Interpretation dessen, was beobachtet wurde;
- Leitlinien nahelegen für den Umgang mit Kriminellen (hinsichtlich Prävention oder Abschreckung aber auch Therapie oder Rehabilitation).

Kulturwissenschaftliche Ansätze zur Prävention können mit strukturellen, organisatorischen und administrativen Analysen kontrastiert werden, die sich auf Faktoren konzentrieren wie etwa die Zuteilung von Ressourcen, die Verfügbarkeit der neusten

2

Technologien, die Schnelligkeit polizeilicher Reaktionszeiten, polizeiliche Aufklärungsquoten oder die Dichte des Polizeiaufgebots. Wissenschaften wie die Soziologie, die Anthropologie, die Sozialgeografie oder sogar die Stadtgestaltung sind in der Lage, Einsichten zu liefern, die für eine allgemeine Kriminalitätskonzeption unentbehrlich sind. Licate (2010) betonte dies ausdrücklich, als er auf die Fähigkeit der Gesellschaftswissenschaften hinwies, die Analyse von Kriminalität „informiert" zu machen.

Ein Aspekt der Strafverfolgung, bei dem die Kulturwissenschaften eine wichtige Rolle spielen können, ist die sogenannte „Kriminalitätsanalyse". Hier handelt es sich um eine systematische Analyse von Straftaten zum Zweck der Ermittlung und Analyse von Mustern und Trends. Darauf basierende Informationen können dann bei der Identifizierung Verdächtiger hilfreich sein und dazu beitragen, die Ressourcen der Strafverfolgungsbehörden wirkungsvoll einzusetzen. Die Kriminalitätsanalyse spielt darüber hinaus auch bei der Erarbeitung von Lösungen für Verbrechen und bei der Formulierung von Präventionsstrategien eine Rolle. Die verschiedenen Kulturwissenschaften leisten jeweils ihren eigenen Beitrag zum notwendigen informierten Verständnis von Kriminalität.

Einige Beispiele werden nachfolgend dargestellt. Der Zweck dieser Darstellungen ist es nicht, einen umfassenden Überblick über den gesamten Stand der Theorie in den Kulturwissenschaften zu liefern, sondern eine kleine Anzahl zentraler Herangehensweisen aus mehreren Disziplinen jeweils kurz darzustellen, um eine Vorstellung der allgemeinen Natur und der Bandbreite der Kulturwissenschaftlichen Annäherung an die Kriminalität zu geben. Der Zweck davon ist wiederum, einen Kontext für die Darstellung des psychologischen Ansatzes zur Kriminalität zu schaffen. Andrews und Bonta (2010) argumentierten, dass die Psychologie ein besonderes Potenzial hat, spezielle Erkenntnisse zu liefern und diese werden in späteren Kapiteln erläutert.

2.1.1 Sozialgeografie – die räumliche Kriminalitätsanalyse

Die Sozialgeografie untersucht die Art und Weise, wie sich Gesellschaften in räumlicher Hinsicht organiseren und geht auf Themen wie die soziale Raumnutzung, die Beziehung von Menschen zum Raum und die Wechselwirkung zwischen menschlichen Verhaltensweisen und Raum ein. Sie bietet Verfahren, die für die Kriminalitätsanalyse besonders geeignet sind. Man spricht sogar von der *„räumlichen* Kriminalitätsanalyse" [engl.: spatial criminology] (Ratcliffe 2006, p. 6). Diese Art von Analyse beruht auf dem, was Tobler (1970, S. 236) das „erste Gesetz der Geographie" nannte: räumlich benachbarte Dinge sind oft auch inhaltlich miteinander verbunden, und je enger sie räumlich benachbart sind, desto enger ist meist die inhaltliche Verbindung. In diesem Fall sind die miteinander verbundenen Dinge Verstöße gegen das Gesetz. Spezielle Techniken der Geografie wie Geocodierung und verwandtes Werkzeug wie spezialisierte IT-Software unterstützen die Geoinformationsverarbeitung. Die zeigt, dass Verstöße gegen das Gesetz, vor allem ähnliche Arten von Verstößen, dazu neigen, räumliche Cluster zu bilden. Darüber hinaus neigen Kriminelle dazu, ihre Straftaten in einem verhältnismäßig engen Raum zu verüben – in ihrem Revier. Dieses Phänomen bietet Einblicke in die physische Ökologie des Verbrechens, unter anderem durch „Kriminalitätslandkarten" und „geografische Profilierung" (s. unten).

Im Falle von geografischer Profilierung von Kriminalität werden die geografischen Standorte, an denen Straftaten begangen werden, erfasst und damit zusammenhängende konkrete Details wie Tageszeit oder Wochentag aufgezeichnet (z. B. Boba 2005; Wolff und Asche 2009). Diese Daten werden dann verwendet, um topografische Karten der Häufigkeit von Straftaten oder von bestimmten Arten von Straftaten zu konstruieren. Aus diesen Karten lassen sich Verbrechensmuster mit einem hohen Maß an Präzision herausarbeiten. Diese umfassen unter anderem Standorte, wo es eine Anhäufung von Verbrechen oder von Verbrechen einer bestimmten Art gibt, Tageszeiten, zu denen Verbrechen mit größerer oder geringerer Häufigkeit auftreten, Schwankungen in der Häufigkeit des Auftretens von Verbrechen über Zeiträume von Wochen oder Monaten und ähnliche Verbrechensmuster. Zum Beispiel hat Breetzke (2006) darauf hingewiesen, dass in Südafrika mehr als 50 % aller Verbrechen innerhalb einer relativ kleinen Anzahl von verschiedenen geografischen Gebieten begangen werden. Katyal (2002) berichtete, dass in Minneapolis und vermutlich auch in anderen Städten in den USA 50 % der Notrufe, auf welche die Polizei reagiert, aus nur 3 % der Standorte in der Stadt stammen. Licate (2010) lenkte die Aufmerksamkeit auf die Tatsache, dass viele Wiederholungstäter ihre Gesetzwidrigkeiten zur gleichen Tageszeit oder am selben Wochentag begehen.

Solche topografische Karten sind von offensichtlichem Wert für Entscheidungen über den Einsatz von Ressourcen. Die Kriminalitätsanalyse kann aber noch weiter gehen, besonders mittels der Anwendung von Toblers erstem Gesetz, nämlich für die geografische Profilierung, die sich auf räumliche Aspekte des Verhaltens von Kriminellen konzentriert. Es ist beispielsweise manchmal möglich, auf Grundlage der geografischen Merkmale einer Reihe von verwandten Verbrechen den wahrscheinlichen Wohnort des Verbrechers zu berechnen. Cooper et al. (2000) zeigten, dass die geografische Profilierung bei der Lokalisierung von Straftätern sehr genau und daher für das Aufspüren von erheblichem Wert ist, mit zusätzlichen Spin-off-Vorteilen für Prävention (zumindest während der Inhaftierung) und Abschreckung.

2.1.2 Soziologie – die Rolle der Gemeinschaft

Sehr allgemein ausgedrückt besteht das Ziel der soziologischen Erforschung von Kriminalität darin, die Merkmale von Gemeinschaften zu identifizieren, die zu Verbrechen führen. Solche Merkmale sollen Kriminalität mehr oder weniger unabhängig von den individuellen Eigenschaften der beteiligten Personen fördern oder hemmen. Laut Sampson und Wilson (1995, S. 45) hebt der soziologische Ansatz zwei zentrale Themen vor:
1. „proximale *strukturelle* Merkmale";
2. „Prozesse der gemeinschaftlichen sozialen Organisation".

Als „hochkriminell" eingestufte Gemeinschaften (Agnew 1999, S. 124) zeigen Strukturmerkmale wie wirtschaftliche Benachteiligung (Armut, Arbeitslosigkeit, Wohlfahrtsabhängigkeit), niedriges Ausbildungsniveau, schlechte Wohnbedingungen, hohe Bevölkerungsdichte (Überbelegung, hohe Fluktuation des Wohnsitzes) und Zerrüttung der Familie.

Vermittelnde Prozesse – durch welche Strukturmerkmale wie die soeben zitierten zum Verbrechen führen – werden traditionell anhand „subkultureller Abweichung" und „sozialer Desorganisation" verstanden. Der Grundgedanke dieser beiden Erklärungen der vermittelnden Prozesse, die Strukturmerkmale mit der Kriminalität verbinden,

2

wurde von Shepard (2006) anhand des Begriffs „Konsens" beschrieben. Dieser Ansatz geht davon aus, dass es in der Regel ein hohes Maß an Übereinstimmung (Konsens) innerhalb einer Gemeinschaft darüber gibt, was ein guter Mensch ist und welchen Verpflichtungen gute Menschen gegenüber anderen Menschen unterliegen, sowie über angemessene Verhaltensweisen im Rahmen sozialer Aktivitäten, einschließlich wie man in den Besitz dessen kommt, was man gerne hätte, wie man mit Kränkungen oder Beleidigungen fertig wird oder wie man sich beim Umgang mit der Autorität verhält. Ein solcher Konsens führt zur Stabilität der Gemeinschaft. Die Menschen können in einer geordneten Art und Weise interagieren, weil sie wissen, was andere von ihnen erwarten und was sie von anderen erwarten dürfen, was sie tun müssen, um akzeptiert zu werden, und so weiter.

Subkulturelle Abweichung   Die Theorie der subkulturellen Abweichung, die ursprünglich von Merton (1938/1993) entwickelt und von Cohen (1955) weitergeführt wurde, argumentiert, dass in manchen Gemeinden starke Untergruppen wie Jugendbanden abweichende untergruppenspezifische Normen und Werte sowie spezifische Verhaltensmuster propagieren. Diese ermöglichen es ihren Mitgliedern, in der Gruppe voranzukommen. Innerhalb solcher Gruppen herrscht zwar Konsens, aber die Werte, Normen und Verhaltensweisen weichen von dem ab, welches in der Gesellschaft akzeptabel ist. Folglich werden die Gruppennormen der Untergruppe von der Mehrheitsgruppe als abweichend angesehen. Wenn die abweichenden Normen dazu führen, dass Untergruppenmitglieder einfach Dinge nehmen, die sie begehren, oder die Besitzer zur Herausgabe zwingen, oder dass sie mit Gewalt auf Konfliktfälle reagieren, anderer Menschen Eigentum aus Spaß vandalisieren, der Autorität trotzen, sich weigern, zur Schule zu gehen oder die Arbeit im Klassenzimmer absichtlich stören, werden sie als Chaoten oder gar Kriminelle betrachtet. Der Ursprung der abweichenden Verhaltensweisen liegt aber nicht im Fehlen von Normen, sondern in dem Vorhandensein „privater" Normen, die im breiteren Umfeld abgelehnt werden.

Kulturelle Desorganisation   Im Gegensatz zum Abweichungsmodell argumentiert dieses Modell, dass das Problem nicht in der Art der Normen liegt, sondern im Fehlen von Normen überhaupt. Strukturmerkmale wie die oben schon erwähnten (z. B. Armut, Arbeitslosigkeit, Wohlfahrtsabhängigkeit, Überbelegung von Wohnraum, hohe Wohnfluktuation) und Störungen von familiären Prozessen und Interaktionen führen zu Anonymität, Instabilität und gegenseitigem Misstrauen. Die Kommunikation zwischen den Menschen ist schlecht, und es gibt wenig Nachdenken über gemeinsame Werte oder Besorgnis über die Bedürfnisse anderer, keine Modellierung hilfreicher oder rücksichtsvoller Verhaltensweisen und wenig soziale Kontrolle, entweder formal (z. B. durch Eltern oder Lehrer) oder informell (durch Nachbarn, Ladenbesitzer, Identifikationsfiguren in der Gesellschaft und ähnliche Personen). Infolgedessen ist die Gemeinschaft nicht in der Lage, ihre Normen und gesellschaftlich erwünschte Verhaltensweisen zu übertragen – es herrscht also kein Konsens. Diese Situation wird verschärft, wenn die betreffende Gemeinschaft physisch vom Mainstream der Gesellschaft isoliert ist, etwa weil es ein Slum, ein Getto oder eine isolierte Wohnsiedlung ist. Dieser Ansatz sieht Kriminelle nicht als erfolgreiche Lernende von Normen und

Verhaltensweisen, die für die meisten Mitglieder der Gesellschaft leider nicht akzeptabel sind, sondern als richtungslose Mitglieder einer sozial desorganisierten Gemeinschaft, in der es keinen Konsens über Normen gibt und eher Normlosigkeit herrscht.

2.1.3 Anthropologie – die Rolle von Kultur

Die Anthropologie gliedert sich in zahlreiche Teilgebiete wie die biologische Anthropologie oder die ökonomische Anthropologie. Am offensichtlichsten mit der Kriminalität verbunden ist wahrscheinlich die forensische Anthropologie, die sich mit der Untersuchung von Straftaten oder Verdachtsfällen, insbesondere von Mordfällen, beschäftigt. Dies erfolgt durch die Untersuchung von Leichen, Skeletten oder Körperteilen wie Haaren, anatomischen Besonderheiten oder früheren Verletzungen sowie medizinischen Behandlungen, um unter anderen festzustellen, ob die Überreste menschlichen Ursprungs sind, wie alt sie sind, wie lange sie an der Fundstelle gewesen sind, was die wahrscheinliche Todesursache sein könnte und ähnliche Informationen. Byers (2007) gibt einen umfassenden Überblick über diese Subdisziplin. Trotz ihrer offensichtlichen Faszination ist sie eher reaktiv als proaktiv und ist daher im gegenwärtigen Kontext von begrenztem Interesse.

Kulturanthropologie Von größerem Interesse ist hier dagegen die Kulturanthropologie. Sie beschäftigt sich mit der dauerhaften, sich wiederholenden Struktur des geistigen Lebens der Mitglieder einer Gemeinschaft, also mit dem was man ihre „Kultur" nennen kann. Kultur umfasst Wissen, Überzeugungen, Mythen, Symbole, Moralüberzeugungen, Bräuche, Spiele, Anstandsregeln und ähnliche Faktoren, die von den Menschen in einer Gemeinschaft geteilt werden (Harris 2006). Diese kulturellen Merkmale fördern die soziale Organisation und Ordnung. Sie werden unter anderem bei der Kindererziehung erworben bzw. vermittelt und durch die Kommunikation zwischen Menschen – sowohl verbal als auch nonverbal – sowie durch Modelllernen übertragen. Menschen, die unterschiedlichen Umfeldern ausgesetzt werden (sie wachsen in unterschiedlichen Gemeinschaften auf), erwerben unterschiedliche Erkenntnisse, Überzeugungen, Sitten und dergleichen, sodass Kulturen „lokal" sind.

Verbrechen ergeben sich aus der Tatsache, dass verschiedene Gruppen in einer Gesellschaft ein anderes Verständnis davon haben, was richtig und was falsch ist, und dies führt zu Unordnung und sozialer Desorganisation. Von großem Interesse sind die Mechanismen, mit denen mächtige Behörden, die Medien oder die Bürger bestimmte Gruppen und Praktiken als verbrecherisch definieren und damit versuchen, soziale Ordnung durch soziale Kontrollen und Sanktionen aufrechtzuerhalten – also durch Autorität und Macht. Dabei fokussiert die Anthropologie auf die Fähigkeit von Kultur, Tradition und Ritual, geordnete und sozial organisierte Normen durch Prozesse wie etwa Konfliktlösung aufrechtzuerhalten. Was kriminell ist wird von denen bestimmt, die über die Macht verfügen, unter anderen die Medien, die Gerichte oder die formellen Gesetzgebungsorgane.

Kriminalität kann sogar eine kulturbildende Kraft sein – Menschen entwickeln ein Gefühl der Gruppenzugehörigkeit durch die Teilung und Unterstützung gemeinsamer Überzeugungen, Mythen, Symbolen oder Sitten mit anderen Menschen, obwohl diese

2

von „fremden" Gemeinschaften als deviant oder sogar kriminell betrachtet werden. Der Prozess der „Umdeutung" (engl.: reframing; z. B. Hilton 2010, S. 138) der eigenen Kriminalität kann Schuldgefühle beseitigen. Die Menschen verfügen über allgemeine Basisvorstellungen der Beschaffenheit der Welt (Menschen, Gegenstände, Handlungen und Ereignisse im Umfeld). Aus diesen Basisvorstellungen ergeben sich kognitive Deutungsrahmen, die auch „Frames" benannt werden. Durch diese Frames schätzen die Menschen Handlungen, Ereignisse und andere Menschen ein. Nach Watzlawick (1976, S. 118): „Eine Umdeutung besteht also darin, den begrifflichen und gefühlsmäßigen Rahmen, in dem eine Sachlage erlebt und beurteilt wird, durch einen anderen zu ersetzen".

Die Deutungsrahmen bestehen nicht aus objektiven Fakten, sondern eher aus emotionalen Beziehungen, normativen Einschätzungen und Verhaltenserwartungen. Sie ergeben sich zum Teil aus persönlichen Interaktionen, häufig aber werden sie einfach übernommen. Als Folge von zum Beispiel einer religiösen oder politischen Radikalisierung können Frames durch Umdeutung nicht selten mit einem Schlag revidiert werden. Im Falle von Kriminalität wird Verbrechen als eine Taktik umgedeutet, mittels der „wir" mit der ungerechten Behandlung durch „sie" fertig werden oder es wird zu einem Symbol „unserer" Kraft und „unseres" Mutes. Auf diese Weise wird die Schuld dem Opfer aufgebürdet, sodass die Misshandlung andersdenkender Menschen gerechtfertigt erscheint. Aus der entgegengesetzten Perspektive kann das Framing von Untergruppen als „Kriminelle" es der Mehrheit erleichtern, gegen sie Zwangsmaßnahmen zu ergreifen.

2.1.4 Stadtgestaltung – die Rolle des gebauten Raumes

Eine weitere Kulturwissenschaft, die Konzepte für die Analyse von Kriminalität bietet, ist die Stadtgestaltung – das Gebiet, in dem sich „physische und soziale Welten treffen" (Formosa 2010, S. 150). Die Grundidee ist, dass ein Zusammenhang zwischen Verhalten – einschließlich gesetzwidriger Verhaltensweisen – und Raum besteht. Der Zusammenhang mit der Kriminalität soll sich aus einem oder einer Kombination der folgenden Faktoren ergeben:

1. eine Korrelation zwischen Kriminalität, sozialen Fragen und Raumnutzung;
2. die Tatsache, dass bestimmte Design-Aspekte für Kriminalität bessere oder schlechtere Möglichkeiten bieten;
3. das Phänomen, dass der Entwicklungsverlauf von sowohl Kriminellen als auch den Opfern von Kriminalität von dem Raum mitgestaltet wird, in dem sie agieren. Folglich wird die Antwort auf die Frage, wer welche Straftat zuungunsten von wem begeht, teilweise von der Raumgestaltung bestimmt.

Katyal (2002) machte darauf aufmerksam, dass Kriminalität mittels Design-Änderungen und Platzierung vieler alltäglicher und relativ einfacher Gegenstände wie etwa Türen, Bushaltestellen und Parkbänke verhindert oder zumindest reduziert werden kann. Er gab das Beispiel von Eingängen öffentlicher Toiletten. Wenn die üblichen Eingangstüren durch rechtwinklige Eingangspassagen ersetzt werden, damit Hilferufe draußen besser zu hören sind, erhöht dies die Wahrscheinlichkeit, dass Hilfe kommt. Folglich sind Toiletten als Standorte für Überfälle und ähnliche Straftaten weniger attraktiv. Laut Katyal haben mehrere Länder wie Australien, Kanada, Großbritannien, Japan und die

Niederlande architektonische Design-Techniken verwendet, um Kriminalität zu verhindern. Bei den Olympischen Spielen 2000 in Sydney wurde beispielsweise die Architektur gezielt dazu eingesetzt, die Kriminalität zu reduzieren, indem der Zugang zu den Standorten eingeschränkt, die Organisation der Parkplätze geändert und die Überschaubarkeit der Areale um die Stadien erhöht wurden.

Die Erforschung der Stadtgestaltung hat unter anderem gezeigt (Marzbali et al. 2011), dass eine angemessene Gestaltung von Gebäuden und die Anordnung von Straßen und offenen Räumen in großen Wohnsiedlungen Kriminalität und Angst vor Kriminalität reduzieren können. Die Designforschung hat eine Reihe von Konzepten geliefert, die die Analyse von Daten aus anderen Kulturwissenschaften erweitern könnten. So beispielsweise machen sozialgeografische Daten aus Kriminalitätslandkarten mehr Sinn, wenn sie mittels Konzepte aus der Stadtgestaltung erarbeitet werden – und umgekehrt. Insbesondere werden die Mechanismen, durch welche die Stadtgestaltung Kriminalität beeinflusst, deutlicher. Unter anderem können Konzepte wie „sozialer Zusammenhalt" und „nachbarschaftliche Beziehungen" – in sich ziemlich banale Erklärungsmechanismen – mit einem recht hohen Niveau von Abstraktheit und Allgemeinheit verwendet werden.

Die Anwendung von Konzepten wie „Territorialitätsansprüche", „Revierschutz" oder „Überwachung" (z. B. Roberts und Erickson 2010) liefert Befunde, die manchmal konterintuitiv sind. Zum Beispiel fördern offene Räume und klar definierte Spielräume, Parkhäuser und dergleichen eine „spontane Überwachung", die zu einer erheblichen Verringerung der Territorialität führt (z. B. Kitchen 2007), wohingegen intime Ecken und Schlupfwinkel – wie etwa Räume unter Treppen, Sackgassen oder enge Räume zwischen Gebäuden – Banden dazu ermutigen, territoriale Ansprüche geltend zu machen und ihr Revier zu verteidigen. Das bedeutet, dass große offene Räume mit klar definierten „offiziellen" Wegen, die den einzigen Zugang zwischen ihnen bieten, für Kriminalität ungünstig und daher für die Prävention günstig sind, obwohl dies zum Preis von erhöhter Anonymität und Entfremdung erreicht wird. Durchlässigkeit (die Möglichkeit der Bewegung von einem Teil einer Wohnsiedlung zu einem anderen durch Lücken zwischen Gebäuden, private informelle Wege, Abkürzungen durch Gebäuden hindurch und dergleichen) und die Intimität kleiner halbprivater Räume und Versammlungsorte vermitteln zwar einen privaten, persönlichen und einladenden Eindruck, sie begünstigen aber auch die Territorialansprüche unzufriedener, entfremdeter Jugendlicher und somit Unordnung, Kleinstdiebstahl, kriminelle Schäden, Einschüchterung oder Einbrüche.

Eine Fokussierung auf Design im engeren Sinne von Innenraumgestaltung oder Ladenbau macht deutlich, dass der in vielen Läden angebotene offene Zugriff auf die Ware Besucher zum Ladendiebstahl fast einlädt. Die Ware wird leicht verfügbar gemacht, Fluchtwege stehen offen und gestohlene Güter können durch den Dieb leicht weiter verkauft werden, unter anderem weil sie verführerisch verpackt sind. Allerdings, wie Gamman und Raein (2010) betonten, geht es bei der Gestaltung von Verkaufsförderungsaktionen nicht nur um den einfachen Zugang zur Ware. Der Zweck solcher Aktionen ist es, bei Käufern *einen psychologischen Effekt* zu erwirken und zwar, Lust auf die Ware zu erwecken und zum Erwerb zu motivieren. Das Design von Umgebungen, die diesem Ziel entsprechen, weckt „komplexe Emotionen, Wünsche und Bedürfnisse", und diese gehen über die von den Designern kommerziell beabsichtigten Effekte hinaus (Gamman und Raein 2010, S. 171). Gamman und Raein zitierten den Fall eines Mannes,

2

der sich in seinen Fernseher verliebte und mit ihm sogar eine Eheschließungszeremonie durchführte.

Um das Interesse der Besucher zu aktivieren, versuchen Einzelhandelsumgebungen durch Unbestimmtheit und Mehrdeutigkeit ihre Fantasie zu wecken. So wünschenswert dies aber aus dem Blickwinkel des Einzelhändlers erscheinen mag, kann „die Interaktion mit Gegenständen und Umgebungen, die das Potenzial für mehr als eine Art von Verhalten bieten", andere Begehrlichkeiten zusätzlich zu dem Kaufwunsch wecken und den Gedanke aktivieren, die Ware mithilfe anderer Mittel zu „erwerben". Ein begeisterndes Angebot kann ein Gefühl der Herausforderung, Sicherheitssysteme mittels neuartiger und unerwarteter Verhaltensweisen (also kreativ) zu überlisten. Somit können Eigenschaften des Ladenbaus, welche wünschenswertes Kaufverhalten in Gang setzen, auch Verhaltensweisen aktivieren, die zwar kreativ aber absolut unerwünscht sind. Später wird auf das Fallbeispiel von Shirley Pitts eingegangen (▶ Kap. 1).

Wie eben dargestellt, kann der Ladenbau über das bloße passive Anbieten von Gelegenheiten für Diebstahl hinausgehen. Es kann auch eine unbeabsichtigte psychologische Wirkung haben, die Verbrechen erregt. Solche „provozierten" Straftaten ergeben sich aus einem Zusammenspiel zwischen psychologischen Merkmalen des einzelnen Kriminellen und provokativen Eigenschaften der von Designern gestalteten Umgebung wie etwa Offenheit, Mehrdeutigkeit oder Flexibilität. Einige Menschen werden von solchen Bedingungen im Umfeld angeregt, sich kriminell zu verhalten oder fühlen sich sogar dazu herausgefordert. Die Schutzfunktion von Design besteht darin, entsprechende Handlungen von Tätern durch geeignete Maßnahmen zu blockieren (Gamman und Raein 2010). Gamman und Raein (2010, S. 168) bezeichneten dies „Nutzer- und Missbrauchszentriertes Design".

2.1.5 Ethnografie – die Hervorhebung des „erlebten Details"

Die Ethnografie bildet eine Brücke zwischen den bereits besprochenen Disziplinen und der Psychologie. Dieser Ansatz legt großen Wert auf die Rolle der individuellen Person beim Verstehen und Interpretieren des Umfelds. Die Grundidee ist, dass die Handlungen der Menschen „das Ergebnis eines Prozesses sind, bei dem sich Individuen auf die Struktur ihrer ‚Kultur' zwar stützen" (Crang und Cook 2007, S. 5) aber nicht einfach mehr oder weniger reflexiv auf das reagieren, was das Umfeld zu bieten vermag. Obwohl der äußeren Welt immer noch ein erhebliches Gewicht beigemessen wird, wird das, was diese Welt für die Menschen „bedeutet", betont – die Art und Weise, wie das Individuum die Welt interpretiert und diese Interpretation in Handlungen umsetzt. Dies kann sich von Person zu Person und auch von Gruppe zu Gruppe innerhalb eines bestimmten sozialen Umfelds stark unterscheiden. Dieser Ansatz kann der Vorstellung gegenübergestellt werden, dass das Individuum mehr oder weniger passiv von der Umwelt gelenkt wird, etwa durch soziales Lernen, Aufrechterhaltung von Traditionen oder die Ausübung von Ritualen.

In einem beträchtlichen Ausmaß ist Ethnografie eher eine Methode zum Sammeln von Daten als eine bestimmte Teildisziplin. Die grundlegende Aufgabe von Ethnografen besteht darin, „Teile der Welt so zu verstehen, wie sie im Alltag derjenigen Menschen erfahren und verstanden werden, die sie tatsächlich ‚ausleben'" (Crang und Cook 2007, S. 4). Typischerweise konzentrieren sich Ethnografen sehr detailliert auf eine bestimmte

Gemeinschaft in einem bestimmten Umfeld zu einem bestimmten Zeitpunkt. Ethnografische Daten werden in Form von „kontextabhängigen" Berichten von Personen gesammelt, die Teil der untersuchten Gemeinschaft sind. Dies erfordert die Anwendung von Datenerhebungsmethoden, die „in der Lage sind, *das gelebte Detail … zu erfassen*" (Scheppele 2004, S. 401). Die Daten sind im Wesentlichen Aufzeichnungen darüber, was Menschen sagen und tun, und – aufgrund der Betonung gelebter Details – vor allem über das, was sie *im wirklichen Leben* sagen und tun.

Die gebräuchlichsten Methoden zur Sammlung solcher Daten sind Interviews, Beobachtungstechniken wie Teilnehmerbeobachtung und die Analyse von Archiven und Aufzeichnungen. Wie Scheppele (2004, S. 397) es ausdrückt, bedeutet dies, ein „vollständiges Exemplar" des Lebens der Gemeinschaft oder der untersuchten Personen und ihre Interaktionen mit ihrem Umfeld zu untersuchen. Das Ziel ist, die „Routinepraktiken" zu erfassen, durch welche die alltäglichen Bräuche der Individuen oder der Gemeinschaft routinemäßig durchgeführt werden. Aus unserer Sicht liegt der Hauptbeitrag der Ethnografie zur Kriminalitätsforschung in der Bereitstellung intimer, stark fokussierter Informationen über Verbrechen und Kriminelle.

2.2 Der psychologische Ansatz

Laut Hayward und Young (2004, S. 263) betrachten Ansätze der eben dargestellten Art Kriminelle als „*fahle*" Individuen. Was bei solchen Ansätzen übersehen wird, ist der „Adrenalinschub" des Verbrechens (Hayward und Young 2004, S. 263): die lebhaften Gefühle von Aufregung, Selbstbehauptung oder auch Wut, oder Angst, die gesetzwidrige Handlungen begleiten. Die Erfassung dieser Aspekte, wie sie von individuellen Kriminellen erfahren werden, zeigt, dass Verbrechen nicht immer eine fast mechanische Reaktion auf externe Umstände ist, sondern etwas, das einen eigenen Charme hat – Gamman und Raein (2010, S. 171) sprachen sogar vom „illegalen Vergnügen" der Kriminalität. Dieser Ansatz legt daher großen Wert auf die „existenzielle Psychodynamik des Akteurs" (Hayward und Young 2004, S. 265). Diese Psychodynamik ist für unsere Diskussion über Kreativität und Kriminalität von großer Bedeutung (s. unten).

2.2.1 Fokussierung auf das Individuum

Sampson und Wilson (1995) machten auf zwei Ansätze zum Verständnis von Kriminalität aufmerksam, die sie allerdings herablassend als „Irrtümer" bezeichneten (S. 52): den „materialistischen" Ansatz und den „individualistischen" Ansatz. Beide Ansätze betrachten das Individuum als aktiven Mitgestalter der eigenen Interaktionen mit der Außenwelt. Menschen verhalten sich zielgerichtet, um das eigene materielle Wohlergehen zu fördern und Kriminalität wird dann attraktiv, wenn sie einen größeren Nutzen als Verlust liefert. Dieser Ansatz erinnert an die Konzepte der Spieltheorie (von Neumann 1926). Im Rahmen einer Diskussion über Finanzbetrug machten Wilks und Zimbelman (2004) von den Prinzipien der strategischen Entscheidungsfindung und der nicht-kooperativen Spiele Gebrauch, um Maßnahmen zur Verhütung und Erkennung von Betrug vorzuschlagen. Menschen bestimmen nicht nur die relative Größenordnung von Gewinn und Verlust (den quantitativen Aspekt), sondern entscheiden auch darüber, was als Gewinn und was als Verlust gilt (den qualitativen Aspekt).

Der individualistische Ansatz betont sehr stark die Rolle des Individuums als aktiver Mitgestalter des eigenen Schicksals. Auf das Allerwesentlichste reduziert kann gesagt werden, dass die Psychologie durch eine Fokussierung auf persönliche Merkmale des Individuums nach Antworten auf Fragen sucht wie „Warum brechen Menschen das Gesetz?" Relevante Faktoren sind u. a. Persönlichkeit, Motivation oder Werthaltungen, obwohl wir nicht leugnen wollen, dass auch das Umfeld eine wichtige Rolle spielt. Die Diskussion in diesem Buch gehört eindeutig zur individualistischen Kategorie. Sie untersucht den Sonderfall des absichtlichen Einsatzes von Kreativität zum spezifischen Zweck, Kriminalität erfolgreicher zu machen – unabhängig davon, um welche Art von Kriminalität es sich handelt. Das Ausmaß und die Wirksamkeit dieser Kreativität werden als von Eigenschaften des Individuums abhängig betrachtet – speziellen kognitiven Prozessen (z. B. divergentem Denken) und persönlichen Eigenschaften und Motivation (wie Bereitschaft, sich auf Risiken einzulassen) – und vom Zusammenspiel dieser Eigenschaften und Prozesse mit dem Druck aus dem Umfeld bestimmt.

Andrews, Bonta und Wormith (2006) fassten den praktischen Beitrag der „vierten Generation" psychologischer Kriminalitätskonzepte zusammen:

a) Bewertung der Risiken, Stärken, Bedürfnisse und Reaktionsfähigkeit von Kriminellen und

b) Entwicklung von Serviceplänen, Leistungserbringung und Bewertung von Zwischenergebnissen bei der Arbeit mit Tätern.

Andrews, Bonta und Wormith betrachten die Kernaufgabe der Psychologie hinsichtlich Kriminalität als die Entwicklung des Verständnisses von der Rolle von Persönlichkeitsfaktoren und kognitiven Prozesses bei der Entstehung krimineller Handlungen. Beispiele für kriminalitätsförderliche psychologische Merkmale sind schwache Selbstbeherrschung oder hohe Feindseligkeit, antisoziale Kognition, selbstreferenzielle Ideation oder riskantes Denken. Die praktische Anwendung dieses Ansatzes umfasst drei Kernbereiche:

a) Beurteilung der psychologischen Fähigkeit, vor Gericht zu stehen, der Schuldhaftigkeit, des Vorhandenseins abmildernder Faktoren, der Aussicht auf Rehabilitation-Rückfälligkeit und ähnlicher Fragen (Bartol und Bartol 2010; Pirelli et al. 2011).

b) Die Gestaltung und Durchführung therapeutischer (rehabilitativer) oder vorbeugender Behandlungen verurteilter Krimineller sowie Personen, bei denen die Gefahr besteht, dass sie zu Schwerverbrechern werden (wie gefährdete Jugendliche).

c) Identifizierung psychologischer kriminogener Risikofaktoren, um zu verstehen warum Menschen überhaupt kriminell werden – mit der Hoffnung, dies verhindern zu können.

Die drei Bereiche sind miteinander verbunden. Zum Beispiel identifizierten Andrews, Bonta und Wormith (2006, S. 11) acht psychologische Hauptrisikofaktoren für Kriminalität und arbeiteten für jeden die entsprechende klinische Behandlung heraus. Um zwei Beispiele zu nennen, empfahlen sie ein Training in Problemlösung und

Ärgermanagement für Menschen mit einem asozialen Persönlichkeitsmuster (Nummer zwei der vier wichtigsten Risikofaktoren – die großen Vier) oder Training in der Erkennung des eigenen riskanten Denkens für Menschen, die asoziale Kognition (Nummer drei) aufweisen[1]. Im Gegensatz zur Soziologie oder Anthropologie wird davon ausgegangen, dass zwischen der jeweiligen psychologischen Zusammensetzung des individuellen Verbrechers und dem Ausmaß und der Art seiner Kriminalität eine direkte Verbindung besteht. So können Präventivmaßnahmen auf eine zielgerichtete Therapie konzentriert werden, die auf den jeweiligen psychologischen Risikofaktor eines spezifischen Verbrechers abzielt, anstatt auf diffuse strukturelle Maßnahmen wie besseren Wohnraum oder reguläre Beschäftigung.

Forensische Psychologie Eine sehr weit gefasste Definition der forensischen Psychologie ist, dass sie das Verhalten von Personen innerhalb des Rechtssystems, einschließlich Straftätern, Zeugen, Opfern, Polizisten und Richtern, Gefangenen und Gefängnispersonal, untersucht. Für die Zwecke dieses Buches werden wir auf die Aufdeckung von Verbrechen und die Behandlung von Kriminellen fokussieren. Forensische Psychologen und Psychologinnen können in der Ermittlungsphase der Strafverfolgung eine Rolle spielen, indem sie beispielsweise den Täter profilieren oder Rat hinsichtlich des Inhalts oder des Stils des Verhörs geben. Wenn ein Fall vor Gericht kommt, können sie bei der Auswahl der Geschworenen oder bei der Vorlage von Beweismaterialien beraten. Sie beraten auch das Gericht in Bezug auf Angelegenheiten wie die Prozess- und Schuldfähigkeit, mildernde Umstände, Wiederholungsgefahr oder angemessene Strafe. Dabei geht es nicht selten um psychologische Testwerte. Diese können sich aus einem IQ-Test ergeben, um festzustellen, ob ein Straftäter geistig in der Lage war, eine Straftat absichtlich zu begehen oder die Folgen seiner Handlungen einzuschätzen. Es kann sich auch um einen Persönlichkeitstest handeln, welcher eingesetzt wird, um festzustellen, ob ein Straftäter an einer psychiatrischen Störung leidet oder psychisch krank ist. Psychologen können das Gericht auch über die Glaubwürdigkeit von Zeugen oder die Wahrscheinlichkeit absichtlichen Betrugs beraten.

Klinische Ansätze Klinisch orientierte Kriminalpsychologen fokussieren auf den Zusammenhang zwischen psychischen Störungen und Kriminalität oder auf die klinische Behandlung von Straftätern und Insassen. Themen umfassen Bereiche wie interpersonelle Störungen (Aggression, Ärgermanagement), Krisenmanagement, Angstzustände, Depressionen oder Störungen des Selbstbildes. Die Forschung legt nahe, dass die kognitive Verhaltenstherapie den besten Ansatz zur Verhinderung von Rückfälligkeit bei verurteilten Kriminellen bietet (z. B. Landenberger und Lipsey 2005). Dieser Ansatz behandelt Probleme in Bereichen wie unausgereiftes Denken, schlechte Entscheidungsfindungstaktiken, schlechte Problemlösungskompetenz, Unfähigkeit, Fehlverhalten zu erkennen, Unfähigkeit, die Befriedigung von Bedürfnissen zu verzögern, oder mangelndes Verständnis für die Rechte oder Bedürfnisse anderer Menschen.

---

1   Die restlichen zwei der großen vier Hauptrisikofaktoren sind „prokriminelle Einstellungen" und „prokriminelle Freundschaften".

2

Da die Menschen – zumindest im Prinzip – in der Lage sind, ihre eigenen Emotionen durch bewusste Anstrengung zu regulieren, können kognitive Therapien auch bei der Ärgerbehandlung, der Kontrolle von Impulsen oder der Vermeidung von Gewalt als Problemlösungsmethode helfen. Von besonderem Interesse im vorliegenden Kontext ist das Selbsthilfeelement der kognitiven Verhaltenstherapie. Die Menschen lernen dabei, ihr eigenes Verhalten zu reflektieren und dafür Verantwortung zu übernehmen – was ein wesentlicher Faktor hinsichtlich der Wirksamkeit von Präventionsmaßnahmen ist. Die Betrachtung von Kriminellen als selbstbestimmende Akteure im eigenen Verbrechen und nicht als hilflose Opfer struktureller Faktoren in der Gesellschaft (etwa niedriges Einkommen oder schlechte Wohnbedingungen) hilft ihnen, ihr Verhalten zu ändern.

Kriminogene Faktoren   Kriminogene psychologische Faktoren sind die Einflussquellen innerhalb von Individuen, die sie dazu bringen, das Gesetz zu brechen. Andrews und Bonta (2010) identifizierten Temperament, Persönlichkeit, Intelligenz und Selbstverständnis, sowie kriminogene Kognition (z. B. antisoziale Einstellungen, Werte und Überzeugungen) als die Hauptfaktoren, die zu Kriminalität führen. Krohn et al. (2009) untersuchten relevante psychologische Risikofaktoren und kamen zu einem ähnlichen Schluss. Neben ungünstigen externen sozialen Faktoren wie negativer Etikettierung, sozialer Desorganisation oder institutioneller Anomie gehören unangemessenes soziales Lernen und selbstreferenzielle Ideation (d. h. Egozentrismus), mangelhafte Stressbewältigungsfähigkeit, Schwächen in Persönlichkeitsaspekten wie Impulskontrolle und hohe Motivation zum gefährlichen Nervenkitzel sowie aggressive Vergeltungssuche zu den Hauptrisikofaktoren.

2.2.2 Besonderheiten des psychologischen Ansatzes

Es besteht ein wesentlicher Unterschied zwischen den früher im Kapitel beschriebenen Ansätzen der Sozialgeografie, der Soziologie und der Anthropologie und der grundlegenden Orientierung der Psychologie. Diese Unterschiede können als Stationen entlang eines Kontinuums angesehen werden, das auf dem Grad der Betonung der „existenziellen Psychodynamik des Akteurs" basiert. Sozialgeografie, Soziologie und Anthropologie befinden sich nahe an dem Pol, bei dem der „Psychodynamik des Täters" eine niedrige Priorität eingeräumt wird. Die Psychologie dahingegen liegt dem anderen Pol nahe, an dem der Psychodynamik eine hohe Priorität beigemessen wird. Stadtgestaltung und Ethnografie liegen in der Mitte, Stadtgestaltung näher an der Sozialgeografie und Ethnografie näher an der Psychologie.

Diese Charakterisierung der Annäherung der Sozialwissenschaften an die Kriminalität ist in ◘ Abb. 2.1 schematisch dargestellt. Die Achse in der Abbildung stellt ein Kontinuum dar, das von geringer Betonung der existenziellen Psychodynamik des Täters (reaktive Sicht der Kriminalität) bis zur hohen Betonung (proaktive Sichtweise) reicht. Die in der Abbildung dargestellten Positionen der verschiedenen Sozialwissenschaften entlang des Kontinuums sind rein intuitiv. Sie basieren also nicht auf einer strengen, quantitativen Analyse der Disziplinen nach festgelegten Kriterien. Außerdem wurde die Abbildung nicht maßstabsgetreu gezeichnet und drückt daher keine exakten Abstände zwischen den Sozialwissenschaften aus. Trotzdem soll sie eine Vorstellung von der

Beziehung der unterschiedlichen Fächer zueinander und zu den Polen des Kontinuums liefern. Größere oder kleinere Abstände zwischen Positionen auf dem Kontinuum drücken größere oder kleinere, wenn auch nicht genau quantifizierte Unterschiede zwischen wissenschaftlichen Disziplinen aus. Wie in der Abbildung zu sehen ist, sind wir der Meinung, dass die einzelnen Disziplinen im Sozialgeographie-, Soziologie- und Anthropologie-Cluster am reaktiven Pol des Kontinuums näher beieinander liegen als die Disziplinen im Design-, Ethnographie- und Psychologie-Cluster am proaktiven Pol.

Die in ◘ Abb. 2.1 dargestellten Unterschiede sind aus verschiedenen Gründen für eine Diskussion über Kriminalität und Kreativität ausschlaggebend.

1. Andere Sozialwissenschaften betrachten strukturelle Eigenschaften der physischen Umwelt oder der Gemeinschaft als für die Aktivierung von Verbrechen entscheidend. Das Individuum reagiert auf die vorgegebenen Umstände scheinbar wie eine passive Schachfigur. Die Psychologie, insbesondere unser Ansatz, weist dem Individuum eine viel aktivere Rolle zu, wie im ► Kap. 6 klarer wird. Kreative Kriminelle werden als selbstbestimmende Menschen betrachtet, die die eigenen Vorstellungen der Welt auf die Umgebung auferlegen. Sie achten selektiv auf die Umgebung, interpretieren, was sie beobachten, speichern Informationen in mentalen Kategorien, die sie selbst aufgebaut haben und rufen gespeicherte Informationen selektiv hinsichtlich eigener Prioritäten ab. All dies wird durch Intelligenz, Motivation und Affekt gelenkt – der Mensch ist kein unbeschriebenes Blatt, auf welches das Umfeld das schreiben kann, was immer es will. Er ist ein funktionierendes, individuelles System von Wissen, Werten, Überzeugungen, Einstellungen, Bestrebungen und Motiven, in das die Ethnografie besondere Einsichten bieten kann.

2. Andere Ansätze erklären, warum Verbrechen in einer Gemeinschaft als allgemeines Phänomen auftreten, sagen aber wenig darüber, welche spezifischen Individuen in der Gemeinschaft zu aktiven Kriminellen werden (denn nicht jeder, der ungünstige strukturelle Bedingungen erlebt, wird zum Verbrecher), auf welche Art von Verbrechen sie sich spezialisieren werden oder welche spezifischen individuellen Behandlungen (im Gegensatz zu allgemeinen Maßnahmen) Kriminalität verhindern könnten.

3. Andere Ansätze zeigen auch nicht, warum die Kriminalität einiger Verbrecher durch Einfallsreichtum gekennzeichnet ist, während sie bei anderen routinemäßig und repetitiv ist, oder wie die für die kühne Kriminalität notwendigen persönlichen Eigenschaften erkannt und bewertet oder ihre Auswirkungen negiert werden können. Beispielsweise berücksichtigen andere Ansätze nicht die Tatsache, dass Kriminalität von einigen Kriminellen als Spaß empfunden wird und nicht etwa eine gequälte Reaktion auf unerträgliche Ungerechtigkeit ist, die mehr oder weniger hilflose Menschen mit begrenzten persönlichen Ressourcen aufgezwungen wird.

Mit diesen Anmerkungen soll nicht suggeriert werden, dass strukturelle Ansätze, wie die oben kurz dargestellten, nicht in der Lage sind, die Situation einiger Krimineller akkurat darzustellen. Wir fokussieren hier jedoch auf einfallsreiche Kriminelle wie Shirley Pitts, Bernie Madoff oder Osama bin Laden. Diese Menschen sind energische, unternehmungslustige, selbstbestimmte Akteure und nicht einfache Opportunisten, die fast mechanisch auf für sie günstige Umstände reagieren, glücklose Opfer sozialer

2

Desorganisation oder unwissende Akteure, die eine soziale Rolle spielen, die ihnen durch die strukturellen Merkmale der Gemeinschaft, in der sie aufgewachsen sind, auferlegt wird. Ruggiero (2010) argumentierte, dass der soeben zusammengefasste Defizitansatz das Verständnis von Kriminalität tatsächlich erschweren kann, indem dieser Ansatz dem Denken in diesem Feld ein enges Korsett aufzwingt. Unser Ziel hier ist, die Art und Weise, wie Kriminalität betrachtet wird, zu *erweitern* und nicht den einzig wahren Weg zu proklamieren.

2.2.3 Strukturalistische und individualistische Konzeptualisierungen von Tätern

Es besteht ein Spektrum von Ansätzen, die sich prinzipiell voneinander dadurch unterscheiden, dass sie die „existenzielle Psychodynamik" von Kriminalität unterschiedlich einschätzen. Die Unterschiede zwischen Ansätzen wurden gerade schematisch in ◘ Abb. 2.1 dargestellt. Wir werden ◘ Abb. 2.1 jetzt etwas konkretisieren, indem wir auf die sich aus den Ansätzen ergebenden kontrastierenden Stereotypen von Tätern eingehen. ◘ Tab. 2.1 bietet einen schematischen Überblick über zwei Stereotypen. Es ist wichtig im Auge zu behalten, dass sich die Diskussion hier auf *die Entwicklung eines Rahmens für die Konzeptualisierung von Tätern* konzentriert. Der strukturalistische Ansatz wird nicht zum Beispiel als wortwörtliche Beschreibung von jedem Kriminellen verstanden, sondern als eine Liste der Variablen, die in strukturalistischen Kriminalitätsanalysen am stärksten betont werden. Das gleiche gilt für die als „individualistisch" bezeichneten Eigenschaften, welche die Variablen umfassen, die in individualistischen Diskussionen am stärksten betont werden. Die in ◘ Tab. 2.1 dargestellten „psychologische Bereiche" werden in ▶ Kap. 3 ausführlicher begründet.

Die Charakterisierungen in der Tabelle von „Ansatz" sind dialektischer Natur. Jeder psychologische Bereich (z. B. Motivation) wird als eine Dichotomie dargestellt; im Falle von Motivation als „reaktive" versus „proaktive" Motivation, im Falle von persönlichen Merkmalen „fahl" versus „strahlend" usw.[2] Diese sind zweifelsohne übervereinfachte Dichotomien. Erstens können die in ◘ Tab. 2.1 als für den einen Ansatz typisch gekennzeichneten Eigenschaften auch für den anderen Ansatz gelten. Zum Beispiel kann Nervenkitzel bei sowohl dem individualistischen als auch dem strukturalistichen Ansatz als ein Aspekt der Motivation für Kriminalität erkannt werden. Die Zuordnung zu einem Ansatz soll verdeutlichen, dass die in Frage kommende Eigenschaft bei dem einen Ansatz stärker ausgeprägt ist als bei dem anderen und aus dem Grund für diesen Ansatz „typisch" ist. Zweitens kann ein individueller Täter sowohl von strukturalistischen als auch von individualistischen Faktoren beeinflusst werden, anstatt einen „reinen" Typus zu verkörpern. In gewisser Weise kann also die in ◘ Tab. 2.1

---

2   Der Einfachheit halber wird diese Dichotomisierung der psychologischen Bereiche („Motivation", „persönliche Merkmale" usw.) im ganzen Buch beibehalten. Beispielsweise wird Motivation ständig als eine Dichotomie verstanden. Dasselbe gilt für persönliche Merkmale, Denken, Unfelddruck usw. Aber die Bezeichnungen der Pole der jeweiligen Dichotomien werden dem unmittelbaren Kontext angepasst. Zwei Beispiele: Weil es keinen Sinn macht, im Rahmen von Unternehmen von „fahl" vs. „strahlend" als Persönlichkeitstypen zu sprechen, heißt die Dichotomie in jenem Kontext „Anpasser" vs. „Abweichler". Weil es auch keinen Sinn macht, von für Kriminalität „förderlichem" Umfelddruck zu sprechen, wird die Rede an einigen Stellen von „eingrenzendem" vs. „entgrenzendem" Umfelddruck.

□ Tab. 2.1 Strukturalistische versus individualistische Stereotypien Krimineller		
Psychologischer Bereich	**Ansatz**	
	Strukturalist	**Individualist**
	Reaktiv versus proaktiv	
Motivation	– Reagiert unüberlegt	– Reagiert durchkalkuliert
	– Opportunistisch	– Verfolgt durchgedachte Ziele
	– Lässt sich auf unkalkulierbare Risiken ein	– Erkennt und minimiert Risiken
	– Ungebändigte Thrill-Suche	– Genießt Herausforderungen
	Fahl versus strahlend	
Persönliche Merkmale	– Apathisch, feindselig, nachtragend	– Herausfordernd
	– Egozentrisch	– Berechnend
	– Impulsiv	– Selbstsicher
	– Passiv	– Einfallsreich
		– Aktiv
	Diffus versus spezifisch	
Einstellungen	– Diffus aggressiv	– Aktiv antisozial
	– Generalisierte Feindseligkeit	– Zielgerichtete Feindseligkeit
	– Gegen Autorität rebellisch	– Versteht wie Autorität funktioniert
	– Verärgert	– Besonnen
	Undifferenziert-konkret versus differenziert-abstrakt	
Denkprozesse (Kognition)	– Stereotyp	– Individuell
	– Konventionell	– Einsichtsvoll
	– Selbstzentriert	– Versteht Ursache und Folge
	– Kann nur schlecht planen	– Kann gut planen
	– Schwache Bewältigungsstrategien	– Wirksame Bewältigungsstrategien
	Förderlich versus hemmend	
Umfelddruck	– Bietet unaufhaltsame unmittelbare Möglichkeiten	– Bietet Möglichkeiten, die ausgebeutet werden können
	– Ruft impulsive Reaktionen hervor	– Fördert systematische Reaktionen
	– Löst Verhalten direkt aus	– Legt Verhaltensweisen nahe

(Fortsetzung)

2

◻ Tab. 2.1 (Fortsetzung)		
Psychologischer Bereich	**Ansatz**	
	Strukturalist	**Individualist**
	Routinemäß versus einfallsreich	
Qualität des Verbrechens	– Ungeplant	– Kalkuliert
	– Opportunistisch	– Personalisiert
	– Stereotyp, vorhersagbar	– Unvorhersagbar
	– Durch das Umfeld gestaltet	– Durch den Verstand des Täters gestaltet

beschriebene strukturalistisch-individualistische Dichotomie eher als ein Stereotyp als eine objektive Beschreibung angesehen werden. Trotzdem gibt es eine starke Tendenz der kriminologischen Forschung, in der Soziologie und der Anthropologie vorwiegend strukturalistisch, in der Psychologie dagegen vorwiegend individualistisch vorzugehen, wobei die Sozialgeographie und die Stadtgestaltung strukturalistische Aspekte stärker hervorheben und Ethnologie eher individualistische Aspekte.

Diese schematische Darstellung der verschiedenen Herangehensweisen an „den Verbrecher" macht deutlich, wie der psychologische Ansatz die Forschung in diesem Bereich ausweiten kann, und legt auch eine Richtung nahe, in die diese Erweiterung gehen kann. Das strukturalistische Stereotyp ist das von einem unerbittlichen Verbrecher: wütend und nachtragend, unfähig, Impulse zu kontrollieren oder Risiken zu berechnen, durch das Umfeld vorprogrammiert und durch zufällige Umweltereignisse mehr oder weniger kontrolliert – kurz gesagt „fahl". Ein solcher Verbrecher kennt nicht den Nervenkitzel der Planung, die vorausschauende Erregung oder das triumphale Gefühl, die Gesetzeshüter überlistet zu haben. Das im ► Kap. 1 geschilderte Fallbeispiel des Fernseher-Diebs bietet ein gutes Beispiel für die fahle Art von Kriminalität. Ein Verbrechen wurde ohne Planung oder Absicht, fast ohne persönliche Beteiligung ausgeführt. Shirley Pitts dagegen verkörpert die „strahlende" Kriminelle, die in den folgenden Absätzen geschildert wird.

Der individualistische Ansatz dagegen beschäftigt sich eher mit geplanter, zweckdienlicher Kriminalität, bei der die Täter ihre Fähigkeiten nach einem Plan oder System einsetzen und auf ein konkretes Ziel ausgerichtet sind, also mit einfallsreichen Verbrechen. Es erscheint daher sinnvoll, sich den Befunden der Psychologie der Kreativität zuzuwenden. Diese fokussieren besonders auf Handlungen, die neuen und unerwarteten Wegen folgen, überraschende Lösungen hervorbringen und neuartige Herangehensweisen entwickeln. Weil diese Handlungen zwar zu großen Erfolgen, aber auch zu Katastrophen führen können, erfordern sie den Mut, eine Chance zu ergreifen, die Willensstärke, die sich daraus ergebende Unsicherheit zu tolerieren oder die Bereitschaft, als sozialer Außenseiter zu leben. Diesen auf die Psychologie der Kreativität fokussierten Ansatz werden wir im weiteren Verlauf dieses Buches anwenden. Von besonderer Bedeutung ist die Tatsache, dass, wie in ► Kap. 3 gezeigt wird, die psychologischen Merkmale, die in ◻ Tab. 2.1 als typisch für den individualistischen, einfallsreichen Umgang mit Kriminalität aufgeführt sind, auffallend an die persönlichen Eigenschaften erinnern, die bei der Beschäftigung mit der Kreativität hervorgehoben werden.

Grundlegende Kreativitätskonzepte aus der Psychologie

© Springer Fachmedien Wiesbaden GmbH, ein Teil von Springer Nature 2019
D. Cropley, A. Cropley, *Die Schattenseite der Kreativität*,
https://doi.org/10.1007/978-3-658-22795-1_3

3

Die Kreativität muss etwas Neues generieren und dies muss einem erkennbaren Ziel zweckdienlich sein und einen wirksamen Beitrag zur Erreichung dieses Ziels leisten. „Ziel" umfasst sowohl ästhetisch-künstlerische als auch „funktionale" Lösungen. Der Kern von Kreativität is also ihr *Produkt*. Dies braucht nicht erhaben sein – es gibt sowohl Kreativität auf niedrigerer Ebene als auch „Alltagskreativität". Alle kreativen Produkte (einschließlich krimineller Produkte) ergeben sich allerdings aus einem *Prozess,* der durch Interaktionen zwischen psychologischen Dimensionen der *Person* und förderlichen bzw. hemmenden Faktoren im Umfeld *(Umfelddruck)* bedingt wird. Zusammen bilden Prozess, Person und Umfelddruck ein System von sechs „Ps", durch die die Diskussion von Kreativität strukturiert werden kann.

Kreativität ist nicht auf die schönen Künste beschränkt, sondern tritt auch in einer Vielzahl nicht-ästhetischer Bereiche auf, darunter im Ingenieurwesen, in der Wirtschaft, in der Medizin und im Sport, um nur ein paar Beispiele zu nennen. Dieser Auflistung wollen wir nun Kriminalität hinzufügen. Zur Analyse von Kreativität etwa in der Managementpraxis, in der Gesundheitsfürsorge, im Sport oder aber auch in der Kriminalität – Felder, in denen die Rolle von Kreativität weniger offensichtlich ist als in der Kunst – bedarf die Diskussion eines konzeptionellen Rahmens, welcher die verschiedenen beteiligten Faktoren herauskristallisiert und verdeutlicht. Zweck dieses Kapitels ist es, diesen Rahmen aus der psychologischen Kreativitätsforschung abzuleiten. Es handelt sich um die Fragen: Was ist die Kreativität? Wie und wodurch kommt sie zustande?

3.1 Worin besteht die Kreativität?

Nach Florida (2002, S. 8) beinhaltet Kreativität die Herstellung *„bedeutungsvoller"* neuer Formen". Beispiele sind:
a) Musik, Theaterstücke und dergleichen, die immer wieder aufgeführt werden können,
b) Theoreme oder Strategien, die in vielen Situationen angewendet werden können,
c) physische Gegenstände, die hergestellt, verkauft und verwendet werden können.

Dieser Definition zugrunde liegend ist, dass die Ergebnisse der Kreativität sozusagen *öffentlich* sein müssen (andere Menschen lernen sie kennen und finden sie in irgendeiner Weise gut) und auch *nachhaltig* (ihre Anwendung oder Verwendung überdauert die Zeiten). Allerdings muss das Überdauern der Kreativität nicht aus der Wiederholung der unmittelbaren Effekte bestehen. Im Falle der 9/11-Anschläge war die unmittelbare Wirksamkeit der Aktionen sehr kurzlebig und nahm früh im Verlauf der Anschläge ab, weil die Passagiere an Bord der vierten Maschine, die entführt wurde (Flug UA93), den Anschlag auf das Kapitol vereiteln konnten. Trotzdem hatte das Attentat weitreichende und dauerhafte mittelbare Auswirkungen. So bedeutet der schnelle Verlust der unmittelbaren Wirksamkeit nicht, dass der ganze Anschlag nicht kreativ war. Seine neue Art rief anhaltende Nachwirkungen hervor, die seitdem in einem breiteren Rahmen als nur dem ersten Anschlag wirksam gewesen sind. Anschläge, bei denen Lastwagen als Lenkwaffen verwendet werden, sind ein Beispiel.

3.1.1 Arten von Kreativität

Die eben zitierte Florida-Definition bezieht sich jedoch im Prinzip auf erhabene Kreativität. Dahingegen spricht man im Volksmund auch von der Kreativität von etwa einer klugen Bemerkung oder einer witzigen Idee, die momentane Anerkennung im Rahmen etwa eines Tischgesprächs erntet aber zu nichts Weiterem führt und bald vergessen wird. Das Wort „Kreativität" wird auch verwendet, um Produkte zu bezeichnen, die nur in dem Sinne neu sind, dass sie kürzlich entstanden sind, unabhängig von öffentlicher Anerkennung oder Nachhaltigkeit – wie eine von einem Kind eben gekritzelte Zeichnung. Diese Art von Kreativität umfasst „alltägliche" Kreativität, wohingegen Meisterwerke, die weithin und über längere Zeit als eine Erweiterung der menschlichen Lebensperspektiven [engl.: broadening of human perspectives] bewundert werden, erhabene Kreativität enthalten. Boden (2004, S. 1) unterschied zwischen „H-Kreativität" [engl.: historical creativity] – Kreativität mit Neuheit, die niemand zuvor erzeugt hatte und die eine dauerhafte Wirkung gehabt hat oder haben wird und „P-Kreativität" [engl.: psychological creativity] – in unserem Sinne: Kreativität, die etwas generiert, das nur für die Person, die sie erzeugt, neu ist. Auf solche „Alltagskreativität" wird später eingegangen.

Diese Unterscheidung fokussiert auf zwei extreme Kreativitätsvarianten. Auf der einen Seite steht die Kreativität eines Hermann von Helmholtz oder Johann Sebastian Bach, die nicht nur dauerhafte Produkte hervorbringt, sondern auch das Paradigma in einem Gebiet verändert und andere dazu inspiriert, neue Wege zu gehen. Die zweite Variante von Kreativität ist zum Beispiel die eines Familienkochs, der die Zutaten eines bekannten Gerichts variiert und dadurch einen wirksam neuartigen, einmaligen Geschmackseffekt erwirkt, der jedoch außerhalb der Familie nie bekannt wird und auch dort schon bald vergessen wird. Diese Herangehensweise teilt die Kreativität in eine Dichotomie zwischen erhabener und „gewöhnlicher" Kreativität ein.

Kaufman und Beghetto (2009) erweiterten die Diskussion auf vier „Ebenen" der Kreativität, die sie bildhaft als „Groß-K", „Profi-K", „Klein-K" und „Mini-K" [engl.: Big-C, Pro-C, Little-C, Mini-C] bezeichneten. Nach diesem Modell (dem 4 C-Modell) liegt „professionelle Kreativität" (Profi-K-Kreativität) zwischen Groß-K und Klein-K, weil sie zwar „höher" als Klein-K ist aber noch nicht zu Weltruhm geführt hat. Das letzte C im 4 C-Modell umfasst Mini-K, die noch „kleiner" ist als Klein-K; z. B. die Gewinnung von für die entsprechende Person neuen persönlichen Einsichten, die Erstellung neuer Interpretationen von Informationen oder der Aufbau neuer kognitiver Strukturen. „Neu" bedeutet hier allerdings für die entsprechende Person neu, unabhängig davon, ob diese Erkenntnisse bei anderen bereits vorhanden sind. Mini-K findet ständig im Klassenzimmer statt – z. B. wenn Lernende zu für sie neuen Erkenntnissen gelangen – und wird zunehmend als Anhaltspunkt für die schulische Förderung von Kreativität betrachtet (s. z. B. Cropley und Reuther 2018).

Im Falle von Groß-K ist es zusätzlich möglich, zwischen zwei Arten zu unterscheiden. Die eine Art erzeugt wirkungsvolle und zweckdienliche Überraschungen mittels neuer Anwendungen bestehender Prinzipien, die andere Art dahingegen durch die Entwicklung neuer Prinzipien. Einige Autoren haben „primäre" Kreativität (Entwicklung neuer Prinzipien) der „sekundären" Kreativität (neuartige Anwendung des bereits Bekannten) gegenübergestellt. Andere haben zwischen „geringfügiger" Kreativität (einfache das Bekannte erweitern) und „wesentlicher" Kreativität (über das Bekannte hinausgehen – das bekannte Paradigma verändern) unterschieden. Diese zwei Varianten

3

ähneln Christensen, von der Eichen und Matzlers (2011) Unterscheidung zwischen nachhaltiger und disruptiver Innovation oder Bodankin und Tziners (2009, S. 549) zwischen destruktiver und konstruktiver Abweichung. Auch dieser Ansatz bietet nützliche Begriffe für die Analyse kreativer Kriminalität, die in späteren Kapiteln ausführlicher besprochen werden.

Ein noch differenzierterer Ansatz in diesem Zusammenhang ist die von Taylor (1975) vorgenommene Definition von fünf „Ebenen" der Kreativität. Die „expressive Spontanität" erfordert nur die freie Erzeugung von Ideen, unabhängig von ihrer Wirksamkeit oder Zweckdienlichkeit. Diese Ebene von Kreativität scheint mit Mini-K verwandt zu sein. Sie spielt eine wichtige Rolle bei einigen Kreativitätstrainingsmaßnahmen, wie z. B. dem Brainstorming, und kann bei der Generierung von Neuheit hilfreich sein. Allerdings kann solche ungebändigte Ideenproduktion leicht zu Pseudo- oder Quasikreativität führen und reicht alleine für die „echte" Kreativität nicht aus. Die „technische Kreativität" erfordert das Beherrschen besonderer Fertigkeiten oder Techniken, zum Beispiel mit Worten, Farben, einem Musikinstrument oder anderem Werkzeug. Trotz ihrer Wichtigkeit als Bestandteil einiger kreativer Aktivitäten (wie Malen oder Musizieren oder Entwerfen von Computerspielen) reicht technische Kompetenz als universelle Definition von Kreativität nicht aus. Die „erfinderische Kreativität" beinhaltet die Anwendung vom bereits Bekannten, um neue Wege zu gehen, die „innovative Kreativität" erfordert die Erweiterung bekannter Prinzipien, während schließlich die „emergente Kreativität" die Entwicklung neuer Prinzipien umfasst.

Obwohl die Kreativität von Kindern für unseren Schwerpunkt von wenig Interesse ist, ist dieses hierarchische Modell der Kreativität für eine Unterscheidung zwischen Kreativität im Kindes- und Erwachsenenalter sehr hilfreich. Als allgemeine, aber nicht universelle Regel zeigen Kinder lediglich expressive Spontaneität, da sie über Kenntnisse eines Spezialgebiets, Fertigkeiten mit Werkzeug oder speziellen Techniken nicht verfügen. Zwar kann man sagen, dass sie Kreativität zeigen, aber im Regelfall nur im begrenzten Sinne von etwa expressiver Spontaneität. Unsere Diskussionen über Kriminalität und Kreativität konzentrieren sich dagegen hauptsächlich auf die erfinderische, die innovative und die emergente Kreativität.

3.1.2 Kreativität im Alltag

Nicholls' (1972) Auseinandersetzung mit der Kreativität von Menschen, die niemals im Leben etwas Erhabenes produzieren werden, öffnete eine damals bahnbrechende Perspektive. In den letzten Jahren hat es stets steigendes Interesse für die Kreativität von Menschen gegeben, die keine großen historischen Figuren sind und solche niemals sein werden. Solche Menschen beschäftigen sich mit Aktivitäten, die im Allgemeinen nicht als kreativ eingeschätzt werden. Zwar wurde solche „Alltagskreativität" früher nicht völlig ausgeklammert, das Interesse für sie ist jedoch deutlich gestiegen (z. B. Schuster 2015) und sie ist zum normalen Forschungsgegenstand geworden (z. B. Kaufman und Beghetto 2009).

Obwohl sie keine innovative oder emergente Kreativität hervorbringen, beschäftigt sich ein hoher Anteil aller Erwachsenen mit der Produktion von (zumindest für sie) neuen Ideen oder Produkten, zum Beispiel im Rahmen von Hobbys oder einfach im alltäglichen Leben. Ein prägnantes Beispiel wäre die Kreativität eines Menschen, der zu Hause in der Küche eine in der entsprechenden Familie bisher unbekannte Variante eines Gerichts erfand. Neben der Anerkennung der Kreativität von Schulkindern, Hausfrauen und -männern, Schreibkräften im Büro und weiteren in der Regel nicht anerkannten Menschen, eröffnet die Arbeit der Zweiten Forschungsgeneration eine Diskussion, die auch Themen wie etwa Kreativität in Organisationen, in der alltäglichen Büroarbeit und – von zentralem Interesse für dieses Buch – in der Kriminalität erschließt.

So macht es durchaus Sinn, von Kreativität als einem weit verbreiteten Merkmal des Alltagslebens zu sprechen. Diese Art von Kreativität wird bei einer großen Anzahl von Menschen beobachtet, nicht ausschließlich bei gesellschaftlich anerkannten Personen. Diese Einsicht erweist sich als besonders hilfreich für das Verständnis kreativer Kriminalität, d. h. Kreativität in einem Bereich, wo sie in der Regel keinen Applaus erntet aber trotzdem irgendwie kreativ zu sein scheint. Benötigt wird eine Konzeptualisierung von Kreativität, die zwischen ihrem Ausdruck in erhabener und mehr oder weniger selbstverständlich bewundernswerter Form und in alltäglicher – möglicherweise verwerflicher – Form wie etwa Kriminalität, systematisch unterscheiden kann.

3.1.3 Allgemeinheit versus Spezifität der Kreativität

In der neueren Literatur sind sich die Autoren nicht einig darüber, ob Kreativität allgemein oder nur hinsichtlich spezifischer Felder wie etwa bildender Kunst versus Wissenschaft definiert werden kann, oder sogar noch spezifischer in Bereiche wie darstellende Künste versus literarische Künste aufgeteilt werden müsste (für eine aktuelle, kompakte Zusammenfassung s. Baer 2011). Es liegt auf der Hand, dass spezifische Prozesse oder bestimmte Fertigkeiten für die Kreativität in bestimmten Bereichen wichtig sind. Zum Beispiel könnte die Fähigkeit, zwischen Tönen zu diskriminieren für die musikalische Kreativität wichtig sein, nicht aber für die Bildhauerei. Zweckdienliches Fachwissen könnte für die Kreativität in der Physik äußerst wichtig, in der Poesie jedoch weniger wichtig sein, und die für das Klavierspielen erforderlichen Fertigkeiten könnten sich von denjenigen für kreatives Kochen deutlich unterscheiden.

Fähigkeiten, Wissen, Fertigkeiten[1] und Techniken spielen zwar in allen Bereichen der Kreativität eine Rolle, aber die besonderen Faktoren für den einen Bereich dürften sich von denjenigen unterscheiden, die in einem anderen benötigt sind – wahrscheinlich ist Fachwissen in der Wissenschaft besonders wichtig, während in der Musik Technik wichtiger ist, um nur zwei Beispiele zu nennen. Die spezifischen Inhalte eines Elements wie Wissen können auch je nach dem betreffenden Fachgebiet oder der betreffenden Aktivität variieren: Das spezifische Wissen, das für das Entwerfen und Herstellen von Brücken erforderlich ist, ist für die kreative Forschung in der Botanik vielleicht nicht sehr

---

1 Unter „Fähigkeiten" [engl.: abilities] verstehen wir biologisch verankerte grundlegende psychologische Kapazitäten, wie etwa die Fähigkeit zwischen Tönen zu unterscheiden. Fertigkeiten [engl.: skills] sind erworbene Handlungsmuster, für die die relevanten Fähigkeiten notwendig aber nicht ausreichend sind. Zum Beispiel, ein Mensch, der nicht über die Fähigkeit verfügte, die Finger zu bewegen, dürfte große Schwierigkeiten haben, die für das Klavierspielen erforderlichen Fertigkeiten zu erwerben, aber die Fähigkeit, die Finger zu bewegen, ist kein Garant für die Fertigkeit, Klavier zu spielen.

3

zweckdienlich, aber beide Inhaltsbereiche erfordern eine Wissensbasis. Sowohl mathematische Kreativität als auch kreatives Schreiben erfordern die Beherrschung einer Reihe abstrakter Symbole zum Darstellen von Ideen, obwohl die zwei Symbolsysteme sehr unterschiedlich sein können. So gibt es in der Kreativität Bereichsspezifität aber auch Allgemeingültigkeit.

Auf wissenschaftlicher Ebene herrscht seit Jahren Uneinigkeit darüber, ob ein einheitliches Modell der Kreativität entwickelt werden kann. Baer (1998) und Plucker (1998) überprüften einen Großteil der Diskussion und kamen zu entgegengesetzten Schlussfolgerungen: Kreativität ist domänspezifisch (Baer) versus Kreativität ist allgemein (Plucker). Ludwig (1998) analysierte die Kreativität in verschiedenen Bereichen und kam zu dem Schluss, dass es zwar zwischen den Feldern Unterschiede gibt, die auf den Anforderungen des Feldes basieren, dass aber auch ein allgemeiner Ansatz möglich ist. Simonton (2009) machte eine Hierarchie von Feldern aus, mit „harten" Feldern an der Spitze, Sozialwissenschaften in der Mitte und Künste sowie Geisteswissenschaften an der „weichen" Grundlinie.

Ein Aspekt davon ist, dass Bereiche mit einem hohen Maß an Konsens darüber, was den fundamentalen und unentbehrlichen Wissenskörper des Bereichs ausmacht (wie Ingenieurswissenschaften oder Mathematik), mit der Kreativität anders umgehen als Bereiche, die über keinen starken Konsens verfügen. Im ersten Fall muss Kreativität innerhalb eines festen Rahmens stattfinden, wohingegen im letzteren die Kreativität uneingeschränkter auftreten kann. Zum Beispiel kann eine Brücke so kreativ sein wie der Designer möchte, solange sie bautechnische, wirtschaftliche, städtebauliche und verkehrsplanerische Bestimmungen einhält. Beim kreativen Schreiben hingegen gibt es viel mehr Spielraum dafür, sich von Regeln, Konventionen usw. zu befreien. Zum Beispiel: Der US-amerikanische Dichter e. e. cummings machte von Großbuchstaben kaum Gebrauch, wird trotzdem als schreibgewandt betrachtet. Man denke an das Schicksal eines Ingenieurs, der sich weigerte, Gewindebolzen mit Muttern zu sichern. Später in diesem Kapitel präsentieren wir ein Schema, das, wie wir glauben, auf alle Arten von Kreativität angewendet werden kann, also von funktionaler bis zu ästhetischer Kreativität.

Ein herausragendes lebensnahes Beispiel für die Kombination von Neuheit, Zweckdienlichkeit und Wirksamkeit in einem weit außerhalb künstlerischer oder ästhetischer Kreativität liegenden Bereich ist der gelungene Trick des australischen National-Cricket-Spielers, Trevor Chappell, den er im Februar 1981 auf dem Melbourne Cricket Ground beim letzten Wurf eines Cricket-Länderspiels zwischen Australien und Neuseeland (dessen Ergebnis noch offen war) anwendete. Anstatt den Ball zu werfen, ließ er ihn über den Boden rollen (im australischen Cricket-Slang ein „grubber"). Dieser Wurfart lag innerhalb der bestehenden Regeln. Sie war ebenfalls neu (nie vorher in einem Cricket-Länderspiel gesehen), zweckdienlich (sie adressierte direkt Australiens Wunsch, gegen Neuseeland den Sieg zu erringen) und wirkungsvoll (es war damit in der Tat für Neuseeland unmöglich, mittels eines sehr starken letzten Schlags Australien zu besiegen). Dieser Wurf wurde als unmoralisch (gegen den Geist von Cricket) verurteilt, und anschließend offiziell verboten. Wie wir später argumentieren werden (in ▶ Kap. 5), betrachten Gesellschaften Kreativität grundsätzlich als gut, aber nur solange sie innerhalb erträglicher Grenzen bleibt. Was erträglich ist, variiert von Gesellschaft zu Gesellschaft: Die Australier fanden Chappells grubber scharfsinnig und lustig, die Neuseeländer dagegen waren empört und drohten mit diplomatischen Folgen.

In diesem Buch gehen wir davon aus, dass trotz der Tatsache, dass es Unterschiede zwischen Bereichen – Technologie, Werbung, Finanz, Handel, Kriegsführung, bildende Kunst, Literatur, Tanz, Wirtschaft oder Sport – gibt, diese nicht bedeuten, dass es grundlegende Unterschiede im Verständnis von Kreativität gibt. Das Grundprinzip der gezielten Generierung von Produkten, die zweckdienliche und wirkungsvolle Neuheit aufweisen, gilt immer, egal ob im Cricket oder in der Kunst. Wie wir im folgenden Abschnitt zeigen werden, beinhaltet dieser Prozess immer auch kognitive, persönliche, motivationale und soziale Aspekte, obwohl sich die genauen Details dessen, was unter Neuheit, Zweckdienlichkeit und Wirksamkeit verstanden wird, von Bereich zu Bereich unterscheiden. Im Falle von Kriminalität bildet die Welt der Kriminellen ein Feld für sich, in der die eigenen Regeln gelten. Infolgedessen glauben wir, dass eine Diskussion von Kriminalität mittels eines überschaubaren, relativ einheitlichen Konzepts, das sich aus der Kreativitätsforschung ergibt, durchaus möglich ist. Dies wird in den folgenden Abschnitten vorgestellt.

3.2 Kreativität als psychologisches System

Treffinger et al. (1993, S. 556) betonten die Bedeutung des „vollständigen ökologischen Systems der Kreativität". Dieses System umfasst die Interaktion zwischen psychologischen Eigenschaften des Individuums, Aspekten des kreativen Prozesses, dem Einfluss des Umfelds, Merkmalen der Aufgabe selbst und der Natur des gewünschten Produkts. Folgerichtig berücksichtigt das ökologische System der Kreativität:

- Denken, Persönlichkeit und Motivation (intrapersonale Faktoren);
- Interaktionen mit anderen Menschen (zwischenmenschliche Faktoren);
- Merkmale des Bereichs, in dem die Kreativität generiert werden soll;
- den Wissensstand in diesem Bereich;
- was als eine Lösung verstanden wird;
- unterstützende oder hemmende Aspekte der unmittelbaren und mittelbaren sozialen und physischen Umfelder.

Csikszentmihalyi (1999) legte großen Wert auf die letzten drei Elemente dieser Liste. Er bezeichnete „Akzeptanz durch die Mitglieder einer bestimmten Fachgruppe" (S. 316) als absolut unentbehrlich, damit ein Produkt als kreativ gilt. Dies unterstützte er mit dem Argument, dass Kreativität im Prinzip eine positive Kategorie des Expertenurteils sei – ein Terminus, den Fachleute gebrauchen, um Lob auszudrücken, wenn sie ein Produkt außergewöhnlich gut finden. Wenn eine Reihe von Experten zustimmen, dass ein Produkt kreativ ist, dann ist es eben kreativ. Csikszentmihalyi nannte diesen Prozess der sozialen Bestimmung von Kreativität „soziokulturelle Validierung" [engl.: sociocultural validation]. Für unsere Zwecke ist es jedoch wichtig zu beachten, dass die soziokulturelle Validierung keine universelle Anerkennung erfordert. Wäre das der Fall, wäre Verbrechen nur dann kreativ, wenn alle es billigten – etwas, was schwer vorstellbar ist. Die entscheidende Idee ist, dass die Kreativität eines Produkts nur durch *Experten im entsprechenden Inhaltsbereich* attestiert werden kann. Im Falle der Kriminalität wären dies vermutlich Kriminelle und ihre Komplizen auf der einen und Ordnungshüter auf der anderen Seite.

3

3.2.1 Die sechs Ps der Kreativität

In semantischer Hinsicht wird der Begriff „Kreativität" auf dreierlei Weise verwendet. Er bezieht sich auf

- ein Produkt – wenn zum Beispiel eine Person Kleidung entwirft, die sehr kreativ ist, liegt die Kreativität in der Kleidung;
- eine Ursache – Kreativität umfasst eine Gruppe persönlicher Merkmale, die Menschen dazu ermutigen oder sogar zwingen, zweckdienliche und wirksame Neuheit hervorzubringen. Die Kreativität des Designers hat ihn dazu geführt, Kleidung zu entwerfen, sodass hier die Kreativität in der Person liegt; oder
- einen Prozess, durch den zweckdienliche und wirksame Neuheit im oben besprochenen Sinne zustande kommt; die Kreativität liegt im Prozess.

Mehr oder weniger seit dem Beginn der modernen Kreativitäts-Ära haben Psychologen Kreativität aus der Sicht der „drei Ps" (s. Barron 1955) betrachtet: „Person", „Produkt" und „Prozess". Rhodes (1961, S. 305) fügte ein viertes „P" hinzu, das er „Press" [dt.: „Umfelddruck"] nannte.

Die Kreativität kommt nicht in einem Vakuum zustande. Sie ist das Ergebnis einer Interaktion zwischen den eben aufgelisteten Bestandteilen eines *Systems*. Diese Bestandteile umfassen neuheitgenerierende „Prozesse", psychologische Merkmale der „Person" (oder im Fall von Kriminellen, des Täters) und Druck aus dem Umfeld. In diesem Buch jedoch werden wir vom traditionellen 4Ps-Modell abweichen, indem wir zwischen verschiedenen Aspekten der Person differenzieren, um einen Rahmen von insgesamt *sechs* Ps der Kreativität zu schaffen. Der Grund für diese größere Differenzierung der Person wird später erläutert. Da das Verhältnis vom neuen Produkt zu dem schon existierenden das fundamentale Problem der Kreativität darstellt – insbesondere die Art und Weise, wie das Produkt vom Üblichen abweicht – werden wir uns zunächst mit dem P von „Produkt" befassen. Anschließend werden wir den „Prozess", den „Umfelddruck" und die drei Dimensionen der „Person" untersuchen.

3.3 Produkt

Rothman (2014, S. 3) war der Meinung: „Wenn du echt kreativ bist, echt fantasievoll, brauchst du nichts machen. Du brauchst lediglich leben, beobachten, denken und spüren". Albrecht (2016, S. 177) zitierte eine Teilnehmerin an einem Forschungsprojekt, die behauptete, die Kreativität bestünde aus nichts mehr als „meiner inneren Stimme Folge zu leisten". Diese Person lehnte jedwede Art von fassbarem Ergebnis – sogar ein Kunstwerk – als eine Kreativitätsblockade ab. In diesem Buch sind wir völlig anderer Meinung. Wir gehen davon aus, dass Kreativität *zu irgendetwas führen muss*. In der entsprechenden Fachliteratur ist von „Produkt" die Rede (z. B. Bailin 1988; MacKinnon 1978), und in diesem Buch übernehmen wir ab jetzt diesen Terminus: Aus der Kreativität ergeben sich *Produkte*. Der Begriff „Produkt" beschränkt sich dabei nicht auf die Form (wie das Produkt aussieht oder wie es aufgebaut ist), sondern kann sich auch in der Funktion (was das Produkt tut) manifestieren. Sogar die Art und Weise, wie ein Bereich konzipiert wird (wie über ein Thema nachgedacht wird – das Paradigma wonach das Verständnis eines Bereichs organisiert wird) kann kreativ sein. In diesem Fall besteht das Produkt aus einem Gedankengebäude. Folglich wird Produkt als ein Artefakt (im weitesten Sinne), ein Gedankenfaden, eine Verhaltensweise oder sogar ein System, das mehrere von diesen kombiniert, konzipiert.

Nehmen wir als Beispiel die revolutionäre Neugestaltung der Arbeitsabfolgen bei der Ford Motor Company im Jahr 1908. Diese Neuheit bestand nicht aus einem neuen Transportmittel (das Auto existierte bereits, obwohl es zugegebenermaßen eine ziemlich neue Erfindung war), sondern zu einer neuen Art und Weise, Autos zu bauen. Anstatt eines einzelnen Arbeiters, der die gesamte Maschine von Grund auf baute, bauten nun Facharbeiter jeweils spezifische Teile und reichten die Arbeit zum nächsten spezialisierten Arbeiter weiter. Es gab auch ein neues Verfahren für die Umsetzung dieser beiden Neuheiten: das Fließband Wegen der dadurch ermöglichten Senkung des Preises wurde ein Auto für einen sehr viel größeren Kundenkreis erschwinglich und folglich führte der neue Prozess der Massenproduktion zu einem enormen Anstieg der Verkäufe des *bestehenden* Produkts. Dies ist auch ein Beispiel dafür, wie Kreativität einem Unternehmen zugutekommen kann (der Ford Motor Company) und – zumindest in den Augen von Autoliebhabern – der Gesellschaft. Nach der Einführung des Fließbandes konnte Ford weit mehr als den damaligen Standard-Tagelohn zahlen. Insgesamt war also das kreative Produkt nicht nur das Fließband, sondern auch die massive Änderung des gesamten Systems.

Was macht ein Produkt kreativ? Wie Bruner (1962) die Antwort psychologisch ausdrückte, muss es einen „Überraschungseffekt" erwirken. Dieser ergibt sich daraus, dass das Produkt vom Altbekannten abweicht. Wir sagen, dass das Produkt „Neuheit" [engl.: novelty] an den Tag legt. Doch die Überraschung allein reicht für die „echte" Kreativität nicht aus. Überraschung kann sich auch aus der „Pseudokreativität" ergeben: bloße Nichtkonformität, Disziplinlosigkeit oder blinde Ablehnung des Bestehenden. An anderer Stelle hat A. J. Cropley (2018, S. 50) sogar von der „onanistischen Kreativität" gesprochen. Diese Eigenschaften können zwar bei vielen echt kreativen Menschen beobachtet und daher mit Kreativität verwechselt werden, sind aber kein inhärenter Teil davon. Es gibt auch eine Art von Generierung von Neuheit, die als „Quasikreativität" bezeichnet wird. Die Quasikreativität weist zwar viele Elemente echter Kreativität auf – zum Beispiel ein hohes Maß an Fantasie –, ihre Verbindung zur Realität bleibt jedoch schwach. Ein Beispiel wäre die „Kreativität" von Tagträumen.

Infolgedessen gibt es eine weit verbreitete Übereinstimmung, dass ein kreatives Produkt nicht nur etwas Neues bieten muss, sondern auch auf irgendwelche Art und Weise hilfreich oder nützlich und der vorliegenden Aufgabe angemessen (zweckdienlich) sein muss (s. Runco und Jaeger 2012). Diese beiden definitiven Elemente wurden schon sehr früh in der modernen Kreativitäts-Ära genannt: Stein (1953, S. 311) sprach von einem „neuartigen Werk, das als ... *nützlich* akzeptiert wird", und Barron (1955) stellte fest, dass ein kreatives Produkt zwar ungewöhnlich, aber auch *„an die Realität angepasst"* (S. 479) sein muss. Nach der Terminologie von Bruner (1962) müssen kreative Produkte sowohl „zweckdienlich" [engl.: relevant] als auch „wirkungsvoll" [engl.: effective] sein. In der neueren Literatur wird diese Ansicht von vielen Forschern vertreten (z. B. Kozbelt et al. 2010; Sternberg et al. 2002). Im Sinne der Problemlösung muss sich das Produkt mit dem betreffenden Problem befassen (zweckdienlich sein) und eine echte Lösung bieten (wirkungsvoll sein). Nach deutschem Patentrecht muss ein Produkt „neuartig" und „erfinderisch" sein. Andernfalls wäre jeder weit hergeholte, empörende oder absurde Gedanke oder jeder Akt der Nichtkonformität wegen seiner überraschenden Wirkung kreativ.

3

Selbstverständlich kann sich das, was unter „wirkungsvoll" verstanden wird, von Fach zu Fach unterscheiden, etwa von der Kunst bis zu der Technologie, von dem Geschäftswesen bis zum Verbrechen. Im ersten Fall können Kriterien wie Schönheit eine entscheidende Rolle spielen (also die Form hat Priorität). Im Gegensatz dazu muss ein technologisches Produkt – etwa eine Brücke, die gebaut wurde, um den Straßenverkehr über einen Fluss zu leiten – in der Lage sein, diese Aufgabe zu erledigen (die Funktion hat Priorität). Ganz gleich wie ästhetisch sie waren, würden nur wenige Ingenieure die Tacoma Narrows-Brücke in Washington oder die Westgate-Brücke in Melbourne als Triumphe der technologischen Kreativität bejubeln, obwohl erstere schön aussah (die Form war neu und ansprechend), und letztere hinsichtlich einiger Aspekte der Bautechnologie neuartig war (der Prozess war neu). Beide Brücken stürzten ein, was enorme Kosten verursachte und im Falle der Westgate-Brücke mehr als 30 Todesopfer forderte. Die Brücken waren nicht wirksam, und gelten deswegen als nicht kreativ. Bei der Kriminalität sind der erfolgreiche Erwerb unrechtmäßiger Gewinne oder die Vermeidung von Verhaftung zwei Indikatoren der Wirksamkeit, denen Rechtsbrecher wahrscheinlich hohe Priorität zuschreiben würden, während sie in anderen Bereichen von geringer oder gar keiner Bedeutung sind. Gleichwohl herrschen *in allen Bereichen* dieselben Prinzipien: kreatives Produkt = Neuheit, Zweckdienlichkeit und Wirksamkeit.

3.3.1 „Funktionale" kreative Produkte

An anderer Stelle (s. D. H. Cropley und Cropley 2010b) haben wir zwischen Produkten unterschieden, die im künstlerischen oder ästhetischen Sinne wirkungsvoll und zweckdienlich sind (z. B. sie erzeugen Schönheit), und denjenigen, die einem eher praktischen Zweck dienen, wie etwa funktionsfähige Haushaltsgeräte, wirksame Heilmittel oder verbesserte Bautechnik. Im Falle von Kriminalität bestünden entsprechende praktische Zwecke aus der Aneignung des Eigentums anderer Menschen, der Einschüchterung von Opfern, der Verursachung böswilliger Beschädigung, Mord und Totschlag. Wir nennen die zweite Art von Kreativität (Kreativität mit *praktischer* Absicht, die ihr Ziel auch erreicht) „funktionale" Kreativität. Burghardt (1995, S. 4) sprach von „zielgerichteter" Kreativität und Horenstein (2002, S. 2) verdeutlichte, worin dieses Ziel liegt: die Herstellung von Produkten, die „Aufgaben ausführen bzw. Probleme lösen".

Ein funktionales Produkt, das nicht über Neuheit, Zweckdienlichkeit und Wirksamkeit hinausgeht, erreicht den niedrigsten Grad an Kreativität, den wir „Originalität" nennen (z. B. D. H. Cropley und Cropley 2005; A. J. Cropley und Cropley 2009). Ein funktional kreatives Produkt kann aber über „nur" zweckdienliche und wirkungsvolle Neuheit hinausgehen, d. h. es kann mehr tun als lediglich eine neuartige Lösung bieten, die auch wirkt. Zum Beispiel kann es auf den ersten Blick Sinn ergeben, gut aussehen, gut zusammenpassen, einen Eindruck von Vollständigkeit erwecken oder offensichtlich genau das sein, was gebraucht wird. Es kann also „bestechend" [im englischen Originaltext „elegant"] sein. Grudin (1990) bezog sich auf „die bestechende Qualität großer Dinge" [engl.: the grace of great things]. Diese bestechende Qualität ist oft auf dem ersten Blick erkennbar. Unter Berufung auf Wernher von Braun formulierten Rechtin und Maier (2000) das Diktum: „Das Auge ist ein guter Architekt. Hab' Vertrauen zu ihm!" Schließlich kommt „Impulsgebung" [engl.: Genesis] hinzu: die Eigenschaft eines zweckdienlichen, wirkungsvollen und neuartigen Produkts, die es auf verschiedene (möglicherweise unerwartete) Situationen übertragbar macht; etwa dadurch, dass es die Aufmerksamkeit auf bisher unbeachtete Probleme lenkt (es ist aufschlussreich) oder neue Sichtweisen auf bekannte Probleme eröffnet (es ist wegweisend).

Diese vier Dimensionen eines kreativen Produkts (zweckdienliche Wirksamkeit, Neuheit, bestechende Qualität und Impulsgebung) sind in ◩ Tab. 3.1 aufgeführt. Die Steigerung von routinemäßigen zu originellen, dann bestechenden und schließlich impulsgebenden Produkten führt nicht nur zu einer Steigerung der Kreativität (quantitativer Unterschied), sondern auch zu einer Veränderung der Art von Kreativität (qualitativer Unterschied). Ein impulsgebendes Produkt ist also nicht nur kreativer als ein routinemäßiges Produkt, sondern es ist auch eine andere Art von Produkt. Es betrifft das Feld, in das es eingeführt wird, nicht nur in größerem Umfang als ein routinemäßiges Produkt, sondern auch auf eine andere Art und Weise, zum Beispiel durch die Änderung des vorherrschenden Paradigmas. Auf Kreativität im Sinne von Paradigmenwechsel wird im ▶ Kap. 6 genauer eingegangen.

Der Begriff „funktionale Kreativität" ist von besonderer Bedeutung für die Diskussion kreativer Kriminalität. Ohne ein zweckdienliches wirkungsvolles Produkt hat Kreativität in der Kriminalität überhaupt keinen Sinn. Aber: Trotz ihrer sozial verpönten Zielsetzung kann auch kreative Kriminalität über bloße zweckdienliche und wirkungsvolle Neuheit hinausgehen. Sie kann sogar durch ihre bestechende Qualität fast bewundernswert wirken. Ein Fallbeispiel ist die kürzlich verhaftete kriminelle Bande, die wegen einer langen Reihe von Kunstdiebstählen in Venedig angeklagt wurde. Ein Mitglied, das über Expertenwissen hinsichtlich des Marktwerts alter Meisterwerke verfügte – etwa Werke von Canaletto oder Gaudi – identifizierte bedeutende Gemälde in großen Salons in Venedig. Ein zweites Mitglied, das in einem Fotostudio arbeitete, suchte Fotos der Gemälde aus Fachzeitschriften heraus und übertrug diese elektronisch auf Leinwand in den genauen Proportionen des Originals. Ein Dritter überstrich die elektronischen Bilder mit Ölfarbe, sodass sie echt aussahen, und ein viertes Mitglied, das zu den großen Häusern als Ehrengast Zugang hatte, schnitt die Originale aus ihren Rahmen heraus und

◩ **Tab. 3.1** Die hierarchische Organisation funktionaler Produkte[a]

Merkmal	Art von Produkt				
	Routine-mäßiges Produkt	Originales Produkt	Bestechen-des Produkt	Impulsgebendes Produkt	Pseudo- oder Quasi-Kreativität
Zweck-dienliche Wirksam-keit	+	+	+	+	–
Neuheit	–	+	+	+	+
Beste-chende Qualität	–	–	+	?	?
Impulsge-bung	–	–	–	+	?

[a]Diese Tabelle basiert auf einer Tabelle in D. H. Cropley und Cropley (2018, S. 31)

3

ersetzte sie durch die erst kurz vorher hergestellten Fälschungen. In zehn Jahren gelang es der Bande, mehr als 40 alte Meister zu stehlen und sich dadurch einen angenehmen Lebensstil zu sichern, während keiner der Besitzer jemals den Unterschied zur Kenntnis nahm.

Obwohl bestimmte kreative Verbrechen nur ein einziges Mal in einer spezifischen Umgebung begangen werden können, sind andere auf neue Situationen übertragbar und folglich wiederholt anwendbar. Ein Beispiel für letzteres wäre die Verwendung massiver E-Mail-Kampagnen, um möglicherweise Millionen potenzieller Opfer zu erreichen. Dieser allgemeine Ansatz taucht nun in ständig wechselnden Varianten wieder auf, die, wie es scheint, ihre Potenz niemals verlieren – er ist also „impulsgebend". Paradoxerweise kann der impulsgebende Effekt krimineller Kreativität dazu führen, dass es für die Gesetzeshüter effektiver ist, selbst übertragbar kreative Gegenmaßnahmen zu entwickeln, anstatt gegen vereinzelte Täter direkt vorzugehen. Die erfolgreiche Kriminalität von Tätern kann bisher unbemerkte Schwachstellen aufdecken (aufschlussreich sein) oder zeigen, wie man bereits bekannte Schwachstellen ausnutzen kann (wegweisend sein) – mit dem Ergebnis, dass die impulsgebende Wirkung der Kreativität von Verbrechern wirkungsvolle neue Verhaltensweisen bei ihrem Gegner (den Sicherheitskräften) inspirieren kann.

Die 9/11-Attentate und weitere Vorfälle wie Richard Reids versuchter Einsatz einer Schuhbombe bieten Beispiele. Am 22. Dezember 2001 versuchte er, mit im Schuhfutter versteckten Plastiksprengstoff ein Passagierflugzeug unterwegs von Paris nach Miami zu sprengen. Nachdem er von einer Flugbegleiterin daran verhindert worden war, wurde er von anderen Passagieren überwältigt und nach der Landung festgenommen. Er kam in den USA vor Gericht und wurde zu mehrfacher lebenslanger Haft verurteilt. Gesetzeshüter haben neue Gegenmaßnahmen eingeführt, wie die Sicherung von Cockpittüren, die Reduzierung des Flüssigkeitsvolumens, das Passagiere an Bord mitnehmen dürfen und umfassenderes Scannen von Passagieren vor dem Einsteigen, die einige Anschlagsmethoden blockieren. Allerdings können solche Maßnahmen auch eine Art „Wettrüsten" durch weitere Kreativität seitens der Kriminellen provozieren.

3.4 Prozess

Eine Anzahl psychologisch orientierter Autoren haben den kreativen Prozess hinsichtlich der Denkart diskutiert, die zu kreativen Produkten führt. In der Vergangenheit wurde oft argumentiert, dass Kreativität unergründlich und unbeschreibbar sei, ein göttlicher Funke, der jenseits jeder menschlichen Analyse lege. Guilford (1950) legte jedoch die Grundlage für eine relativ bodenständige und systematische Konzeptualisierung des der Kreativität zugrunde liegenden Denkens. Er argumentierte, dass sowohl in der Schule als auch im Leben generell fast alle Menschen dazu geschult werden, ihre Intelligenz einseitig zur Aufrechterhaltung des Status quo oder lediglich zum Verbessern des bereits Vorhandenen anzuwenden. Er nannte die damit verbundene Denkart „konvergentes" Denken. Guilford wies darauf hin, dass Menschen prinzipiell in der Lage sind, ihren Intellekt dafür einzusetzen, sich zuvor unbekannte Möglichkeiten vorzustellen oder zu unerwarteten oder sogar überraschenden Antworten zu gelangen, es aber nur selten tun. Er nannte diese vernachlässigte Denkart „divergentes" Denken.

Nach Boden (2004) kann die Überraschung durch drei grundlegende Prozesse erwirkt werden:

- durch die Sondierung von Ideen,
- durch die Erstellung ungewöhnlicher Kombinationen vertrauter Ideen,
- durch die Transformation von Ideen.

Um Ideen zu sondieren, zu kombinieren oder zu transformieren, muss eine Person zunächst mit diesen Ideen vertraut sein, d. h. wissen, dass sie existieren. Dies impliziert einen Zusammenhang zwischen Wissen und Kreativität, denn je mehr eine Person weiß, desto reicher ist der Vorrat an Ideen, aus dem geschöpft werden kann.

Folgende kognitive Prozesse liegen dem divergenten Denken zugrunde:

- breit angelegte Sammelbegriffe [engl.: broad categories] aufbauen
- Grenzen überschreiten
- unterschiedliche Ideen vereinen
- sich fast alles vorstellen können
- fernliegende Assoziationsketten aufbauen
- scheinbar nicht zusammenhängende Informationselemente synthetisieren
- Informationen auf ungewöhnliche Art und Weise transformieren
- die eigene Perspektive ändern, um die Dinge in einem neuen Licht zu sehen
- unerwartete Analogien konstruieren

Auffällig bei dieser Liste ist die Betonung der Kombination von nicht offensichtlich zusammenhängenden Wissenseinheiten (fernliegenden Assoziationen). A. J. Cropley und Cropley (2009) gaben ein einleuchtendes praktisches Beispiel für dieses Phänomen. 1865 döste der deutsche Chemiker Friedrich Kekulé vor dem Feuer. Sein Kopf war voll des Problems der Struktur des Benzolmoleküls. Seine verwirrten Gedanken schienen ihm wie Schlangen zu sein, die in seinem Verstand herumwirbelten. Plötzlich visualisierte er eine der Schlangen mit der eigenen Schwanz im Mund – wie der mythologische Uroboros. Es fiel ihm sofort ein, dass die Schlange mit dem Schwanz im Mund die Struktur von Benzol sein müsste und er entdeckte so den Benzolring. Schlangen, Moleküle und antike alchemistische Symbole gehören zu Wissensgebieten, die normalerweise miteinander in Verbindung nicht gebracht werden. So gilt diese kognitive Assoziation als sehr fernliegend. Für die deutsche Chemie und die deutsche Chemieindustrie war die neue Erkenntnis äußerst zweckdienlich und wirkungsvoll, d. h. in unserem Sinne funktional kreativ.

A. J. Cropley und Cropley (2009) gaben auch ein Beispiel für die Konstruktion unerwarteter Analogien. Im Rahmen einer Prüfung während seines Studiums musste der Physiker Niels Bohr erklären, wie man mit einem Barometer die Höhe eines Gebäudes messen könnte. Die übliche Verwendung eines Barometers ist als Instrument zur Messung des Luftdrucks. Folglich lautete die „richtige" Antwort: „Luftdruck am Boden und auf dem Dach des Gebäudes messen und die Höhe aus dem Unterschied berechnen". Unter anderem schlug Bohr jedoch vor: eine Schnur an das Barometer binden und es vom Dach runterlassen; das Barometer sowohl auf Bodenhöhe als auch auf dem Dach als Pendel-Gewicht benutzen und mittels komplizierten Kalkulationen die Höhe des Gebäudes ausrechnen; das Barometer jemandem als Bestechung geben, der weiß wie hoch das Gebäude ist.

Es besteht eine Reihe von Techniken, mit denen es möglich sein soll, Denken der eben beschriebenen Art zu fördern. Eine der bekanntesten ist Brainstorming. Es ist eine

3

von vielen Methoden, die im letzten halben Jahrhundert entwickelt wurden, um das zu systematisieren, was oft als „kreatives Problemlösen" bezeichnet wird. Andere Techniken mit demselben Ziel sind etwa die Verwendung von Analogien und Metaphern, Mind-Mapping, Slip-Writing, morphologische Analyse und die Delphi-Technik. Eine in Deutschland bekannte Technik ist TRIZ, aus dem Russischen als „Theorie des erfinderischen Problemlösens" übersetzt (s. z. B. Gadd und Delbrück 2016). TRIZ betont insbesondere das „Überwinden von Widersprüchen" – in unserem Sinne das Vereinen von nicht zusammenhängenden Ideen.

Obwohl es verlockend ist, solche Methoden mit der Förderung von divergentem Denken gleichzusetzen, umfassen viele von ihnen sowohl eine Ideen erzeugende (divergente) Phase als auch eine evaluative (konvergente) Phase. Dies spiegelt die Notwendigkeit wider, funktionale Kreativität einerseits als ein abstraktes Konstrukt (Erzeugung wirkungsvoller Neuheit) andererseits aber auch als praktisches Werkzeug zur Problemlösung zu betrachten. Später in diesem Kapitel wird auf Kreativität als praktisches Werkzeug tiefer eingegangen. So verstanden umfasst sie sowohl die Generierung als auch die Umsetzung zweckdienlicher wirkungsvoller Neuheit.

3.4.1 Kreativität und Intelligenz

Die Tatsache, dass sich der moderne Impuls für die intensive Diskussion von Kreativität aus Unzufriedenheit mit der damaligen Konzipierung von Intelligenz ergab (z. B. Guilford 1950) wirft die Frage des Zusammenhangs von Kreativität und Intelligenz auf. Viele Auseinandersetzungen mit dieser Frage betonen die *Interaktion* zwischen Intelligenz und Kreativität (s. Baudson und Dresler 2008; Cropley und Reuter 2018). Nach dem *Schwellenmodell* zum Beispiel ist ein bestimmter IQ-Wert für Kreativität unentbehrlich – nach Überschreitung der Schwelle verliert die Intelligenz jedoch ihre Bedeutung. Das *Kapazitätsmodell* geht davon aus, dass das Intelligenzniveau eine Obergrenze für die Kreativität festlegt, die allerdings nicht notwendigerweise erreicht wird. Das *Kanalmodell* betrachtet Intelligenz als die Fähigkeit, Informationen zu sammeln und zu speichern, und Kreativität als die Fähigkeit, das Gespeicherte auf eine Weise zu verarbeiten, die zu Neuem führt.

Andere Autoren betrachten Kreativität als „Intelligenz in Aktion", d. h. als eine Art, Intelligenz anzuwenden. Schon vor ca. 50 Jahren unterschied A. J. Cropley (1968) zwischen zwei kontrastierenden „Stilen" der Anwendung der Intelligenz – „konvergent" vs. „divergent" – und dieser Stil-Ansatz wird in diesem Buch weiterhin verwendet. Der Mensch verfügt über eine mentale Kapazität, die Hassenstein (1988) unkompliziert „Klugheit" nannte. Diese allgemeine mentale Kapazität kann konvergent oder aber divergent ausgedrückt oder angewendet werden, obwohl einzelne Menschen in der Regel einen bestimmten Stil vorziehen. Welche Stil bevorzugt wird, hängt von der Wechselwirkung zwischen Person und Umfelddruck ab – die Preferenz wird gelernt (s. die nächsten beiden Abschnitte).[2]

---

2   Laut „Flynn-Effekt" (Flynn,1984) steigen IQ-Werte seit der 1930er Jahre um ca. 3 IQ-Punkte per Dekade. Man könnte sagen, dass die menschliche Klugheit steigt. Laut Kim (2011) allerdings sinken Werte in Kreativitäts-Tests von Dekade zu Dekade. Immer klüger werdende Menschen weisen immer weniger Kreativität auf!

3.5 Person

Mehr oder weniger im Sinne vom Stil-Ansatz aber ohne darauf Bezug zu nehmen, spekulierte Eysenck (1997), dass sich eine Vorliebe für den divergenten Stil aus einer speziellen Persönlichkeitskonstellation ergibt. Rauch et al. (2009) sprachen von einer persönlichen „Orientierung" [engl.: orientation]. In diesem Buch wird von einer „Disposition" (etwa „um die Ecke zu denken"; Koop und Steenbuck 2011, S. 6) die Rede sein. Die Bandbreite dieser für die Kreativität ausschlaggebenden psychologischen Disposition kann für unsere Zwecke auf eine Reihe von Dichotomien reduziert werden. Zum Beispiel: Ungewissheit als stimulierend vs. bedrohlich zu erleben oder sich einer Herausforderung mutig zu stellen vs. Herausforderungen so weit wie möglich auszuweichen. Im Sinne dieses Kontrasts differenzierte Kirton (1989) zwischen „Anpasser" [engl.: adapters] und „Abweichler".[3]

3.5.1 Persönliche Merkmale

Helson (1996) kam zu dem Schluss, dass es kein einheitliches, differenziertes Persönlichkeitsprofil gibt, das für alle hochkreativen Menschen typisch ist und sie von weniger kreativen Menschen unterscheidet. Nichtsdestoweniger negiert dies nicht die Vorstellung, dass bestimmte persönliche Merkmale mit der Generierung wirkungsvoller Neuheit verbunden sind, entweder auf positiver oder auf negativer Weise. Batey und Furnham (2006) untersuchten den Zusammenhang zwischen Kreativität und den sogenannten „Big Five"-Komponenten der Persönlichkeit: Offenheit, Gewissenhaftigkeit, Verträglichkeit, Extraversion und Neurotizismus. In einer umfassenden Überprüfung haben Silvia, Kaufman, Reiter-Palmon und Wigert (2011) gezeigt, dass Offenheit die einzige Big-Five-Dimension ist, welche Kreativität direkt fördert. Schon vor annähernd 20 Jahren führte Cropley (2001) eine Reihe persönlicher Merkmale auf, die frühere Forschungsergebnisse mit der Kreativität in Verbindung gebracht haben. Diese beinhalten unter anderem Intraversion, Ich-Stärke, Flexibilität, Komplexitätstoleranz und Selbstvertrauen. Aber auch Cropley (2001) kam zu dem Schluss, dass Offenheit der Kern der schöpferischen Persönlichkeit ist. Offene Menschen gehen gerne über das Konventionelle hinaus, setzen sich mit dem Unbekannten auseinander und genießen das Unerwartete, wohingegen die meisten anderen Menschen stets Vorsicht walten lassen und sich an das Altbewährte halten. Einige andere Persönlichkeitsmerkmale, wie etwa innere Orientierung, Flexibilität oder Selbstvertrauen hängen zwar mit Kreativität zusammen, tun dies jedoch mittelbar durch ihre Förderung von Offenheit.

Auffällig ist, dass alle bis zu diesem Punkt erwähnten Persönlichkeitsmerkmale bewundernswerte Eigenschaften darstellen. Aber einige Studien berichten, dass auch negative Merkmale mit Kreativität verbunden sind. Beispiele sind Selbstbezogenheit, Selbstgerechtigkeit, Bereitschaft, die Gefühle anderer Menschen zu verletzen, Arroganz,

---

3 Eigentlich nannte Kirton die Mitglieder der zweiten Gruppen „innovators" aber wir finden den Terminus „Abweichler" anschaulicher.

3

Unehrlichkeit, Feindseligkeit und sogar Zerstörungswut (z. B. Gino und Ariely 2012; Nebel 1988; Silvia et al. 2011). Andere Studien haben gezeigt, dass kreative Menschen Testergebnisse manipulieren können (Gino und Ariely 2012) und in der Lage sind, mehr unterschiedliche Arten kreativer Lügen zu erzählen als weniger kreative Menschen (Walczyk et al. 2008). Bei Verhandlungen verhalten sie sich häufiger betrügerisch (Baas et al. 2008) und zeigen weniger persönliche Integrität (Beaussart et al. 2013). Menschen, die mehr Kreativität einsetzen, um bewusst anderen Menschen Schaden zuzufügen, sind eher physisch aggressiv (Lee und Dow 2011) und haben eine geringere emotionale Intelligenz (Harris et al. 2013).

Hinsichtlich dieser Merkmale gibt es jedoch einige Unstimmigkeiten. Silvia, Kaufman, Reiter-Palmon und Wigert (2011) führten eine hoch differenzierte Analyse durch, bei der sie sich bemühten, eine Verwechslung von übler Laune und Feindseligkeit zu vermeiden. Sie kamen zu dem Schluss, dass fehlende Liebenswürdigkeit oftmals mit Feindseligkeit verwechselt wird. Amüsanterweise argumentierten sie, dass kreative Menschen oft nicht einmal übellaunig sind, sondern einfach anmaßend. Einige dieser Persönlichkeitsmerkmale werden in ▶ Kap. 7 genauer untersucht (z. B. ◘ Tab. 7.1), da sie Merkmalen ähneln, die bekannterweise häufig bei Kriminellen auftreten.

A. J. Cropley und Cropley (2009) sprachen sich für eine differenziertere Diskussion von dem „P" „Person" aus. Sie unterteilten dieses „P" in persönliche Merkmale, persönliche Motivation und persönliche Gefühle-Gemütslage. Diese feinere Unterscheidung zwischen Faktoren, die mit der Psychologie des individuellen Akteurs (Person) zusammenhängen, ist notwendig, da die Forschung gezeigt hat, dass die psychologischen Dimensionen der Person (persönliche Merkmale, Motivation, Gemütslage) nicht frei austauschbar sind, sondern getrennte Dimensionen darstellen. Sie wirken sich unterschiedlich auf Kreativität aus und beeinflussen einander gegenseitig. Zum Beispiel zeigen die meta-analytischen Ergebnisse von Baas, De Dreu und Nijstad (2008), dass die Gemütslage die Motivation modifiziert. In einer 30-jährigen Längsschnittstudie zeigte Helson (1999), dass persönliche Eigenschaften wie Offenheit und Flexibilität nur dann kreativitätsfördernd wirken, wenn sie von Motivationslagen wie Toleranz für Mehrdeutigkeit und Optimismus begleitet werden.

In einem umfassenden Überblick prüften Akinola und Mendes (2008), ob auch negative Emotionen die Kreativität fördern – sie nannten Emily Dickenson und Robert Schumann als berühmte historische Beispiele. Auf der Grundlage einer Laborstudie (d. h. nicht durch Überlieferungen aus der Vergangenheit) kamen sie zu dem Schluss, dass Menschen in künstlerischen Bereichen, die für negative Affekte wie Depressionen anfällig sind, dann am kreativsten sind, wenn sie Situationen mit negativen Auswirkungen ausgesetzt werden. Die Forscher führten dies auf eine dauerhafte Zunahme des „selbstreflexiven Denkens" (S. 1677) und eine generelle Zunahme der Beharrlichkeit zurück. Der Zusammenhang zwischen Affekt und Kreativität wird also durch Kognition und Motivation vermittelt und die Forschung zeigt, dass die drei Elemente von „Person" getrennt voneinander untersucht werden müssen – so wie wir es hier tun.

3.5.2 Persönliche Motivation

Studien berühmter kreativer Menschen aus der Vergangenheit haben bestätigt, dass Motivation eine wichtige Rolle bei ihren Leistungen spielte (für einen Überblick siehe A. J. Cropley 2001). Kreativität ist nach Perkins (1981) unter anderem das Ergebnis von:

- einem Antrieb, aus dem Chaos Ordnung zu schaffen;
- der Bereitschaft, sich auf Risiken einzulassen;
- der Bereitschaft, unerwartete Fragen zu stellen;
- dem Gefühl, von einem Gebiet herausgefordert zu sein.

So waren zum Beispiel Newton, Kopernikus, Galileo, Kepler und Darwin durch Hartnäckigkeit und Ausdauer gekennzeichnet. Facaoaru (1985) zeigte, dass kreative Ingenieure sich nicht nur durch besondere intellektuelle Eigenschaften, sondern auch durch motivationale Faktoren wie Entschlossenheit auszeichneten. In einer Diskussion seiner eigenen Arbeit betonte Sir Harold Kroto, 1996 Chemie-Nobelpreisträger für die Entdeckung der Fullerene, die intrinsische Motivation sehr stark, während William Phillips, 1997 Gewinner des Physik-Nobelpreises für die Entwicklung von Techniken zum Kühlen und Einfangen von Atomen mit Laserlicht, wiederholt als eine Person von „unersättlicher Neugierde" beschrieben wurde.

Mumford und Moertl (2003) stellten zwei Fallstudien über Innovation in sozialen Systemen (Managementpraxis und Auswahl der Studierenden für die Zulassung zur Universität) dar und kamen zu dem Schluss, dass beide von „intensiver Unzufriedenheit" (S. 262) mit dem Status quo getrieben wurden. Einstein (Miller 1992) beschrieb, wie seine Erkenntnis, dass existierende Theorien der Thermodynamik unzureichend waren, ihn dazu motivierten, die spezielle Relativitätstheorie zu entwickeln und später die allgemeine Theorie. Er blieb mit seinen eigenen Theorien unzufrieden und arbeitete lebenslang daran weiter. Gabora und Holmes (2010, S. 280) fassten diese Situation prägnant zusammen: „Ein Kunstwerk, ein Roman oder ein technologisches Kunststück bietet den greifbaren Beweis für den Kampf eines Geistes darum, das Gefühl von Spannung oder Ungleichgewicht zu lösen". Folglich fügen wir Perkins' oben dargestellter Liste zwei weitere motivationale Merkmale hinzu:

- unersättliche Neugierde;
- ständige Unzufriedenheit.

3.5.3 Persönliche Gefühle-Gemütslage

In einem Überblick der Forschung über Stimmung und Kreativität zeigte Kaufman (2003), dass die Gemütslage erstens eine Vorstufe zu Kreativität ist, zweitens sie begleitet und drittens sich daraus ergibt. Baas, De Dreu und Nijstads (2008) meta-analytische Ergebnisse zeigten, dass die Gemütslage (Affekt) die kreative Leistung beeinflusst, aber auf komplexe Art und Weise. Unter anderem kann die Stimmung „aktivierend" (z. B. Wut, Angst, Glück) oder „deaktivierend" (Entspannung, Ruhe, Depression) wirken, d. h. sie kann die Motivation stärken oder abschwächen. Negative Gemütslagen wie Wut oder Angst motivieren Menschen zu größerer Anstrengung, wohingegen positive Gemütslagen die Menschen eher kognitiv beeinflussen (z. B. sie fördern Flexibilität und wagemutiges Denken).

3

☑ Tab. 3.2 Kreativitätsfördernde Aspekte von Prozess und Person	
„P" von Kreativität	**Beispiele für kreativitätsfördernde Aspekte**
Prozess	Vorher unbemerkte Probleme erkennen
	Vorher getrennt gehaltene Ideen kombinieren
	Angeblich irrationale Schlussfolgerungen ziehen
	Breitangelegte Sammelbegriffe aufbauen
	Überraschende Zusammenhänge bemerken
	Ungewöhnliche Vorschläge unterbreiten
Persönliche Merkmale	Große Ego-Stärke
	Offenheit
	Unabhängigkeit
	Flexibilität
	Offenheit für Fantasie
Persönliche Motivation	Neugierde
	Risikobereitschaft
	Ambiguitätstoleranz
	Durch Unstimmigkeiten aktiviert
	von Unsicherheit angespornt
	Zivilcourage
Persönliche Gefühle-Gemütslage	Freude an Herausforderungen
	Hohe Selbsteinschätzung
	Positive Gemütslage angesichts Unsicherheit
	Zufriedenheit, wenn etwas andersartig erledigt wird

Baas, De Dreu und Nijstad (2008) zeigten auch, dass Gefühle die Motivation unterschiedlich beeinflussen, je nachdem wie eine bestimmte Aufgabe kognitiv wahrgenommen wird. Sie nannten dies „kognitives Framing" (s. S. 38). Negative Stimmung steigert die Leistung bei Aufgaben, die als ernsthaft und hoch anspruchsvoll wahrgenommen werden, indem Konzentration, Präzision und stark systematisches Denken gefördert werden. Demgegenüber fördert positive Stimmung die Leistung bei Aufgaben, die kühnes Denken erfordern. So wird die Wirkung der persönlichen Stimmung vom Umfelddruck beeinflusst.

Die besonderen Aspekte des Prozesses, der persönlichen Merkmale, der persönlichen Motivation und der persönlichen Gefühle-Gemütslage, die den kreativen persönlichen Stil prägen, sind in ☑ Tab. 3.2 zusammengefasst. Die Eintragungen in der rechten Spalte sind nicht erschöpfend, sondern sollen lediglich eine Vorstellung dessen bieten, was wir als für die Kreativität förderlich betrachten. Der kreative Mensch ist durch persönliche Merkmale wie Unabhängigkeit oder Offenheit, motivationale Qualitäten wie Neugierde, Risikobereitschaft oder Freude an Unsicherheit und Gefühle-Gemütslagen wie

Optimismus angesichts einer Herausforderung oder die Bereitschaft, Dinge andersartig zu tun, gekennzeichnet. Eine solche Person ist besser in der Lage, kognitive Fertigkeiten zu erwerben und anzuwenden, wie etwa um die Ecke zu denken oder Ideen zu verknüpfen, die normalerweise nicht als zusammenhängend betrachtet werden (Prozess) als die meisten Menschen. Eine einfache Dichotomisierung der vier psychologischen Bereiche (persönliche Merkmale, Motivation, Gefühle-Gemütslage, kognitive Prozesse) als für die Kreativität günstig oder ungünstig ergibt $2^4 = 16$ mögliche Kombinationen. Diese 16 theoretischen Möglichkeiten werden in ◘ Tab. 3.3 dargestellt. Ein Pluszeichen zeigt einen für die Kreativität günstigen Zustand an, ein Minuszeichen einen ungünstigen. Diese Tabelle zeigt, dass es mehrere Kombinationen von Umständen gibt, unter denen Menschen einige (oder sogar die meisten) Merkmale aufweisen, die für die Kreativität notwendig sind (obwohl in der Praxis einige Kombinationen schwieriger als andere vorstellbar sind).

Spalte 1 stellt eine Person dar, in der aus dem Blickwinkel der Kreativität alle vier Elemente vorteilhaft entwickelt sind. Diese Person verfügt über „voll verwirklichte" Kreativität. Spalte 2 beschreibt eine Person, bei der die persönlichen Merkmale, die Denkfähigkeiten und die Motivation günstig sind, die Gemütslage jedoch ungünstig ist. Hier liegt eine „unterdrückte" Kreativität vor, die durch negative Gefühle oder Stimmung blockiert ist. Der Person in Spalte 3 fehlt es, trotz der Motivation kreativ zu sein, eines guten Gefühls gegenüber Neuem sowie Offenheit, Flexibilität und dergleichen, an den notwendigen Denkfertigkeiten („frustrierte" Kreativität). Die in Spalte 4 dargestellte Person könnte kreativ sein, aber die Motivation fehlt („verlassene" Kreativität). Die verschiedenen unvollständigen Kombinationen könnten alle ähnliche Beschriftungen erhalten. Gabora (2002, S. 170) gab das amüsante Beispiel der „Bierdosentheorie": Eine Person, die bis auf eine Voraussetzung alles Notwendige besitzt, ist wie die Dosen Bier in einem 6er-Pack, wo alle Elemente des Ganzen vorhanden sind, außer dem „Plastikdingsbums, das sie alle zusammenhält". Menschen in den Spalten 2, 3, 4 und 5 weisen das auf, was wir ab jetzt den „Bierdosen-Effekt" nennen werden.

3.6 Umfelddruck [Press]

Die ursprüngliche Diskussion über den Umfelddruck (Rhodes 1961) konzentrierte sich auf das Bildungswesen. Druck wurde als der Grad von Unterstützung für Kreativität vonseiten der Lehrenden oder als der unterstützende oder hemmende Einfluss des Klassenklimas konzipiert. Wir verstehen den Begriff jedoch etwas allgemeiner, da er sich auch auf die Reaktion des Umfelds, insbesondere des sozialen Umfelds, auf ein kreatives Produkt bezieht, also nicht nur darauf, ob die Umgebung im Vorfeld hilfreiche Entstehungsbedingungen bietet, sondern auch auf die Art der Reaktion (positiv oder negativ, akzeptierend oder ablehnend) auf das, was zustande kommt.

Das Wesen der Kreativität wurde bereits unter anderem als die Generierung von Neuheit beschrieben. Dinge müssen also anders als normalerweise getan werden – sonst würde es sich nicht um Neuheit handeln. Aus Sicht des Umfelds bedeutet dies, dass Kreativität als die Gestaltung des eigenen Lebens nach eigenem Geschmack betrachtet werden kann (Moustakis 1977). Dies bedeutet, den Bemühungen der Gesellschaft, Konformität zu erzwingen (Barron 1969), zu widerstehen, der Menge zu trotzen (Sternberg

3

■ Tab. 3.3 Denkbare Kombinationen der psychologischen Voraussetzungen für Kreativität

	1	2	3	4	5	6	7	8	9	10	11	12	13	14	15	16
Persönliche Merkmale	+	+	+	+	–	–	–	–	+	+	+	+	–	–	–	–
Motivation	+	+	+	–	+	+	–	–	–	–	–	+	+	+	–	–
Prozess	+	+	–	+	+	–	+	–	–	+	–	–	+	–	+	–
Gefühle-Gemütslage	+	–	+	+	+	+	+	+	–	–	+	–	–	–	–	–

und Lubart 1995) oder, wie Burkhardt (1985) sagte, gegen den „Gleichheitswahn" der Gesellschaft zu kämpfen.

Ein bestimmtes soziales Umfeld akzeptiert im Großen und Ganzen bestimmte Regeln darüber, wie sich Menschen zu verhalten haben und wie andere Menschen zu behandeln sind. Diese Regeln nennen wir „Normen". Für unsere Zwecke ist besonders wichtig, dass Normen festlegen, welche Arten von Ideen tolerierbar sind und wie ein guter Mensch die Welt konzipieren sollte. Sie liefern „Filter" (Fromm 1990), durch die Verhalten und Ideen hindurch passen müssen und führen eine ständige „Überwachung" durch (Amabile et al. 1990), um Abweichungen zu erkennen und zu verhindern. Gesellschaften sind bereit zu tolerieren, dass Regeln bis zu einem gewissen Grad gebrochen werden, aber genau welche Regeln das sind oder wie groß die sich daraus ergebende Abweichung sein darf, variiert von Gesellschaft zu Gesellschaft und von Zeitalter zu Zeitalter. Die Toleranz für Abweichung hängt zudem vom Alter, dem sozialen Status oder dem Beruf des Individuums ab, das die Regel bricht. Zum Beispiel tolerieren die britischen oder nordamerikanischen Gesellschaften Verhaltensweisen eines 21-jährigen Kunststudenten auf einer Hochzeit, die sie vom hiesigen Bankmanager nicht tolerieren würden.

Es ist in der Tat möglich, zwischen sozial „orthodoxer" Kreativität und sozial „radikaler" Kreativität zu unterscheiden. „Orthodoxe Kreativität" beinhaltet die Erzeugung wirksamer Neuheit zu einem Grad und auf eine Art und Weise, die innerhalb gesellschaftlich vorgeschriebener Grenzen bleibt. Dagegen umfasst „radikale Kreativität" sozial verpönte Ideen oder Handlungen. Diese Unterscheidung ähnelt der von Millward und Freeman (2002) zwischen Neuheit, die innerhalb des bestehenden sozialen Systems bleibt, und Neuheit, die das System herausfordert. Radikale Kreativität kann sozial unakzeptabel sein und sogar als Geisteskrankheit oder – für das vorliegende Buch am interessantesten – als Verbrechen eingeschätzt werden. Für praktische Zwecke definiert diese soziale Akzeptanz oder Ablehnung möglicherweise den Hauptunterschied zwischen Neuheit, die als „kreativ" hochgejubelt und solche, die als Verbrechen verurteilt wird. Dieses Problem wird in ▶ Kap. 6 ausführlicher behandelt. Man kann also sagen, dass das gesellschaftliche Umfeld der Generierung von zweckdienlicher und wirkungsvoller Neuheit Grenzen setzt, die nicht im Gesetz verankert sind, sondern eher durch informelle Normen aufrechterhalten werden. Wie wir später eingehender erörtern werden, betreffen diese Grenzen im Bereich der Kriminalität häufiger die Arbeit von Gesetzeshütern als die von Kriminellen.

Die Paradoxien der Kreativität

© Springer Fachmedien Wiesbaden GmbH, ein Teil von Springer Nature 2019
D. Cropley, A. Cropley, *Die Schattenseite der Kreativität*,
https://doi.org/10.1007/978-3-658-22795-1_4

Die Wechselwirkungen zwischen den Ps der Kreativität sind oft widersprüchlich: was Kreativität fördert kann sie auch hemmen. Der Grund ist, dass die Entstehung wirkungsvoller zweckdienlicher Neuheit nicht mittels plötzlicher Geistesblitze zustande kommt – Kreativität ist kein Ereignis –, sondern sich aus einem schrittweisen Prozess ergibt, wobei in verschiedenen Schritten die Wechselwirkungen zwischen den Elementen der Kreativität unterschiedlich verlaufen können. So ist beispielsweise ausgeprägtes Fachwissen in einem Schritt für die Kreativität unentbehrlich, in einem anderen jedoch gefährlich. Wir nennen die Widersprüche „Paradoxien" und die Schritte „Phasen". Die Paradoxien spielen auch bei kreativer Kriminalität eine Rolle, obwohl die späteren Phasen der einfallsreichen Kriminalität eine eigene Dynamik haben, da ihre Absicht ausnahmslos böswillig ist. Demzufolge nennen wir die letzten Phasen der Generierung wirkungsvoller krimineller Neuheit „Umsetzung" und „Ausbeutung".

Forscher wie Csikszentmihalyi (2006) haben gezeigt, dass als für die Kreativität förderlich eingestufte Faktoren nicht ausnahmslos günstig sind. Sie können sogar unter Umständen hemmend wirken. Anders herum können als ungünstig eingeschätzte Faktoren unter Umständen förderlich wirken. So beschrieb A. J. Cropley (1997, S. 8) das ganze Feld von Kreativität als „ein Bündel Paradoxien". Das Grundproblem der Paradoxien liegt darin, dass sie häufig zu mehrdeutigen Antworten auf die Frage führen, ob etwas die Kreativität fördere oder hemme. Folge ist, dass die Paradoxien sogar den Eindruck erwecken, die Kreativität sei eher ein Rätsel. Die Feststellung und Erörterung der Paradoxien zeigt jedoch, dass ihre angeblich rätselhaften Aspekte eigentlich systematisch verstanden werden können.

4.1   Paradoxe Prozesse

Trotz der Tatsache, dass Guilford die einfache Formel Kreativität = divergentes Denken nicht propagierte, wurde die Kreativität unmittelbar nach seinem impulsgebenden Bericht (Guilford 1950) in erster Linie als das Ergebnis divergenten Denkens betrachtet. Zumindest wurde angedeutet oder angenommen, dass ungezügeltes divergentes Denken der Königsweg zur Kreativität sei. Es herrschte das Prinzip: „Lass' die Gedanken nur ungezügelt fließen und es kommt bestimmt was Gutes raus". Noch heute werden beispielsweise Csikszentmihalyis Flow-Konzept und Sternberg und Davidsons (1999, S. 68) Verweis auf die Rolle *„zufälliger* Rekombinationen" [engl.: chance recombinations] im kreativen Denken nicht selten so verstanden. Simonton (2015) hat sich sogar darüber beschwert, dass einer der Autoren dieses Buches (A. J. Cropley) sein Zufalls-Konfigurations-Theorie [engl.: chance-configuration theory] irrtümlicherweise so verstanden hätte.

Schon früh in der Neuzeit der Kreativitätsforschung argumentierten jedoch viele Autoren, darunter Facaoaru (1985) in Europa und Sternberg (1985) in Nordamerika, dass die kreative Kognition auch konvergente Komponenten umfasst, wie etwa Faktenwissen, Genauigkeit, strenge Logik, korrekte Technik oder die Fähigkeit, ein gutes Ergebnis zu erkennen. In praktischen Situationen gibt es Fälle von allgemein bewunderten Schöpfern von Groß-K[1], die technische Fertigkeiten erlernen mussten, bevor ihre erhabenen Produkte von Fachkollegen akzeptiert wurden (z. B. Vincent van Gogh). Andere Autoren,

---

1   Groß-K-Kreativität bringt nicht nur dauerhafte Produkte hervor, die allerseits bewundert sind, sondern sie ändert nicht selten auch das Paradigma in einem Fachgebiet und inspiriert andere dazu, neue Wege zu gehen.

die die Bedeutung von konvergentem Denken in der Kreativität betonten, sind Rickards (1993), Brophy (1998) und A. J. Cropley (2006). Ward und Kolomyts (2010) fassten die Forschungsergebnisse zusammen und zeigten, dass Kreativität von der Wechselwirkung verschiedener kognitiver Faktoren abhängt, zum Beispiel vom Kombinieren von Ideen oder vom Erkennen überraschender Zusammenhänge (Aspekte des divergenten Denkens) aber auch vom genauen Speichern und Abrufen von Informationen oder von der realistichen Bewertung von Lösungsentwürfen (konvergentes Denken).

Rickards (1999) und andere haben diese Situation mit der Metakognition in Verbindung gebracht. Im Sinne unserer Diskussion umfasst die Metakognition die Überwachung des eigenen Denkens. Für Kreativität relevante Aspekte der Metakognition sind u. a.: Problemanalyse, akkurate interne Problemrepräsentation, Auswahl kreativitätsförderlicher Handlungsweisen, Organisation eigener kognitiver Ressourcen, Kombinieren von Denkstrategien, Auswertung der eigenen Fortschritte und eventuell Suche nach alternativen Herangehensweisen. Kuszewski (2009) verwendete die in ► Kap. 3 erwähnte „Bierdosen-Analogie", um das Problem zu veranschaulichen, das sich aus der Verarbeitung zahlreicher kognitiver Elemente (wie im divergenten Denken) ergibt, wenn die Fähigkeit fehlt, logische Verbindungen herzustellen, gute Lösungen zu erkennen, oder Änderungsvorschläge zu verstehen und umzusetzen (wie im konvergenten Denken). Ohne eine solche Kontrolle kann die erzeugte Neuheit auf Pseudo- oder Quasikreativität beschränkt bleiben.

4.1.1 Die paradoxe Rolle von Fachwissen im Kreativitäts-Prozess

Einige Autoren (z. B. Hausman 1984) haben argumentiert, dass Kreativität so neuartig ist, dass sie beispiellos ist und daher keine Verbindung zu dem hat, was vorher existierte. Andere wie Bailin (1988) sind jedoch zu dem Schluss gekommen, dass kreative Produkte immer sowohl von der kreativen Person selbst als auch von externen Beobachtern in Bezug auf vorhandenes Wissen konzipiert werden. Das kanadische Amt für geistiges Eigentum [engl.: Canadian Intellectual Property Office] berichtete (2007), dass 90 % aller neuen Patente Verbesserungen vorhandenen Wissens sind. Scott (1999) führte schließlich eine Reihe von Kreativitätsforschern auf, die vorhandenem Wissen einen prominenten Platz einräumen (z. B. Albert, Amabile, Campbell, Chi, Feldhusen, Gardner, Gruber, Mednick, Simonton, Wallas und Weisberg).

Wir haben bereits Boden (2004) erwähnt, die auf die Unmöglichkeit hinwies, eine wirkungsvolle Überraschung aus Wissen zu erzeugen, das man nicht besitzt. Wie Louis Pasteur, der gefeierte Vater der Impfung, es in einem häufig zitierten Aphorismus ausdrückte, den er 1854 in einer Vorlesung äußerte (Peterson 1954, S. 473): „Der Zufall begünstigt nur den *vorbereiteten* Geist" [fr.: Le *hasard ne favorise que les esprits préparés*]. Trotzdem ist Wissen in gewisser Weise der Feind von Kreativität. Wie Jasper (2004, S. 13) es formulierte: „Zu viel … kann es unmöglich machen, flexibel zu reagieren … [aber] zu wenig lässt dich ohne Routinen und Ressourcen, die eingesetzt werden können". Die folgenden kontrastierenden Fallbeispiele zeigen, dass Wissen für die Kreativität gleichzeitig unerlässlich aber auch bedrohlich sein kann.

Der deutsche Veterinärpathologe Eugen Semmer (s. Semmer 1870) entdeckte das Penizillin viele Jahre vor dem Briten Alexander Fleming, merkte allerdings nicht, dass er es getan hatte. Zwei Pferde, die anscheinend im Begriff waren, an dem zu sterben, was wir heute eine „Infektion" nennen, wurden in Semmers Klinik in Riga eingeliefert. An

4

diesem Abend ging er mit der Erwartung nach Hause, bei seiner Rückkehr am nächsten Tag pathologische Untersuchungen an toten Pferden durchführen zu müssen. Als er jedoch am Morgen eintraf, hatten sich die Tiere unerwartet und unerklärlicherweise erholt. Semmer wendete seine wissenschaftlichen Kenntnisse an und stellte fest, dass die Genesung der Pferde mit dem unbeabsichtigten Vorhandensein von Sporen des Pilzes *Penicillium notatum* in seinem Labor verbunden war. Er bestätigte die Wirkung des Pilzes, indem er Sporen in das Blut anderer an Infektionen leidender Tiere injizierte, und auch diese erholten sich. Aber Semmer war Pathologe und musste auf den Tod der Pferde warten, um Obduktionen durchführen zu können – folglich empfand er ihre Genesung eher als Ärgernis. Scheinbar von der Enge seines Fachwissens geblendet (sein Fach war Todesursachen und nicht Genesungsursachen) erkannte er nicht, dass er auf einen wichtigen Lebensretter gestoßen war (den wir heute „Antibiotika" nennen). Er unternahm erhebliche Anstrengungen, um die Sporen aus seinem Labor zu entfernen.

Erst 70 Jahre später erhielt Alexander Fleming den Nobelpreis für genau dieselbe Entdeckung. 1928 ließ er infiziertes Material zwei Wochen in einer Petrischale zurück, während er in den Urlaub reiste. Bei seiner Rückkehr stellte er fest, dass der Behälter von Schimmelpilzsporen befallen war und diese die Bakterien getötet hatten. Wie in Falle von Semmer handelt es sich bei dem Schimmelpilz um *Penicillium notatum*. Auch Fleming veröffentlichte seine Ergebnisse (Fleming 1929). Obwohl er die Bedeutung des Schimmelpilzes nicht vollständig erkannte, überlegte er zumindest, ob es eine mögliche praktische Anwendung seiner Beobachtungen geben könnte und schlug vor, diese Möglichkeit zu untersuchen. Und so blieb es dem Australier Howard Florey und seinen Kollegen überlassen, eine praktische Anwendung zu erkennen und sie in der Form von dem, was wir heute „Penizillin" nennen, in die Medizin einzuführen.[2] Es handelt sich hier um das Paradoxon des Fachwissens. Obwohl Wissen unentbehrlich ist, kann es das Denken in ein Korsett hinein zwingen. D. H. Cropley und Cropley (2018, S. 72) schrieben von der „Zwangsjacke des Wissens", in der Experten gefangen sein können.

Die gute Seite von Fachwissen wird durch Ereignisse im Jahre 1896 (siehe Nobel Foundation 1967) anschaulich illustriert. Der französische Physiker Antoine Henri Becquerel hinterließ damals zufällig eine Fotoplatte und ein Behälter mit Uranpräparaten in einer Schublade seines Schreibtisches. Eigentlich wollte er die Eigenschaften von Mineralien untersuchen, die den kürzlich entdeckten Röntgenstrahlen ausgesetzt worden waren. Als er aber einige Zeit später die Schublade öffnete, bemerkte er zu seiner Überraschung, dass die fotografische Platte beschlagen war und dieses unerwartete Ereignis weckte seine Neugierde. Anstatt die „ruinierte" Platte wegzuwerfen, begann er sie intensiv zu untersuchen. Er kam schließlich zu dem Schluss, dass die Uranpräparate irgendeine Art von Strahlen – ähnlich zu Röntgenstrahlen – emittiert hatten, scheinbar ohne irgendeine Energiequelle, und dass diese unbekannten Strahlen für das Beschlagen verantwortlich waren. Er konnte bestätigen, dass die mysteriösen Strahlen von den Uranpräparaten ausgingen und sich qualitativ von Röntgenstrahlen unterschieden. Nachdem diese zunächst „Becquerel-Strahlen" genannt wurden, wurde das neu entdeckte Phänomen später als „Radioaktivität" bekannt und brachte Becquerel 1904 den Nobelpreis (zusammen mit Marie und Pierre Curie) ein.

---

2   Zusammen mit Fleming und Boris Chain erhielt Florey 1945 den Nobel Preis für Medizin und Physiologie.

Hätte Becquerel nicht über das allgemeine Wissen verfügt, das ihm die Erkenntnis ermöglichte, das Beschlagen der fotografischen Platte sei ungewöhnlich und wichtig, über das spezifische Wissen, das ihm sagte, dass irgendeine Art von Strahlung das Phänomen verursacht hatte und über die Forschungsfertigkeiten, die es ihm ermöglichten, die Gesamtsituation zu klären, hätte er die Radioaktivität nicht entdeckt. In der Tat, hätte Becquerel sich nicht bereits mit einschlägigen Forschungsarbeiten befasst, wären die Uranpräparate und die fotografische Platte überhaupt nicht in der Schublade zusammengekommen. Sein Fachwissen und seine wissenschaftlichen Fertigkeiten ermöglichten ihm somit einen kreativen Durchbruch, während Semmers einen solchen Durchbruch verhinderten.

Die Spannung zwischen divergentem und konvergentem Denken und die unentbehrliche Rolle beider als Bestandteile des Kreativitäts-Prozesses kommen mit besonderer Deutlichkeit im Bereich konstruktiver Gestaltung [engl.: engineering design] zum Vorschein. Moderne System-Gestaltungsprozesse versuchen zuerst, die „Anforderungen" des Systems zu erfassen: Was ist benötigt (Produkt-„Kapazität") und was kommt nicht infrage („Restriktionen") (s. z. B. Martin 1997, S. 44)? Zusammen definieren diese Aussagen den Problemraum, für den es immer mehr als ein mögliches Design gibt. Divergentes Denken erzeugt dann denkbare Lösungsentwürfe, die zumindest theoretisch in der Lage sind, die Anforderungen zu erfüllen. Danach sortiert konvergentes Denken jene Entwürfe aus, die durch die Restriktionen ausgeschlossen sind. Zusammen erfassen diese beiden aufeinander folgenden Schritte das Paradoxon der funktionalen Kreativität: die Notwendigkeit, sowohl synthetisch als auch analytisch zu denken.[3] Zuerst muss Neuheit frei generiert werden aber danach müssen die Ergebnisse des Generierungsprozesses hinsichtlich der Restriktionen penibel ausgewertet werden. Ohne die durch die Restriktionen auferlegten Beschränkungen wäre es unmöglich, die erwünschte breite Palette neuartiger Lösungen zu durchleuchten und sich auf die effektivsten festzulegen.

4.2 Paradoxe persönliche Merkmale

Helson (1983) wies darauf hin, dass die „schöpferische" Persönlichkeit (z. B. ◘ Tab. 3.2 für einen Überblick) gleichzeitig stereotyp männlich (wenig einfühlsam, kopfgesteuert, waghalsig) wie stereotyp weiblich (sensibel, intuitiv, verantwortlich) ist. McMullan (1978) zeigte, dass Kreativität den Besitz einer „paradoxen" Persönlichkeit erfordert, die durch sieben Polaritäten gekennzeichnet ist:

- Offenheit versus dem Antrieb, im Sinne der Gestaltpsychologie (s. Holzinger und Klösch 2017) offene Gestalten zu schließen;
- Bereitschaft, unbewusstes Material in die bewusste Wahrnehmung zu bringen versus sich auf die externe „Realität" zu fokussieren;
- kritische sogar destruktive Haltung versus konstruktive Problemlösung;
- kühle Neutralität versus leidenschaftliches Engagement;
- Selbstbezogenheit versus Altruismus;
- Selbstkritik und Selbstzweifel versus Selbstvertrauen;
- Gespanntheit versus Entspannung.

---

3 Für eine Zusammenfassung der Schritte im Prozess der Entwicklung „funktionaler" neuartiger Problemlösungen, s. ◘ Tab. 4.3.

In jüngerer Zeit hat Csikszentmihalyi (1996) auf die Bedeutung einer „komplexen" Persönlichkeit hingewiesen, die Widersprüche wie gleichzeitige Empfindlichkeit und unbeirrbare Zähigkeit oder gleichzeitige hohe Intelligenz und Naivität aufweist.

Ein weiteres Paradoxon hinsichtlich der Person ergibt sich im Bereich der Motivation. Wie Kasov, Chen, Himsel und Greenberger (2007) es ausdrückten, berichten einige Forscher von negativen Effekten extrinsischer Motivation, wohingegen andere von positiven Effekten berichten und wiederum andere von gemischten Effekten. Nach Amabile (z. B. 1983) basiert Kreativität auf *intrinsischer* Motivation, also dem Wunsch, eine Aktivität um der Aktivität selbst willen durchzuführen. Amabile war der Meinung, dass in pädagogischen Umgebungen *extrinsische* Motivation (z. B. Testnoten) für die Kreativität tödlich sein kann. Sie ist äußerst verführerisch, und es besteht die Gefahr, dass Menschen ihr Verhalten und sogar ihr Denken in Bahnen lenken, die zu externer Belohnung führen.

Später allerdings haben Forscher, einschließlich Amabile selbst (z. B. Collins und Amabile 1998), akzeptiert, dass extrinsische Motivation für die Kreativität nicht notwendigerweise verhängnisvoll sein müsste. Tatsächlich gibt es Hinweise darauf, dass angemessen angewendete extrinsische Motivation die Kreativität fördern kann (für einen Überblick über die Forschung siehe Eisenberger und Rhoades 2001). In ▶ Kap. 8 werden wir betonen, dass im Falle kreativer Kriminalität extrinsische Motivation eine entscheidende Rolle spielt; d. h., der Wunsch, von der Kriminalität zu profitieren, ist ausschlaggebend. Wie wir schon hervorgehoben haben, darf allerdings der „Adrenalinschub" des Verbrechens und die „existentielle Psychodynamik des [kriminellen] Akteurs" (Hayward und Young 2004, S. 263 und S. 265) – also die intrinsischen Aspekte – nicht übersehen werden. In ▶ Kap. 7 stellen wir das Fallbeispiel von Buster Edwards, einem Berufskriminellen, vor. Nachdem er sehr lange im Gefängnis gesessen hatte, beschwerte sich Edwards in einem Interview im britischen Fernsehen darüber, dass er sein neues Leben als Normalbürger furchtbar langweilig fand, wohingegen das Leben als Kriminelle aufregend gewesen war und ihm Spaß gemacht hatte.

Unsworth (2001) unterschied zwischen vier Motivationsmustern in der Kreativität:

- ▰ Die Person kann durch äußeren Druck angetrieben werden, Probleme zu lösen, die von anderen Menschen definiert worden sind (sie nannte diese „reaktive" Kreativität – die am deutlichsten von außen motivierte Kreativitätsart).
- ▰ Die Person könnte durch externen Druck motiviert werden, selbstentdeckte Probleme zu lösen („Pflichtkreativität" – eine gemischte Art von Motivation).
- ▰ Die Person kann selbstmotiviert sein, aber das Problem kann extern definiert werden („beitragende Kreativität" – eine zweite Art von gemischter Motivation).
- ▰ Die Person kann intern motiviert sein, selbstdefinierte Probleme zu lösen („proaktive" Kreativität – die am deutlichsten intern motivierte Form).

Der entscheidende Punkt für unsere Zwecke ist, dass alle vier Konstellationen zu Kreativität führen können. Daraus ergibt sich ein weiteres Paradoxon.

In seinem „triadischen" Modell unterschied Necka (1986) fünf Klassen von Kreativitätsmotivation: instrumentelle Motive, verspielte Motive, intrinsische Motive, Kontrollmotive und expressive Motive. Im Gegensatz zu Amabile argumentierte er, dass Kreativität nicht lediglich ein Treiber ist, sondern ein Mittel zum Ausdruck anderer Treiber sein kann. Zum Beispiel könnte ein Mensch ein Buch in der Hoffnung schreiben,

Geld zu verdienen (instrumentelle oder extrinsische Motivation), aber im Laufe des Schreibens könnte ihm das Gefühl bewusst werden, eine wichtige Botschaft zu haben, die unabhängig von den Folgen ausgedrückt werden muss (expressive oder intrinsische Motivation). Folglich ist das kreative Schreiben eigentlich nicht das Motor, sondern der Treibstoff. Die Vorstellung einer sich dynamisch verändernden Struktur der Kreativitäts-motivation wird von Gruber und Davis (1988) in ihrem „Entfaltende-Systeme-Ansatz" [engl.: evolving systems approach] unterstützt.

4.3 Das Paradoxon des Umfelddrucks

Unter „Umfelddruck" wird hier das soziale Umfeld verstanden, in das zweckdienliche und wirkungsvolle Neuheit eingeführt wird. Es wurde bereits darauf hingewiesen, dass Kreativität es erfordert, Dinge anders zu tun, als sie normalerweise getan werden oder sich sogar den Normen der Gesellschaft zu widersetzen. Sternberg und Lubart (1995, S. 41) sprachen von „Querdenken". Auf der anderen Seite (Simonton 1988; Csikszentmihalyi 1996) muss ein kreatives Produkt die „soziokulturelle Validierung" genießen. Das Produkt muss zwar gegen die Normen verstoßen, muss aber gleichzeitig von anderen Menschen validiert werden. Radikale Verstöße gegen herrschende Normen sind nicht ohne weiteres mit Kriminalität gleichzusetzen. Auch Produkte, die formale Gesetze nicht brechen, kön-nen von der Gesellschaft abgelehnt werden. Es reicht oft schon aus, stark von dem abzu-weichen, woran die Menschen gewohnt sind. Besemer (2006, S. 171) hat es zutreffend ausgedrückt: „Verbraucher mögen zu viele Überraschungen nicht". Laut Gabora und Tseng (2014) kann sich die entfesselte Kreativität als zu viel des Guten erweisen. Pierce und Aguinis (2013, S. 313) sprachen sogar von einem „Zu-viel-des-Guten-Effekts".

In einer Studie mit Spielern einer Jugendfußballmannschaft in Hamburg brachte Herrmann (1987) seinen Spielern bei, völlig unerwartete untypische Spielzüge auszu-führen, wie zum Beispiel den Ball einem Gegner direkt zuzuspielen, mit dem Spruch: „Hier. Nimm' ihn, wenn du ihn unbedingt willst!" Daraufhin haben die erstaunten Geg-ner den Ball häufig an Hermanns Spieler zurückgespielt, anscheinend dem intuitiven Prinzip folgend: „Er hat mir den Ball zugespielt, deswegen sollte ich ihn ihm zurück-spielen, wenn er danach ruft". Diese Reaktion hatte nicht selten für den eigenen Torwart katastrophale Folgen. Obwohl er völlig legal war, verursachte dieser neuartige Spielzug Bestürzung unter den gegnerischen Spielern und Wutausbrüche bei ihren Trainern, die ihn so überraschend fanden, dass sie ihn als Betrug verurteilten und versuchten ihn zu verbieten.

Ähnliche Beispiele werden in ganz anderen Arten von Spielen gesehen: Nachdem er 1997 ein Schachspiel gegen das Computerprogramm „Deep Blue" verloren hatte, beschwerte sich der damalige Schachweltmeister Garry Kasparow, dass das Programm trotz Einhaltung der formalen Regeln des Schachspiels betrogen habe. Die Schachzüge des Computers waren zwar legal, aber nach Kasparows Meinung lagen sie außerhalb der Grenzen dessen, was man von einer Maschine erwarten könnte und folglich waren sie zu überraschend, um fair zu sein.

Die Paradoxien der Kreativität sind in ◘ Tab. 4.1 zusammengefasst. Die Eigen-schaften in der linken Spalte sind diejenigen, die typischerweise in der öffentlichen Meinung und auch im Großteil der Literatur mit dem idealisierten Bild der Kreativität

◻ Tab. 4.1 Beispiele für paradoxe Aspekte der 6Ps der Kreativität

P	Paradoxon	
	Divergentes Denken versus Konvergentes Denken	
Prozess	Das kreative Denken umfasst:	Das kreative Denken umfasst:
	– Breite Konzeptualisierung der Lage	– Präzise Konzeptualisierung der Lage
	– Die Stellung unerwarteter Fragen	– Übernahme der bestehenden Darstellung
	– Bildung entfernter Assoziierungen	– Wiederverwendung des schon Bekannten
	– Herstellung unerwarteter Zusammenhänge	– Wiedererkennung vertrauter Zusammenhänge
	– Problementdeckung	– Problemübernahme
	– Neustrukturierung des Problems	– Übernahme der bestehenden Problemstruktur
	– Generierung von Lösungskriterien	– Übernahme bestehender Lösungskriterien
	– Kommunizieren eines lockeren, allgemeineren Bildes der Lage	– Kommunizieren eines präzisen, eng definierten Bildes der Lage
	Innovative Persönlichkeit versus Anpasserische Persönlichkeit	
Persönliche Merkmale	Der kreative Mensch ist:	Der kreative Mensch ist:
	– Tolerant gegenüber Ambiguität	– Intolerant gegenüber Ambiguität
	– Flexibel	– Geneigt, bekannte Methoden zu wiederholen
	– Unabhängig	– Abhängig von der Zusage anderer
	– Nicht-konformistisch	– Konformistisch hinsichtlich Normen
	– Innengelenkt	– Außengelenkt
	– Unvoreingenommen	– Voreingenommen
	Proaktive Motivation versus Reaktive Motivation	
Persönliche Motivation	Der kreative Mensch wird aktiviert durch:	Der kreative Mensch wird aktiviert durch:
	– Den Drang, weiter zu kommen	– Den Drang, die Lage in den Griff zu kriegen
	– Die Bereitschaft, Risiken zu konfrontieren	– Den Drang, Risiken zu vermeiden
	– Niedrigen Drang nach kognitiver Schließung	– Hohen Drang nach kognitiver Schließung
	– Drang nach Neuem	– Den Drang, Neues zu vermeiden
	– Drang nach der Generierung von Vielfalt	– Den Drang, die einzig beste Lösung zu finden
	Generativer Affekt versus Konservierender Affekt	

(Fortsetzung)

◘ Tab. 4.1 (Fortsetzung)

P	Paradoxon	
Persönliche Gefühle	Der kreative Mensch empfindet:	Der kreative Mensch empfindet:
	– Freude an einer Herausforderung	– Freude an einer schnellen Lösung
	– Spaß an Unsicherheit	– Ängstlichkeit angesichts Unsicherheit
	– Optimismus angesichts Probleme	– Pessimismus angesichts Probleme
	– nach einem Erfolg, das Gefühl, es noch besser machen zu können	– Erleichterung nach einem Erfolg
	– Entschlossenheit nach einem Misserfolg	– Enttäuschung und Entmutigung nach einem Misserfolg
	Radikales Produkt versus Routinemäßiges Produkt	
Produkt	Das kreative Produkt ist:	Das kreative Produkt ist:
	– Neuartig	– Zweckdienlich
	– Bestechend	– Korrekt
	– Wegweisend	– Wirkungsvoll
	– Impulsgebend	– Abschließend
	Förderlicher Druck versus hemmender Druck	
Umfelddruck (Sozialer Aspekt)	Die Kreativität:	Die Kreativität:
	– Sprengt den bestehenden sozialen Rahmen	– Bleibt innerhalb des bestehenden sozialen Rahmen
	– Macht andere Leute ängstlich	– Beruhigt andere Leute

assoziiert werden (s. ► Kap. 5). Im Gegensatz dazu sind die in der rechten Spalte aufgeführten Merkmale zwar nicht traditionell mit Kreativität in Verbindung gebracht, aber nichtsdestotrotz ein notwendiger Teil des umfassenderen Prozesses der Erzeugung wirkungsvoller Neuheit. Hier zeigt sich das Wesen der Paradoxien. Charakteristika sowohl in der linken als auch in der rechten Tabellenspalte sind für die Kreativität notwendig oder zumindest förderlich, obwohl sie widersprüchlich erscheinen. Zum Beispiel ist es für die Kreativität hilfreich, eine Situation breit aber auch eng zu konzeptualisieren. Die Einträge in der Tabelle sind nur als Beispiele gedacht; sie stellen keine allumfassende Liste dar.

4.4 Die Phasen der Kreativität

Wie sollen wir diese Paradoxien verstehen? In ihrer Diskussion des „produktiven" Denkens stellten Wertheimer und Metzger (1957) die für diesen Abschnitt entscheidende Frage: „Was geschieht, wenn man wirklich denkt und dabei vorwärts kommt?" Sie sprachen von „Schritten" und betonten insbesondere die „Erleuchtung" oder den „Geistesblitz". In diesem Buch sprechen wir vorwiegend von „Phasen", obwohl dieser Terminus in unserem Sinne mit „Schritt" mehr oder weniger gleichbedeutend ist.

4

Csikszentmihalyi (2006) argumentierte, dass sich widersprüchliche Ergebnisse daraus ergeben, dass der kreative Prozess verschiedene Phasen umfasst, die auf unterschiedlichen psychologischen Ressourcen zurückgreifen. Diese Vorstellung von Phasen ist in der Kreativitätsforschung gut etabliert. In introspektiven Studien, in denen sie über ihre eigene Kreativität nachdachten, identifizierten und benannten Alexander Bain, Hermann Helmholtz und Henri Poincaré Phasen (vgl. Sawyer et al. 2003). Hadamard (1945), ebenfalls über seine eigene Kreativität in der Mathematik reflektierend, identifizierte vier Phasen: Vorbereitung, Inkubation, Erleuchtung und Präzisierung. Der Vater des Brainstormings, Osborn (1953), sprach sich für einen sieben-Schritt-Prozess aus:

- Orientierung (Identifizierung des Problems)
- Vorbereitung (Sammlung relevanter Daten)
- Analyse (Zerlegung des Problems in seine Bestandteile)
- Ideation (Sammlung alternativer Lösungsentwürfe)
- Inkubation (Durcheinanderrührung dieser Entwürfe [engl.: churning])
- Synthese (Bildung einer einzig besten Lösung)
- Auswertung (Bewertung dieser Lösung)

Eine frühe empirische Untersuchung in dieser Richtung war die von Prindle (1906). Er untersuchte den Werdegang von Erfindungen und kam zu dem Schluss, dass jede Erfindung das Ergebnis einer Reihe kleiner Schritte ist, wobei jeder Schritt das Zustandekommen der endgültigen Erfindung um eine kleine Menge vorantreibt, indem er etwas zu dem hinzufügt, was bereits erreicht wurde. Der durch den einen Schritt etablierte Stand der Dinge bildet den Ausgangspunkt für den nächsten Schritt und so weiter. Eine weitere frühe empirische Studie war die von Rossman (1931). Wie Osborne identifizierte auch er sieben Schritte in der Entstehung einer praktikablen neuen Idee: Problembewusstsein, Problemanalyse, Informationssammlung, Formulierung von Lösungsentwürfen, Auswertung dieser, Auswahl der einzig besten Lösung und Testen dieser.

Das klassische Phasenmodell, das vor annähernd einem Jahrhundert von Wallas (1926) erstmals in die Kreativitätsforschung eingeführt wurde, ist allgemeiner als ein schrittweiser Ansatz. Von zentraler Bedeutung für die vorliegende Diskussion ist, dass das Wallas'sche Modell die Unterschiede zwischen den Phasen nicht nur quantitativ (schrittweises Anwachsen des Wissensumfangs; s. Prindle), sondern auch qualitativ definiert. Die Ergebnisse der Phasen sind nicht nur weiter elaborierte Fassungen der Ergebnisse der Vorphasen, sondern sie sind *andersartig*. Anfangs hatte Wallas (1926) vorgeschlagen, dass es sieben Phasen gibt: *Begegnung* (ein Problem oder eine Herausforderung wird identifiziert), *Vorbereitung* (einschlägiges Wissen wird gesammelt), *Konzentration* (Lösungsentwürfe werden generiert), *Inkubation* (Ideen gären im Kopf des Erfinders), *Illumination* (ein Lösung taucht als vielversprechend auf), *Verifikation* (der Erfinder bestätigt die Tauglichkeit dieser vielversprechenden Lösung) und *Persuasion* (der Erfinder versucht, andere davon zu überzeugen, dass das Produkt eine zweckdienliche, wirksame Lösung bietet). In den modernen Diskussionen ist es üblich geworden, das Wallas-Modell auf vier Phasen zu reduzieren: Information, Inkubation, Illumination und Verifikation. Aber bei der Erklärung der Paradoxien hilft eine solche Reduzierung nur wenig. Um die Art und Weise zu verstehen, in der jedes Paradoxon die Kreativität fördert oder hemmt, ist es notwendig, eine differenziertere Beschreibung des Entstehungsprozesses von der Kreativität zu verwenden. Dies tun wir durch die Rückkehr zu einem Sieben-Phasen-Modell.

4.4.1 Das erweiterte Phasenmodell

In einer Meta-Analyse relevanter Forschungsergebnisse untersuchte Davis (2009) die umfangreiche Diskussion über das Wesen der Kreativität und hob die Wichtigkeit von „Problem*findung*" hervor. Diese Hervorhebung deckt sich mit der Arbeit von Guilford (1950, S. 449), der die „Sensibilität für Probleme" betonte. Auch Mumford und Kollegen (1996, 1997) hoben die „Problem-Konstruktion" hervor. Brown (1989) beschäftigte sich in einer ausführlichen Diskussion damit, welche Bedeutung das Bewusstwerden von Problemen für die Entstehung von Kreativität hat. In diesem Buch wird eine Phase, in der erkannt wird, dass es ein Problem gibt und etwas dagegen unternommen werden muss, als die Phase der „Aktivierung" bezeichnet. Aber das Problembewusstsein kommt nicht aus dem Nichts: Ohne Kenntnisse in einem bestimmten Fachbereich ist es nicht möglich, Probleme in diesem Bereich zu erkennen und dadurch mit dem Stand der Dinge unzufrieden zu werden. Folgerichtig muss sich die Aktivierung aus einer vorangegangenen Phase des Wissenerwerbs ergeben; zuerst das Wissen und erst dann die Problemfindung. Wir nennen diese allererste Phase „Vorbereitung" (Vertrautheit mit einem Bereich wird erworben). So wird Wallas' Phase der Begegnung in zwei Anfangsphasen aufgeteilt: Vorbereitung und Aktivierung.

Wallas' Beschreibung der Inkubation ist ebenfalls problematisch. Es scheint intuitiv nachvollziehbar, dass irgendeine Art von Informationsverarbeitung in der Kreativität notwendig ist, egal ob dies logisch-sequenziell oder in einem wilden Mischmasch geschieht (d. h. durch Inkubation). Bei der Überprüfung einer Reihe relevanter Studien haben Howe, McWilliam und Cross (2005) jedoch gezeigt, dass viele Forscher bestreiten, dass für die Entstehung neuer Ideen die Durcharbeitung durch eine Vielzahl von Alternativen notwendig ist, bis plötzlich etwas Gutes auftaucht. Sie betonten eher heuristische Prozesse wie das Sprengen mentaler Sets [engl.: set breaking][4] oder den Aufbau neuronaler Netzwerke. A. J. Cropley (1992) zeigte, wie sich scheinbar plötzliche Momente der Erleuchtung sogar aus jahrelangem unbewusstem Lernen ergeben können. Simonton (2007, S. 329) kontrastierte „darwinistische" oder nicht-monotone Prozesse (blinde Variation und selektive Retention, die zu plötzlichen Sprüngen führen) mit monotonen Prozessen. Letztere bestehen aus der systematischen und sequenziellen Anwendung von Fachwissen Schritt für Schritt, wobei jeder Schritt näher am Endprodukt ist als der vorangegangene. Unser Ziel hier ist jedoch nicht, die genaue Natur des kreativen Denkens zu definieren, sondern zu betonen, dass eine mentale Auseinandersetzung mit Informationen ein Bestandteil des Prozesses ist, ohne genau zu spezifizieren, ob der Prozess monoton oder nicht-monoton abläuft.

Zusätzlich ist noch eine weitere Ergänzung und Differenzierung des Wallas-Ansatzes erforderlich. Für die funktionale Kreativität ist es unabdingbar, dass neuartige Produkte nicht nur generiert werden, sondern dass sie auch für praktische Zwecke umgesetzt werden – egal ob mit positiver oder negativer Absicht. Dies gilt mit besonderer Stärke im Falle von Kriminalität, wo das „Nützlichkeitsgebot" (D. H. Cropley und Cropley 2018, S. 23) von besonderer Bedeutung sein dürfte. Die funktionale Kreativität muss daher

---

4 Ein *mentales Set* ist ein Denkkorsett oder aufgezwungener Aufgabenkontext, das dazu führt, dass neue Probleme als Wiederholungen altbekannter Probleme interpretiert und folglich auf die altbekannte Art und Weise angepackt werden. Dies geschieht sehr häufig, wenn die schon bekannte Herangehensweise in der Vergangenheit erfolgreich war. Sets blockieren psychologische Prozesse wie etwa die Bildung neuer Perspektiven, d. h. divergentes Denken.

über die bloße Neuheitserzeugung hinausgehen und zwei weitere Phasen umfassen: eine Phase der Umsetzung und eine Phase des Feedbacks aus dem Umfeld. In der allgemeinen Variante unseres erweiterten Phasenmodells haben wir diese letzten Schritte „Kommunikation" und „Validation" bezeichnet. Diese beiden Phasen entsprechen im allgemeinen Sinne den von Csikszentmihalyi (1999) dargestellten Schritten der soziokulturellen Validierung: Das Produkt wird Sachkundigen vorgelegt (Kommunikation) und von ihnen beurteilt (Validation).

Die Bezeichnungen „Kommunikation" und „Validation" für die letzten beiden Phasen reichen für eine theoretische Einführung aus und können für eine allgemeine Diskussion dieser Phasen bereichsübergreifend benutzt werden. Klar aber ist, dass sich das, was etwa ein Künstler unter Kommunikation und Validation versteht, von dem stark unterscheidet, was sich ein Konzernlenker unter diesen beiden Termini vorstellt. Folglich, geben wir in ◘ Tab. 4.2 Beispiele für die in der Phase der Kommunikation vollzogenen Schritte und für das in der Phase der Validation erhoffte Feedback für die Inhaltsbereiche Kunst (im breitesten Sinne: Malerei, Literatur, Musik, Theater usw.), Wissenschaft und Wirtschaft. Zu diesen „traditionellen" Bereichen fügen wir die Kriminalität hinzu, um den Unterschied zwischen krimineller und positiver Kreativität

◘ Tab. 4.2	Merkmale der letzten beiden Phasen in unterschiedlichen Inhaltsbereichen		
Inhaltsbereich	Allgemeine, theoretische Bezeichnung der Phase	Typisches bereichsspezifisches Ergebnis der Phase	Bereichsspezifische Bezeichnung der Phase
Kunst	Kommunikation	Lancierung von Kunstwerken und anderen schöngeistigen Produkten	Kommunikation
	Validation	Lob durch Kritiker, öffentliche Anerkennung; eventuell: Verkaufserfolge	Validation
Wissenschaft	Kommunikation	Veröffentlichung eines Berichts über Forschungsergebnisse	Kommunikation
	Validation	Ruhm und Ehre; eventuell: Auszeichnungen, Beförderung	Validation
Wirtschaft	Kommunikation	Vermarktung eines neuen Geräts, Einführung neuer Methoden oder Verfahren	Markteinführung
	Validation	Erhöhter Gewinn für ein Unternehmen; eventuell: Leistungsprämien und Beförderung für die Einzelperson	Erfolg auf dem Markt
Kriminalität	Kommunikation	Umsetzung eines kriminellen Plans	Umsetzung
	Validation	Einholen von Vorteilen, meistens Geld. Im Falle von Terrorismus Verbreitung von Schrecken	Ausbeutung

zu verdeutlichen. Um diesen Unterschied noch deutlicher zu machen, haben wir auch eine differenziertere Terminologie für die Phasen in den verschiedenen Bereichen vorgeschlagen. Von besonderem Interesse für dieses Buch sind unsere Bezeichnungen für die beiden letzten Phasen – allgemein „Kommunikation" und „Validation" benannt – hier aber in Bezug auf Kriminalität „Umsetzung" und „Ausbeutung" bezeichnet.

Obwohl es nicht notwendigerweise eine wortwörtliche Beschreibung der Art und Weise darstellt, wie kreative Produkte im wirklichen Leben erzeugt werden, bietet das Phasenmodell einen hilfreichen Überblick über die Generierung und Umsetzung effektiver Neuheit und betont, dass es ein Prozess und kein Ereignis ist. Eine Gefahr bei einem solchen Ansatz besteht darin, dass er zu einfach werden kann. Im vorliegenden Fall könnte der Eindruck entstehen, dass sich kreative Produkte aus einer Folge von diskreten, strikt logischen Schritten ergeben, die auf mechanische Art und Weise nacheinander wiederholt werden können. Es ist wichtig anzumerken, dass in der Praxis das Verfahren zur Herstellung eines wirksamen, neuen Produkts in jeder Phase abgebrochen werden kann, beispielsweise wenn eine bestimmte Phase das für die nächste Phase benötigte „Rohmaterial" nicht liefert. Hat die Generierung nichts erbracht, kann es zum Beispiel keine Erleuchtung geben, während es ohne Erleuchtung nichts gibt, was der Verifikation unterzogen werden kann. Ohne Vorbereitung (stark abhängig vom Erwerb von Wissen) würde der Prozess nicht einmal beginnen.

Auf der anderen Seite kann der Prozess in einer fortgeschritteneren Phase beginnen, zum Beispiel wenn schon vorhandenes Wissen für die Phase der Generierung verwertet wird (d. h. ohne Phasen von Vorbereitung und Aktivierung unmittelbar vor Generierung und Erleuchtung). Die Phasen können auch miteinander interagieren. Zum Beispiel könnten zusätzliche Informationen, die in der Phase der Verifizierung gesammelt wurden, den gesamten Prozess in die Vorbereitungsphase zurückführen, was dann zu einer neuen Erleuchtung führt und so weiter. Diese Wechselwirkung zwischen den Phasen wurde von Shaw (1989) näher beschrieben. Er nannte sie „Schleifen" und gab jeder Schleife einen Namen. Die „Arieti-Schleife" zum Beispiel beschäftigt sich mit der Wechselwirkung zwischen Vorbereitung und Generierung, die „Vinacke-Schleife" mit der zwischen Generierung und Erleuchtung und die „Lalas-Schleife" zwischen Erleuchtung und Verifizierung. Es kann auch Fehlstarts, Neustarts und frühzeitige Abbrüche geben.

Laut Haner (2005, p. 289) sind die Phasen „iterativ und nicht-sequenziell" und sie finden häufig in einem wiederkehrenden „nichtlinearen Zyklus" statt. Die Phasen können abwechselnd aufeinander folgen oder parallel auftreten (Benner und Tushman 2003; Burgelman 2002; Bledow et al. 2009a). Andere Autoren haben von „Oszillation" (Martindale 1989, S. 228), „alternierenden psycho-verhaltensbezogenen Schwankungen" [engl.: psycho-behavioural waves] (Koberg und Bagnall 1991, S. 38) oder „dynamischen Verschiebungen" [dynamic shifts] (Bledow et al. 2009b, S. 365) gesprochen. Organisationsforscher wie König (1992) und Van de Ven, Poole und Angle (2000) haben aufgezeigt, dass der Prozess ungeordnet und iterativ sein kann. Anderson, Potocnik und Zhou (2014, S. 5) drückten die Situation eher volkstümlich aus: Der Prozess kann „aus zwei Schritten nach vorne und einem Schritt nach hinten, sowie mehreren Schritten zur Seite" bestehen.

Ein Beispiel für die komplexe Schleifenbildung im Laufe der Entstehung eines anerkannt kreativen Produkts ist in der Arbeit von Evariste Galois, dem Entwickler der in der heutigen Mathematik als „Galois-Theorie" bekannten Gruppentheorie, zu sehen. 1832 wurde der Franzose im Alter von 20 Jahren in einem Duell getötet, das so ungleich

4

war, dass er von vornherein wusste, dass er sterben musste (siehe Rothman 1982, für eine Beschreibung von Galois' Leben und Tod). Der junge Mann hinterließ seine Notizen, an denen er sogar in der Nacht vor seinem Tod arbeitete (d. h. er bemühte sich sehr, die Ergebnisse seiner Arbeit zu kommunizieren). Wegen ihrer offensichtlichen Wichtigkeit für Galois wurden diese Dokumente nach seinem Tod von sachkundigen Mathematik-Professoren geprüft und die darin enthaltenen Gedanken für wertlos erklärt (die Validation fiel negativ aus). Erst nach einigen Jahren wurde ihre Kreativität erkannt. Die Mathematik brauchte Zeit, um sich weit genug zu entwickeln, dass die Sachverständigen die vom Vordenker Galois generierte Neuheit verstehen konnten. Erst nachdem also die Außenwelt gut genug vorbereitet war und ein ausreichendes Maß an Problembewusstsein (Aktivierung) erreicht hatte, gab es die Validierung.

4.4.2 Das System: Phasen, Prozesse, Persönliche Merkmale und Umfelddruck

Nun ist es möglich, die Ps (Prozess, persönliche Motivation, persönliche Merkmale, persönliche Gefühle-Gemütslage und Umfelddruck), auf den Phasen abzubilden. Dies geschieht in ◘ Tab. 4.3. Es ist wichtig zu merken, dass die in den Einzelzellen der Tabelle angegebenen Prozesse, psychologische Zustände und Aspekte des Umfelddrucks nicht als für eine bestimmte Phase einzigartig angesehen werden sollen. Beispielsweise kann der Aufbau einer Wissensbasis in jeder Phase erfolgen. Er ist jedoch das Hauptgeschäft der Vorbereitungsphase und somit ein Kernergebnis dieser Phase. In ähnlicher Weise können Lösungskriterien in verschiedenen Phasen erarbeitet oder ausgearbeitet werden, aber sie stehen im Mittelpunkt der Phase der Aktivierung und sind somit Kernergebnisse dieser Phase. Fehlertoleranz kann in allen Phasen ein wichtiger Aspekt des Umfelds sein, ist aber in der Phase der Generierung von zentraler Bedeutung. Darüber hinaus sind die Einträge in jeder Zelle nur Beispiele.

Wie die Tabelle zeigt, ist in der Phase der Vorbereitung der Erwerb von Wissen durch konvergentes Denken von zentraler Bedeutung, während in der Phase der Aktivierung, in der sich das Problembewusstsein entwickelt, divergentes Denken entscheidend ist. In der Phase der Generierung sind die wichtigsten motivationalen Elemente Risikobereitschaft und geringer Drang nach kognitiver Geschlossenheit [engl.: cognitive closure] (s. Schlink und Walther 2007). Diese Aspekte sind mit intrinsischer Motivation eng verbunden. In der Phase der Kommunikation dagegen sind Motive wie Wunsch nach Anerkennung oder Hoffnung auf Belohnung wichtig – diese sind eher mit extrinsischer Motivation verknüpft. Ähnlich sieht es hinsichtlich der persönlichen Merkmale aus. In der Phase der Generierung sind Flexibilität, in der Erleuchtungsphase Empfindlichkeit für potenzielle Lösungen [engl.: sensitivity to solutions] unentbehrlich. Aber in der Phase der Kommunikation ist das Gegenteil von Flexibilität notwendig und zwar Festhaltung an einer bestimmten Lösung. In der Phase der Verifikation ist das Gegenteil von Empfindlichkeit für potenzielle Lösungen notwendig (Unbeirrbarkeit). Der entscheidende Gedanke ist, dass beide Pole der eben dargestellten Kontinua (divergentes versus konvergentes Denken, extrinsische versus intrinsische Motivation, Flexibilität versus Unbeirrbarkeit oder Ambiguitätstoleranz versus Drang zur kognitiven Geschlossenheit) für die Generierung zweckdienlicher wirkungsvoller Neuheit notwendig sind.

◘ Tab. 4.3 Kernelemente der Ps der Kreativität in den verschiedenen Phasen

P Phase	Prozess (Konvergent-divergent)	Persönliche Motivation (Extrinsisch-intrinsisch)	Persönliche Merkmale (Anpasserisch-innovativ)	Persönliche Gefühls-Gemütslage (Generativ-konservierend)	Umfelddruck (Eingrenzend-entgrenzend)	Produkt
Vorbereitung	– Erkennung und Auswahl relevanter Fakten	– Neugierde	– Fleiß	– Interesse	– Orientierungshilfe	Ein Wissensfundament
	– Lernen	– Bereitschaft, bestehendes Wissen zu übernehmen (extrinsisch)	– Bereitschaft, Dienstanweisungen Folge zu leisten (anpasserisch)	– Genuss an Wissenserwerb (generativ)	– Unterweisung	
					– Zugang zu Informationen	
	– Sich erinnern (konvergent)				– Anreiz zum Wissenserwerb (eingrenzend)	
Aktivierung	– Problemerkennung	– Unzufriedenheit mit dem Status quo	– Offenheit	– Freude an einer Herausforderung (generativ)	– offene Ziele	Definition des Problems
	– Zielsetzung	– Trieb, eine Lösung zu finden (intrinsisch)	– Nicht-Konformität (innovativ)		– offene Aufgaben	
	– Definierung von Lösungskriterien (divergent)				– antiautoritärer Führungsstil (entgrenzend)	

(Fortsetzung)

4

◘ Tab. 4.3   (Fortsetzung)

P	Prozess	Persönliche Motivation	Persönliche Merkmale	Persönliche Gefühls-Gemütslage	Umfelddruck	Produkt
Phase	**(Konvergent-divergent)**	**(Extrinsisch-intrinsisch)**	**(Anpasserisch-innovativ)**	**(Generativ-konservierend)**	**(Eingrenzend-entgrenzend)**	
Generierung	– Grenzüberschreitung	– Risikobereitschaft	– Toleranz für Ambiguität	– Spaß an Unsicherheit	– Toleranz für Fehler	Eine Vielzahl denkbarer Lösungsentwürfe
	– Herstellung fernliegender Assoziierungen	– Zögerung der kognitiven Schließung	– Flexibilität (innovativ)	– Mut, etwas auszuprobieren (generativ)	– Verzögertes Urteilen	
	– Ausweitung bestehender Lösungen (divergent)	– Bereitschaft, unter Bedingungen der Unsicherheit zu arbeiten (intrinsisch)			– Belohnung der Schaffung von Neuheit (entgrenzend)	
Erleuchtung	– Erkennung vielversprechender Lösungsentwürfe (konvergent)	– Wunsch, die beste Lösung zu finden (gemischt)	– Intuition	– prickelndes Gefühl, wenn sich eine Lösung anbahnt	– Unterstützung der Entwürfe	Der vielversprechendste Lösungsentwurf
			– Empfindlichkeit für Lösungen	– Spaß an die Entdeckung einer Lösung (generativ)	– Schutz vor übertriebener Kritik (entgrenzend)	
			– Selbstvertrauen (innovativ)			

(Fortsetzung)

■ Tab. 4.3 (Fortsetzung)

P Phase	Prozess (Konvergent-divergent)	Persönliche Motivation (Extrinsisch-intrinsisch)	Persönliche Merkmale (Anpasserisch-innovativ)	Persönliche Gefühls-Gemütslage (Generativ-konservierend)	Umfelddruck (Eingrenzend-entgrenzend)	Produkt
Verifikation	– Feststellung der Zweckdienlichkeit und Wirksamkeit des besten Lösungsentwurfs (konvergent)	– Drang zur kognitiven Geschlossenheit (intrinsisch)	– Selbstkritische Einstellung – Sachlichkeit – Beharrlichkeit (anpasserisch)	– Optimismus (generativ)	– Realistisches, konstruktives Feedback (eingrenzend)	Ein bestätigter Lösungsentwurf
Kommunikation	– Der ausgewählte Entwurf wird Sachverständigen vorgelegt (konvergent)	– Suche nach Anerkennung – Hoffnung auf Belohnung (extrinsisch)	– Mut – Vertrauen in die Lösung (anpasserisch)	– Freude auf eventuelle Bestätigung – das Gefühl, recht zu haben (konservierend)	– Unterstützung der Lösung – Schutz vor übertriebener Kritik (entgrenzend)	Vertrautheit Sachverständiger mit der Lösung
Validation	– Sachverständige werten das Produkt aus (konvergent)	– Bereitschaft, das Urteil anderer zu akzeptieren (extrinsisch)	– Unbeirrbarkeit – Die Fähigkeit, nach einer Enttäuschung zurückzuprallen (anpasserisch)	– Das Gefühl, es noch besser machen zu können – Mut nach einem Misserfolg (generativ)	– Bereitstellung von objektivem und differenziertem Feedback – Bereitschaft, es erneut zu versuchen (eingrenzend)	Ein neuartiges Produkt, das Sachverständige als zweckdienlich und wirkungsvoll preisen

Entscheidend jedoch ist, dass die konkurrierenden Pole nicht im selben Moment des gesamten Prozesses aktiv sein müssen, sondern entsprechend den Anforderungen *der jeweiligen Phase* des Prozesses. Früh in der modernen Forschung hat Hudson (1968) gezeigt, dass Menschen mit einer ausgeprägten Vorliebe für konvergentes Denken in einigen Situationen dennoch ein hohes Maß an Kreativität aufweisen. Facaoaru (1985) zeigte, dass von Kollegen als kreativ eingestufte Ingenieure Eigenschaften aus beiden Polen der Paradoxien aufwiesen. Wie Csikszentmihalyi (1996, S. 47) es ausdrückte, verbinden kreative Menschen „Tendenzen des Denkens und Handelns, die bei den meisten Menschen getrennt gehalten werden". In Ländern, in denen Cricket gespielt wird, werden solche Leute in der Alltagssprache als „Allrounder" [etwa „Alleskönner"] bezeichnet.

Eine wichtige Folge der Paradoxien ist, dass die Erzeugung relevanter und effektiver Neuheit komplexer ist als man sich vielleicht vorgestellt hat. Sie entsteht weder aus einem einzigen Geistesblitz, noch aus einem glücklichen Zufall, noch aus einer sorgfältiger Planung der Umsetzung divergierender Ideen, sondern aus der erfolgreichen Behandlung einer großen Anzahl von „Knotenpunkten" [engl.: nodes].[5] Jede Zelle in ◻ Tab. 4.3 stellt einen Knotenpunkt dar: z. B. Prozess in der Phase der Aktivierung (Knotenpunkt = Prozess-Aktivierung) oder persönliche Merkmale in der Phase der Generierung (Knotenpunkt = Persönliche Merkmale-Generierung) und so weiter. Um bei der Generierung zweckdienlicher und wirkungsvoller Neuheit erfolgreich zu sein, muss sich der kreative Mensch einen Weg durch ein Dickicht scheinbar gegensätzlicher Anforderungen der Knotenpunkte schlagen. Einige davon machen es notwendig, Druck aus dem Umfeld zu ignorieren, zu trotzen oder zu überlisten, und dies kann zu Schwierigkeiten für den kreativen Menschen führen.

4.5 Phasen der kriminellen Kreativität

Für die kriminelle Kreativität ist die Durchführung der oben dargestellten „Endphasen" des Kreativitäts-Prozesses („Kommunikation" und „Validation") absolut unentbehrlich. Es gäbe sonst gar keine Kriminalität, weil formal gesehen über gesetzwidriges Verhalten nur nachzudenken keine Gesetzwidrigkeit darstellt. Im Rahmen von Kriminalität haben allerdings die beiden letzten Phasen eine ganz andere Qualität als in Bezug auf positiv eingeschätzte Produkte wie etwa Kunstwerke, medizinische Durchbrüche oder wissenschaftliche Entdeckungen. Yue, Bender und Cheung (2011, S. 26) haben das Wesentliche ausgedrückt: Sie unterschieden zwischen „schöngeistiger" und „ertragsorientierter" Nützlichkeit bei kreativen Produkten. Im Falle schöngeistiger Kreativität ist entscheidend, ob ein Produkt bei Betrachtern „wirkt". Diese Wirkung könnte etwa ein Gefühl der Schönheit, vertieftes Verständnis des menschlichen Daseins oder ein neues Verhältnis zur natürlichen Umwelt umfassen.

Kriminelle interessieren sich aber nicht für die Wirkung von Neuheit im eben beschriebenen Sinne (Schönheit usw.). Für sie ist die Hauptfrage, ob das Produkt „nützt", d. h. Ertrag liefert. Bezogen auf Kriminalität umfasst „Kommunikation" die Anwendung der Neuheit im Umfeld – also das Begehen eines Verbrechens – in der Hoffnung, dass es

---

5   Der Begriff „Knotenpunkt" wird in ▶ Kap. 9 eingehender besprochen.

„nützt". Aus dem Grund sprechen wir in diesem Buch eher von der „Umsetzung" von in früheren Phasen konzipierten und geplanten kriminellen Handlungen. Auch der Terminus „Validation" dürfte im speziellen Kontext der Kriminalität merkwürdig erscheinen, weil es die soziale Genehmigung zu implizieren scheint. Aber Validation bedeutet nicht, dass ein Produkt im absoluten Sinne positiv eingeschätzt wird, sondern dass es sich *im eigenen Milieu* bewährt. Im Falle von Kriminalität dürften die meisten Menschen mit den Zielen der Kreativität überhaupt nicht einverstanden sein, aber im kriminellen Milieu dürften die Fachkollegen (andere Kriminelle) das Produkt bewundernswert finden und zwar, weil es zu Beute führt. Folglich, wenn es sich um die Kreativität im Allgemeinen handelt (s. z. B. ◘ Tab. 10.1), verwenden wir weiterhin den Terminus „Validation". Mit Bezug auf Kriminalität dahingegen sprechen wir nicht von „Validation" sondern von „Ausbeutung" (s. auch ◘ Tab. 4.2).

Aus diesen Überlegungen ergibt sich ein erweiterter Rahmen für die kreative Kriminalität, der folgende sieben Phasen umfasst: Vorbereitung, Aktivierung, Generierung, Erleuchtung, Verifikation, Umsetzung und Ausbeutung. Dieses erweiterte Phasenmodell ist in ◘ Abb. 4.1 dargestellt. Im Rahmen der vorliegenden Diskussion liegt der Hauptunterschied zwischen dieser Phasenstruktur und dem gemeinhin zitierten vierphasigen Wallas-Ansatz darin, dass das hier dargestellte erweiterte Modell auch die Erfordernisse der praktischen Anwendung berücksichtigt. Im Gegensatz dazu befasst

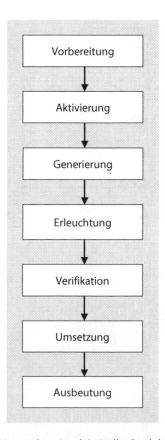

◘ **Abb. 4.1**   Die Phasen der Generierung kreativer krimineller Produkte

sich das Wallas-Modell mit der „bloßen" Erzeugung von Neuheit. Letztere dürfte für Wallas ausreichen, für Kriminalität jedoch ist die praktische Umsetzung – wie schon besprochen – unentbehrlich.

Der Ausschuss für Wissenschaft und Technologie zur Bekämpfung des Terrorismus (CSTCT) und Wilks und Zimbelman (2004) forderten die Verabschiedung neuer Verfahren zur Bekämpfung der Kriminalität (siehe ► Kap. 1). Sich zwischen wechselnden psycho-verhaltensbedingten Schwankungen zu bewegen oder Denkstile zu kombinieren, kann erforderlich sein, damit die Gesetzeshüter kreativer bei der Identifizierung von Bedrohungen und der Entwicklung von Reaktionen werden. Dies kann jedoch besonders für Gesetzeshüter schwierig sein, weil sie aufgrund einer Reihe von Faktoren, die in ► Kap. 10 erörtert werden (etwa Vorliebe für die Wiederholung bekannter Verfahren, mangelnde Bereitschaft, Risiken einzugehen, mangelnde Flexibilität), oder Merkmale des Umfelds der Strafverfolgung (Hervorhebung von Fehlervermeidung, Schutz der Rechte von Kriminellen, Achtung der Privatsphäre) wenig Neuheit generieren können bzw. dürfen. Die Kreativitätstheorie legt trotzdem nahe, dass etwa die Anerkennung der Existenz von Oszillation und das Verständnis dessen, was sie beinhaltet, sowie Training, wie man Neuheit generiert dabei aber innerhalb der sozialen Grenzen bleibt, ein Bestandteil der Polizeiausbildung sein sollten.

Die allgemeine Begeisterung für Kreativität

© Springer Fachmedien Wiesbaden GmbH, ein Teil von Springer Nature 2019
D. Cropley, A. Cropley, *Die Schattenseite der Kreativität*,
https://doi.org/10.1007/978-3-658-22795-1_5

Seit der Antike wird davon ausgegangen, dass Kreativität immer gut sei. Dies ergibt sich aus dem Glauben, dass sie ein Geschenk höherer Mächte und folglich intrinsisch gut sei und immer zu Schönheit und zum Ausdruck der Quintessenz des wahrlich Menschlichen führe. Wir sprechen von einem „Kreativitäts-Rausch". In jüngerer Zeit ist jedoch von „bodenständiger Kreativität" die Rede. Ohne Zweifel bringt Kreativität Vorteile für sowohl Individuen als auch die Gesellschaft. Aber aus der allgemeinen Bewunderung für sie ergeben sich mangelnde Bereitschaft ihre negative Seite zu erkennen, eine heimliche Tendenz einfallsreiche Verbrechen fast zu bewundern und eine Abneigung gegen den Einsatz von Kreativität bei Präventivmaßnahmen gegen Kriminalität. Diese sind für die kreative Bekämpfung von Kreativität hinderlich.

Philosophen und Wissenschaftler beschäftigen sich seit über zweitausend Jahren mit dem, was heute „Kreativität" genannt wird (s. Langsdorf 1900; Tsanoff 1949; Wittkower und Wittkower 1963; Tatarkiewicz 2011, S. 245–265). Aus der Antike stammende Annäherungen an das Thema üben noch immer starken Einfluss auf das moderne Denken aus. Ein Kerngedanke der aus der Antike übertragenen Vorstellung von Kreativität ist, dass sie ein Geschenk höherer Kräfte sei und folglich eine gute Sache sein muss. Diese Annahme erschwert die Auseinandersetzung mit der dunklen Seite von Kreativität, und folglich versuchen wir in diesem Kapitel, ein differenzierteres, vielschichtigeres Image der Kreativität zu entwickeln.

5.1 Die geschichtliche Entstehung der Bewunderung von Kreativität

Wie es Tsanoff (1949, S. 2) ausdrückte, wird seit Jahrtausenden davon ausgegangen, dass die Kreativität etwas Göttliches an sich hat. Künstler, die sich mit übernatürlichen Wesen und Kräften, imaginären Geschöpfen und Ereignissen, außerordentlicher Schönheit oder abstoßender Hässlichkeit, extremer Tugend und Bosheit, unwiderstehlicher Liebe und überwältigendem Hass, mächtigen Triumphen und Katastrophen oder erhabener Treue bzw. dem gemeinsten Verrat beschäftigen, müssen übermenschlich inspiriert sein. Denn solche Vorstellungen sprengen die Grenzen der uninspirierten menschlichen Vorstellungskraft. Ferner wird davon ausgegangen, dass kreative Menschen ihre kreative Arbeit zwangsläufig dann leisten, wenn die übermenschlichen Kräfte auf sie einwirken, selbst wenn dies bedeutet, dass ihr Verhalten manchmal – oder sogar häufig – seltsam erscheint. Platon schrieb von einer „göttlichen Ekstase" (Wittkower und Wittkower 1969, S. 98) und Aristoteles bezog sich auf den „Schuss Wahnsinn" (Langsdorf 1900, S. 90), der kreative Menschen treibt. Das Stereotyp von kreativen Menschen war also – und bleibt immer noch –, dass sie sich seltsam benehmen, weil sie sich im Griff einer göttlichen Macht befinden und dagegen keinen Widerstand leisten können.

Anscheinend haben sich die in der Antike als kreativ anerkannten Menschen gegen dieses Klischee nicht gewehrt, und der Grund liegt auf der Hand: Der Hauch des Übermenschlichen brachte schöne Privilegien. Die Auserwählten genossen das, was Deresiewicz (2015) eine „heilige Aura" nannte, die für ihre soziale Stellung und ihren körperlichen Komfort wichtige positive Folgen hatte. Jahrhunderte nach Aristoteles und Platon berichtete der römische Dichter Horaz (ca. 19 BCE [1888], Zeilen 9–10), dass Dichter im antiken Rom eine besondere Lizenz hatten, zu handeln *wie immer sie wollten*. Wittkower und Wittkower (1963, S. xxiv) fassten die moderne Lage hinsichtlich Horazs

Anmerkung wie folgt zusammen: Auch heute gibt es einen „fast einhelligen Glauben", dass kreative Menschen zwar nicht im Griff eines Wahns, aber unter anderem „egozentrisch", „emotional unbeständig", „rebellisch" und „ausschweifend" sind. Wenn diese persönlichen Merkmale zu sozialer Bewunderung und finanzieller Unterstützung vonseiten Sponsoren, Mäzenen, Sammlern und Bewunderern führen, ist eine solche psychische Konstellation für die Nutznießer eigentlich ziemlich attraktiv.

Die Vorstellung des erhabenen Ursprungs kreativer Handlungen setzte sich in der Renaissance fort. Die Kreativität wurde weiterhin als aus besonderen Quellen speisend angesehen, die gewöhnlichen Menschen nicht zur Verfügung stehen. In Übereinstimmung mit dem Renaissance-Menschenbild, das der Mensch als selbstbestimmendes Wesen betrachtete, wurde das besondere „Genie" des individuellen Schöpfers als der Ausgangspunkt der Kreativität angesehen (d. h. die Kreativität kommt aus dem Individuum hervor und wird nicht von außen auferlegt). Nach Kant (1998 [1781]) ist der geniale Mensch ein „Liebling der Natur" (S. 204) mit einer *„angeborenen* geistigen Veranlagung" (S. 188). Diese Ansicht umfasste zwei wichtige Schlussfolgerungen. Erstens liegt der Ursprung der Kreativität innerhalb des Individuums und zweitens ergibt sich die Kreativität aus einer psychologischen (geistigen) Disposition. Kant sah Kreativität jedoch immer noch als auf eine kleine Gruppe von Lieblingen der Natur beschränkt.

Die Vorstellung, eine Hotline zu den Musen zu haben oder ein Liebling der Natur zu sein, bietet eine aufregende und romantische Erklärung der Kreativität, die zweifelsohne persönlich befriedigend und schmeichelhaft für als kreativ eingestufte Menschen ist. Diese Ansicht war für die Romantiker unwiderstehlich attraktiv, besonders wenn sie mit dem Bild des mittellosen Dichters, Künstlers, Musikers oder Schriftstellers in Verbindung gebracht wurde, der in einer eiskalten Mansarde um der Kreativität willen hungert (s. Giacomo Puccini). In der Tat wurde die Vorstellung des übernatürlich inspirierten wahren Künstlers, der frei von weltlichen Ambitionen ist und alles für die Kunst gibt, zu einem Kernelement der öffentlichen Persona kreativer Individuen.

Die Fallstudie von Henri de Toulouse-Lautrec (1864–1901) ist ein gutes Beispiel für die romantische Hervorhebung des Images des alles opfernden Künstlers. Zu seiner Zeit war er in Paris als erfolgreicher Drucker bekannt. Er erfand eine Postertechnik, die bis heute angewandt wird (Siebdruck-Lithografie). Sein einsames Leben und früher Tod im Alter von nur 36 Jahren von einer Kombination aus Alkoholvergiftung und Syphilis nach jahrelanger sozialer Isolation aufgrund seiner Körperbehinderung ist jedoch unwiderstehlich romantisch, und was heute in Erinnerung bleibt ist sein ausschweifender, „künstlerischer" Lebensstil, nicht seine finanziell erfolgreiche Handwerkskunst als Drucker. Eigentlich wurde seine schöngeistige Kunst erst nach seinem Tod bekannt, als seine Mutter sein Werk systematisch lancierte (Cooper 1988).

Dieses Bild der „übermenschlichen" Kreativität hat bis in die Moderne überdauert (Wittkower und Wittkower 1963). Zum Beispiel vor weniger als 100 Jahren berichteten Platt und Baker (1931), dass 83 % einer Gruppe von Menschen, die öffentlich als hoch kreativ gefeiert wurden, ihre Kreativität der plötzlichen Inspiration zuschrieben. In einer Diskussion, die mehr als 50 Jahre später stattfand, berichtete Winner (1985, S. 36–39) ebenfalls von einer starken Unterstützung der Vorstellung der plötzlichen Inspiration, insbesondere in introspektiven Studien, in denen berühmte Schöpfer beschrieben, wie ihre eigenen Produkte entstanden. Beispielsweise berichtete Richard Wagner, dass die Ouvertüre zum Rheingold im Traum zu ihm kam. Die Pulitzerpreisträgerin Amy Lowell war überrascht, als das Gedicht „The Bronze Horses" plötzlich in ihrem Kopf anwesend war. Aber andere berühmte Persönlichkeiten wie etwa Thomas Edison, Louis Pasteur, Benjamin Disraeli, Jean Cocteau und Edgar Alan Poe lehnten plötzliche Einleuchtung als Kreativitätsquelle ab. Poe ließ keinen Zweifel daran, dass sich seine schriftstellerische Leistungen aus hartem Schuften ergaben.

5.1.1 Das Aufkommen der „bodenständigen Kreativität"

Obwohl das Vorkommnis heutzutage so oft erwähnt wird, dass darauf Bezug zu nehmen zu einer Binsenweisheit geworden ist, war der sogenannte Sputnik-Schock im Oktober 1957 vielleicht der entscheidende Meilenstein entlang des Pfades von im Himmel gestifteter Kreativität zur erdgebundenen, bodenständigen Kreativität. Der erfolgreiche Start des ersten künstlichen Erdsatelliten „Sputnik I" brachte der damaligen Sowjetunion den ersten Sieg des Kalten Krieges. Diese „Niederlage" wurde im Westen als Beweis für die Überlegenheit der sowjetischen Ingenieure und die Notwendigkeit einer massiven Nachholaktion interpretiert. Aber was musste getan werden, um aufzuholen? Dank Guilford (1950) konnte die westliche Psychologie eine Antwort liefern: die Ingenieure im Westen wussten zwar viel, das Problem jedoch war ihr Mangel an *Kreativität*. Ihre Begabung war einseitig auf Faktenerwerb und schnelle akkurate Verarbeitung des schon Bekannten gerichtet, wogegen die sowjetischen Ingenieure über das Altbekannte hinausgegangen waren und auf neuartige Lösungen gekommen waren. Zum ersten Mal wurde Kreativität als Quelle potenzieller Lösungen für technologische Probleme und als geeignetes Mittel zur Aufrechterhaltung nicht nur des geistigen, sondern auch des materiellen Wohls der Nation gepriesen. Das neue Motto hieß: „Der kreativste wird Sieger sein!".

Andere moderne Forscher haben die Idee von praktisch nützlicher Kreativität stark unterstützt. D. H. Cropley und Cropley (2018, S. 23) verwiesen auf das „Nützlichkeitsgebot" unter Berufung auf Burghardt (1995, S. 4), der sich auf „Kreativität mit Sinn" bezog, und Horenstein (2002, S. 2), der betonte, dass Kreativität konkrete Probleme lösen sollte. Cropley und Cropley zitierten Levitts (2002, S. 137) Diktum: Die bloße Erzeugung von Neuheit ohne Nutzen reicht nicht aus. Sie zitierten auch Silvia (2008, S. 139), die die Vorstellung von Kreativität ohne Nutzen verspottete und argumentierte, dass es überraschende Einfälle gibt, die so albern sind, dass sie „das Tageslicht niemals erblicken sollten", egal wie viel Neuheit sie generieren. Er gab das amüsante Beispiel von künstlichen Hoden für kastrierte Hunde. A. J. Cropley (2017) brachte das, was gebraucht wird, ziemlich volkstümlich auf den Nenner: „bodenständige Kreativität" [engl.: down-to-earth creativity]. Ein Modell der bodenständigen Kreativität müsste sich vom Fokus auf übermenschliche Inspiration zu einer Auseinandersetzung mit Aspekten des Alltags (einschließlich Kriminalität) hin bewegen. Eine so erweiterte Annäherung müsste bereit sein, die Kreativität mit allen Makeln ungeschminkt unter die Lupe zu nehmen.

5.2 Die einseitige Betonung der hellen Seite von Kreativität

So einfach ist die Sache allerdings nicht. Die Hervorhebung der bodenständigen Kreativität ist nicht vor Dissonanz geschont geblieben. Rothmans (2014) Ablehnung von Produkten überhaupt wurde schon erwähnt (s. S. 62). Harris (2014, S. 17) warnte vor der Gefahr des „Kommodifizierens" von Kreativität und angesichts des Aufstiegs

„popularisierter und kommerzialisierter Vorstellungen" der Kreativität machte sich Rocavert (2016, S. 229) um „Talent" im echten Sinne Sorgen. A. J. Cropley (2016) gab als Beispiel die Fernseh-Sendungen, die in jüngerer Zeit in vielen Ländern auftauchen: „Australien hat Talent", „Egypten hat Talent", „Österreich hat Talent", „Deutschland hat Talent" und im Falle von Frankreich „La France a un talent *incroyable*". In der Tat scheint Kreativität allgegenwärtig zu sein und nur darauf zu warten, verpackt und vermarktet zu werden. A. J. Cropley und Cropley (2009, S. 15) schrieben geringschätzend von „Fast-Food-Kreativität".

Kampylis und Valtanen (2010) überprüften sowohl 42 moderne Definitionen von Kreativität als auch nicht weniger als 120 Ausdrücke, die im Volksmund typischerweise mit Kreativität assoziiert werden (Kollokationen; engl.: collocations). Sie gelangten zu dem Schluss, dass diese die Kreativität fast ausnahmslos als gut betrachten. Wie der Nobelpreisträger Herbert Simon (1990, S. 11) es formulierte: „Kreativität besteht aus Denken; Denken, das wir *schlicht und einfach großartig* finden". Im Rahmen dieses Buches wirft diese allgemeine positive Einschätzung der Kreativität jedoch Probleme auf. Weil zum Beispiel einige Verbrechen eine kreative Komponente haben, kann die Öffentlichkeit über sie ambivalent urteilen und folglich nicht bereit sein, Gegenmaßnahmen konsequent zu unterstützen.

5.2.1 Kreativität ist *per definitionem* gut

Einige Autoren haben aus rein semantischer Sicht argumentiert, dass sich der Begriff „Kreativität" lediglich auf Dinge beziehe, die gut sind. Handlungen, Prozesse, Motive, Gefühle oder Produkte müssen eine wohlwollende Komponente haben oder der Terminus „kreativ" kann einfach nicht auf sie angewendet werden, genau wie der Terminus „Apfel" nicht auf eine Apfelsine angewendet werden kann, außer auf poetische, metaphorische, ironische oder einfach irrtümliche Weise. Ohne positive Absicht umfasse die Generierung von sogar zweckdienlicher und wirkungsvoller Neuheit nicht Kreativität, sondern nur die Erzeugung von Variabilität. Folglich handele es sich in diesem Fall nur um Pseudokreativität im Sinne von ▶ Kap. 3. Sogar unter Forschern, die eine weniger erhabene Ansicht vertreten, werden die Begriffe „Kreativität" oder „kreativ" häufig automatisch mit dem Guten assoziiert und als allgemeine Lobwörter benutzt. Laut Csikszentmihalyi (z. B. 1999) verwenden Experten in einem Fachbereich den Begriff, um Produkte zu loben, die sie als außerordentlich gut und würdig für die Aufnahme in die Kanons des Fachbereichs betrachten. Wie McIntyre (2006, S. 202) es ausdrückte, stellt ein kreatives Produkt „eine *wertvolle Ergänzung* zum Speicher des menschlichen Wissens dar". Henning (2005) zufolge basiert die Kreativität auf „Integrität, Aufrichtigkeit und Vertrauenswürdigkeit" und zielt darauf ab, „Schönheit", „Selbstachtung", „Liebe", „Frieden" und „Bildung" zu fördern.

Kreativität wird manchmal als so gut angesehen, dass sie sogar andere Unzulänglichkeiten ausgleichen kann, etwa nach dem Prinzip: „Es sieht schrecklich aus oder es klingt furchtbar, ist aber sehr kreativ und muss deswegen gelobt werden!". Ein wichtiges benachbartes Thema in diesem Kapitel ist die mögliche Verwechslung von „Kreativität" mit der bloßen Teilnahme an Aktivitäten, die automatisch als „kreativ" betrachtet werden – etwa Geschichten schreiben oder Farbe auf Leinwand schmieren. Die Annahme ist, dass alle künstlerische Aktivität kreativ sei. Folglich ist das Aktivwerden in einem künstlerischen Feld auch „kreativ", sogar wenn das Ergebnis routinemäßig, irrelevant, unwirksam oder unelegant ist. Aber das Verfassen stereotyper Geschichten oder das bloße Schlagen der Tasten eines Klaviers beinhalten keine Kreativität, trotz der Tatsache, dass die Schriftstellerei und das Komponieren von Musik als kreative Tätigkeitsfelder gelten. Entscheidend sind die Produkte, die sich aus der Aktivität ergeben.

5.2.2 „Kreativität" ist mit „Schönheit" gleichbedeutend

Kreativität wird oft auch als ein Synonym für Schönheit angesehen. Im Laufe der Jahrhunderte haben Maler, Bildhauer, Dichter, Musiker, Schriftsteller und Schauspieler sowie Kritiker und Gelehrte Kreativität häufig aus ästhetischer Sicht diskutiert, vor allem mit Bezug auf die Kunst. Die Wahrnehmungstheorie besagt, dass ästhetische Urteile direkt von vom Gehirn aufgenommenen Sinnesreizen bestimmt werden. Einem reinen Wahrnehmungsmodell zufolge ist also etwa ein Geräusch, das die Ohren eines Hörers verletzt, unschön, weil es eine intrinsisch unangenehme Empfindung im Gehirn des Hörers hervorruft. James Mill (1829) erweiterte diesen Standpunkt, indem er argumentierte, dass es nicht notwendigerweise die direkten physiologischen Auswirkungen des wahrgenommenen Reizes auf den Sinnesapparat sind, die darüber entscheiden, ob er schön ist. Vielmehr sind es die mentalen Assoziationen, die der Sinnesreiz im Gehirn des wahrnehmenden Menschen aktiviert. Die ästhetischen Eigenschaften eines Reizes werden jedoch immer noch als dem Reiz selbst innewohnend angesehen.

Die kontrastierende, kognitive Sichtweise besagt, dass sich ästhetische Urteile aus einer zuvor erlernten Ästhetik ergeben, die im Kopf des Betrachters gespeichert ist. Ein Objekt oder eine Erfahrung wird gemäß diesen Schemata klassifiziert und bewertet. Demzufolge entscheidet der Betrachter auf der Grundlage erlernter Kategorien von Vergnügen oder Missfallen, ob etwas schön ist oder nicht. Der kognitive Ansatz argumentiert beispielsweise, dass ein für viele Hörer unangenehmer Klang, wie etwa atonale Musik, von bestimmten Musikliebhabern als schön erachtet werden kann, weil solche Personen durch Erfahrungen in einer bestimmten Musikkultur gelernt haben, dass diese Klangabfolge schön ist. Im Gegensatz zum Wahrnehmungsmodell (s. oben) ist Kreativität nicht dem Sinnesreiz inhärent, sondern wird von sozialen Konventionen bestimmt.[1]

Die kognitiven Schemata, mittels derer ästhetische Urteile gefällt werden, ergeben sich aus den gespeicherten Ergebnissen der früheren Erfahrungen und der Ausbildung des Betrachters und sind somit abhängig von dem besonderen Erfahrungshintergrund des Individuums (d. h. sie sind subjektiv). Sie spiegeln auch das, was die jeweilige Gesellschaft dem Individuum durch formelle Ausbildung oder kulturelle Erfahrung beigebracht hat. Demzufolge ist die Beurteilung dessen, was ästhetisch ansprechend ist, sozial determiniert. Dies legt unter anderem nahe, dass sachkundige Beobachter Produkte anders beurteilen als unerfahrene Menschen. Die Experten sind geschult, Qualitäten eines Reizes zur Kenntnis zu nehmen, die ungeübten Beobachtern nicht wahrnehmbar sind oder die ihnen hässlich oder abstoßend erscheinen. Hennessey und Amabile (1999) und Kaufman und Baer (2012) bestätigten, dass Experten Kreativität anders beurteilen als Anfänger, obwohl D. H. Cropley und Cropley (2010a) und D. H. Cropley,

---

1   Die unterschiedlichen Einschätzungen der modernen Musik durch die Autoren dieses Buches (Vater und Sohn) bieten ein lehrreiches Beispiel.

Kaufman und Cropley (2011) darauf hinwiesen, dass die Unterschiede mittels geeigneter Bewertungsskalen reduziert werden können.

Die Gleichsetzung von Kreativität mit Schönheit erfolgt auch in nicht-künstlerischen Feldern. Zum Beispiel ist Zuo (1998) zu dem Schluss gekommen, dass *kreatives* Problemlösen durch die Anwendung „ästhetischer Sensibilität", um *schöne* Probleme und *schöne* Lösungen zu finden, gekennzeichnet ist. Anhand von Fallstudien über kreative Wissenschaftler wie Albert Einstein und Charles Darwin argumentierte Zuo, dass es ästhetische Überlegungen sind, die kreative Problemlöser zu einer Lösung führen. Ein Lösungsentwurf ist so schön, dass die ästhetische Sensibilität der entsprechenden Problemlöser ihnen sagt, dass dieser Entwurf die richtige Lösung beinhalten muss. Kay (1996) schlussfolgerte, dass kreative Menschen in allen Feldern versuchen, sich von weniger schönen zu schöneren Weltbildern zu bewegen.

Es gibt auch Hinweise darauf, dass mit steigendem Alter der Betrachter der Grad der Übereinstimmung hinsichtlich ästhetischer Urteile zunimmt. Offenbar ist dies die Folge einer Bewegung hin zu vermehrtem Gebrauch von kognitiven Urteilen mit zunehmender kognitiver Reife (im Gegensatz zu direkter Reaktion auf den rohen Sinnesreiz, wie es bei Kleinkindern der Fall ist). Darüber hinaus gibt es mit zunehmendem Alter infolge vermehrter gemeinsamer Erfahrungen in einer ähnlichen Umgebung eine Homogenisierung kognitiver Schemata. Dieses Phänomen legt nahe, dass Menschen mit unterschiedlichen sozialen Hintergründen (einschließlich Kulturen) unterschiedliche (gelernte) Vorstellungen davon haben, was schön ist. Weil Schönheit und Kreativität als mehr oder weniger gleichbedeutend betrachtet werden, haben die Menschen auch unterschiedliche Vorstellungen darüber, ob ein bestimmtes Objekt oder ein bestimmter Handlungsablauf kreativ ist.

Die Tendenz, Dinge, welche als „kreativ" bezeichnet werden, als schön und Dinge, welche als „schön" bezeichnet werden, als kreativ zu betrachten und alles Kreative als gut einzuschätzen, wirft besondere Probleme im Bereich Kreativität und Verbrechen auf. Es ist schwierig für Menschen, dasselbe Objekt, dieselbe Aktion, denselben Prozess oder dieselben persönlichen Merkmale als gleichzeitig schön (kreativ) und hässlich (kriminell) zu definieren, weil das Festhalten an sich widersprechenden Urteilen „kognitive Dissonanz" [engl.: cognitive dissonance] verursacht (Festinger et al. 1956). Kognitive Dissonanz entsteht dann, wenn ein Mensch gleichzeitig über sich widersprechenden „Informationen" (Wahrnehmungen, Gedanken, Meinungen, Einstellungen, Wünsche oder Absichten) verfügt. Wenn die eine wahr ist, muss die andere zwangsläufig unwahr sein. Aber der betreffende Mensch hält beide für wahr. Diese Lage ruft einen unangenehmen Gefühlszustand hervor. Folglich ist der Mensch bestrebt, den Konflikt aus der Welt zu schaffen.

Ein einfacher Ausweg ist das Verständnis eines der Informationselemente so zu ändern, dass es nunmehr mit den anderen doch konsistent ist. Dies kann dazu führen, dass Menschen hinsichtlich einer Straftat, die ein hohes Maß an Neuheit beinhaltet, ambivalent sein können oder negative persönliche Eigenschaften, Motivhaltungen und Ähnliches (s. ▶ Kap. 3) tolerieren oder sogar bewundern, wenn sie „kreativ" sind. Die Aufrechterhaltung der beiden Erkenntnisse, „Diese Handlung ist kreativ (und deswegen gut)" und „Dieselbe Handlung ist kriminell (und deswegen schlecht)" wäre dissonant, wohingegen, „Ach die zweite Handlung ist nur halb so schlimm," ertragbar wäre. Das Ergebnis ist, dass eine Gesellschaft mit „kreativer" Kriminalität nachsichtig sein kann.

5

5.2.3 Kreativität verkörpert die Essenz des Menschseins

Früh in der modernen Kreativitäts-Ära haben einige Autoren Kreativität aus der metaphysischen Sicht betrachtet. Diese Denker definierten sie als eine Urkraft der Natur, die zu Wachstum und Wiederaufbau in allen organischen Systemen führt und somit automatisch gut ist. Henning (2005) nannte sie zum Beispiel „den dynamischen Prozess des Universums". Nach Maslow (1973) ist die menschliche Kreativität Teil einer natürlichen Tendenz zur Selbstverwirklichung. Nach May (1976) gibt sie den Menschen Mut, mit der Unsicherheit und Entfremdung in ihrem Leben konstruktiv umzugehen. Grayling (2003) zufolge machten Camus und Sartre vier Wege aus, wodurch Menschen ihrem Leben Sinn verleihen können, trotz der Tatsache, dass das menschliche Dasein von Natur aus bedeutungslos und absurd sei. Die Kreativität ist einer dieser Wege.

Toynbee (1962) beschrieb Kreativität als die grundlegende menschliche Ressource, durch die sozialer Fortschritt und Verbesserung des Lebens erreicht werden. Bruner (1962) sah sie als das letzte Bollwerk des wahrhaft Menschlichen in einer Welt, in der intelligente Maschinen im Begriff sind, alles Denken und Urteilsvermögen sich zu eigen zu machen, sogar in Bereichen wie etwa Design und Innovation. Die Bedeutung von Kreativität in dieser Hinsicht (Verhinderung einer Übernahme des menschlichen Lebens durch Technologie, insbesondere Informationstechnologie) wurde schon vor 40 Jahren von Rorty (1979, S. 351) anschaulich dargelegt. Er argumentierte, dass, sollte unsere Kreativität versiegen, die ganze menschliche Gesellschaft aufhören würde, sich zu entwickeln. Ein „allgegenwärtiger technokratischer Totalitarismus" würde dazu führen, dass alle Gesellschaften eintönig homogen würden.

5.2.4 Kreativität ist ein Geschenk der Götter

Einige Denker haben die Kreativität sogar auf das Niveau des Göttlichen angehoben. Nietzsche (1922) argumentierte, dass Kreativität die „Vergöttlichung des Menschlichen" beinhaltet, während Gammel (1946) sehr früh in der modernen Kreativitäts-Ära betonte, dass für viele Menschen in der Moderne Kreativität als die neue Art funktioniere, spirituellen Trost in einer unvollkommenen Welt zu finden. Für einige scheint sie eine „quasi-religiöse Funktion" zu haben (McLaren 1993, S. 139). Viele Autoren gehen davon aus, dass der Inhalt kreativer Einfälle göttlichen Ursprungs sei. Zum Beispiel wurden kreative Ideen durch Platon den Musen oder einem anderen „göttlichen Einfluss" zugeschrieben (McLaren 1993, S. 137). Laut McIntyre und McIntyre (2007, S. 15) glaubte Henry Miller, dass die Ideen für seine Werke direkt aus dem „himmlischen Aufnahmeraum" stammten, und Ray Bradbury berichtete, dass er „Geistesblitze" von oben bekommen habe, die er sofort schriftlich notieren musste. Cameron (z. B. 2002) behauptete, dass Kreativität von Gott komme und betonte die Wichtigkeit der „spirituellen Elektrizität".

Cameron (2002) und andere Autoren, die den göttlichen Ursprung der Kreativität betonen, scheinen die Position einzunehmen, dass keine Anstrengung, keine Phase etwa der Informationsgewinnung (Aktivierung) oder der Lösungsauswertung (Verifikation) für die Kreativität erforderlich sei, sondern ausschließlich Offenheit für Geschenke oder Geistesblitze von oben. In der Tat gibt es historische Anekdoten, die diese Position zu stützen scheinen. Als Henri Poincaré, der bereits erwähnte französische Mathematiker, 1881 in eine Kutsche für eine Besichtigungstour einsteigen wollte, dachte er überhaupt nicht an Mathematik (s. O'Conner und Robertson 2003). Plötzlich aber tauchten die Fuchs'schen Funktionen (heutzutage als „automorphe Funktionen" bekannt) unerwartet in seinem Kopf auf. Verfeinerungen der Gleichungen kamen später in einem zweiten Kreativitätsausbruch, während er einen entspannenden Spaziergang am Meer machte. Das Entscheidende schien zu sein, dass Poincaré entspannt und offen war.

A. J. Cropley und Cropley (2009) wiesen jedoch darauf hin, dass Poincaré jahrelang am Problem der Fuchs'schen Funktionen gearbeitet hatte und hunderte, wenn nicht tausende von Stunden investiert hatte, um darüber nachzudenken. Diese Autoren argumentierten vehement, dass „mühelose" Kreativität, die als Geschenk vom Himmel kommt, lediglich ein attraktiver Mythos sei. Dieser Punkt wird hier aber nicht weiter entwickelt, da der Zweck dieses Abschnitts nicht darin besteht, die Idee von Gott gegebener Kreativität zu analysieren, sondern nur auf diese Vorstellung der Quelle und Natur der Kreativität aufmerksam zu machen.

5.3 Sich aus der Kreativität ergebende Vorteile

5.3.1 Vorteile für die Einzelperson

Die Kreativität wird nicht nur als gut an sich betrachtet, sondern sie wird oft auch als gut für das Individuum gepriesen, zum Beispiel durch Förderung der psychischen Gesundheit oder der persönlichen Entfaltung. Der wahrgenommene Nutzen von Kreativität für das Individuum ist von zentraler Bedeutung für unsere Diskussion, denn es ist wahrscheinlich die Quelle der modernen Verbindung von Kreativität mit dem Guten, im Gegensatz zu früheren Ansichten, die sie etwa mit Täuschung (z. B. Platon) oder Wahnsinn (z. B. Lombroso) in Zusammenhang brachten.

Laut Maslow (1973) ist Kreativität ein wesentliches Element, um zu einem gesunden und voll funktionsfähigen Menschen zu werden. Er sah darin eine besondere Fähigkeit, die Welt auf eine „abgerundete" Art und Weise zu verstehen, die Unabhängigkeit, Selbstvertrauen, Offenheit für Erfahrung, Sinn für Humor und die Fähigkeit, mit Mehrdeutigkeit oder Komplexität umzugehen, fördert. Der Kern von Maslows Herangehensweise ist die Vorstellung, dass Menschen „Bedürfnisse" haben, die eine Hierarchie von der niedrigsten Ebene der physiologischen Bedürfnisse (Luft und Nahrung) bis zur höchsten Stufe (Selbstverwirklichung) bilden. Nach ihm sei das Streben nach Selbstverwirklichung der natürliche, eingebaute Zweck des Lebens, und die Kreativität der Prozess, wodurch sich der Mensch der Selbstverwirklichung nähert.

Rogers (1954) war noch direkter: Auch er sah den Sinn des Lebens in der Selbstverwirklichung und betrachtete das Wesen des menschlichen Daseins als darin liegend, alles so gut zu tun wie nur möglich: Rogers zufolge sei es unsere Natur als Lebewesen, unser Bestes zu geben. Deshalb versuchen Menschen durch Kreativität all die Dinge zu verbessern, die nicht perfekt sind. Nach May (1976) leben wir in einer Welt, die sich ständig verändert. Dies führt dazu, dass viele Menschen ein Gefühl der Entfremdung und Zwecklosigkeit erfahren, weil das, was sie wissen und die Art, wie sie handeln, bedeutungslos werden. May zufolge haben die Menschen zwei Möglichkeiten: entweder sich damit abzufinden oder sich psychisch zu entwickeln. Die zweite Alternative erfordert das Entdecken neuer Formen, Ideen, Muster, Symbole und dergleichen, also Kreativität. Letztendlich erfordert Kreativität den Mut, sich der allergrößten Veränderung zu widersetzen – dem Tod. Ein Weg dies zu erreichen ist, durch kreative Produkte weiterzuleben.

5.3.2 Vorteile für die Gesellschaft

Ganz abgesehen von ihrer angenommenen inhärenten, positiven Natur und dem oben skizzierten Nutzen für den Einzelnen wird Kreativität auch als gut für die Gesellschaft betrachtet. Sie soll eine Vielzahl nützlicher Ergebnisse liefern: nicht nur konkrete Produkte wie Kunstwerke, Maschinen, Prozesse, Ideensysteme und ähnliche Formen der wirkungsvollen Neuheit, sondern auch wünschenswerte soziale Zustände wie Frieden und Harmonie, Toleranz, Fairness. Ein gutes Beispiel für positive Auswirkungen sowohl auf der praktischen als auch auf der abstrakteren spirituellen Ebene ist im Wert der Produktion von Kunstwerken für indigene Australier zu sehen. Der Verkauf von Kunstwerken generiert ein Einkommen von deutlich mehr als einer Viertelmilliarde Euro pro Jahr. Aber darüber hinaus soll die Kreativität den Stolz der Mitglieder dieser Minderheitengruppe steigern, das Selbstwertgefühl stärken, die Erhaltung und Weitergabe der indigenen Kultur fördern und das intergenerationale Lernen [engl.: inter-generational learning] unter den Mitgliedern der Gruppe unterstützen.

Das Interesse für Kreativität als ein gesellschaftlich nützliches Phänomen lässt sich bis in die Antike zurückverfolgen. Vor etwa 2500 Jahren diskutierte Platon in seinem *Ion* den Beitrag kreativer Künstler zur Gesellschaft, wenn auch auf eine eher sarkastische Art und Weise. Zweieinhalb Jahrtausende später bemühte sich der chinesische Kaiser Han Wudi, der bis 87 BCE regierte, darum, kreative Denker zu finden und ihnen einen hohen Rang im öffentlichen Dienst zu geben. Er reformierte daher die Methode der Auswahl von hohen Beamten, um dies zu erreichen. Sowohl Francis Bacon (1909 [1627]) als auch René Descartes (1991 [1644]), zwei der Gründer der modernen Wissenschaft, sahen in der wissenschaftlichen Kreativität die Ausnutzung der Kräfte der Natur zur Verbesserung des menschlichen Daseins. Heutzutage würden wir an dieser Stelle den Ansatz des Humankapitals erkennen (s. Walberg und Stariha 1992). McWilliam und Dawson (2008, S. 235) lieferten eine Zusammenfassung der Diskussionen über den „Dollarwert des kreativen Kapitals".

In einer Rede von 2009 hat José Manuel Barroso, damals Präsident der Europäischen Kommission, Kreativität als für das kollektive und individuelle Wohlergehen und das langfristige und nachhaltige Wirtschaftswachstum wesentlich und als Antwort auf Finanz-, Wirtschafts- und Sozialkrisen unentbehrlich identifiziert. Wie Oral (2006) es formulierte, ist Kreativität „für die Gestaltung … zukünftiger Orientierungen und die Durchführung von Reformen in politischen, wirtschaftlichen und kulturellen Bereichen (S. 65)" entscheidend. Florida und Goodnight (2005, S. 124), die den Begriff „kreatives Kapital" entwickelten, drückten sich unmissverständlich aus: „Das wichtigste Kapital eines Unternehmens sind nicht Rohstoffe, Transportsysteme oder politischer Einfluss, sondern das kreative Kapital über das es verfügt – einfach gesagt, ein Arsenal kreativ Denkender, deren Einfälle in wertvolle Produkte und Dienstleistungen verwandelt werden können."

Also sind kreative Menschen für eine Gesellschaft gut, weil sie für die Wirtschaft gut sind. Theoretisch gesehen hätten zum Beispiel die Kapitalrenditen in reichen Ländern in der zweiten Hälfte des zwanzigsten Jahrhunderts niedriger ausfallen müssen als in der ersten Hälfte, weil der Kapitalstock schneller stieg als die Belegschaft. Tatsache ist jedoch, dass sie wesentlich höher waren. Der entscheidende Faktor, der das Gesetz der abnehmenden Erträge außer Kraft setzte und zu einer Explosion des menschlichen materiellen Wohlstands wesentlich beitrug, war die Erweiterung des Systems um neue Erkenntnisse und Technologien, die von der Kreativität ermöglicht wurde. Um die Jahrhundertwende machte die erfolgreiche Anwendung zweckdienlicher und wirkungsvoller

Neuheit in den Bereichen Fertigungstechnologie, Wirtschaft, Technik, Wissenschaft und dergleichen mehr als die Hälfte des Wirtschaftswachstums aus (*Economist Technology Quarterly* 2002, S. 13).

Eines der offensichtlichsten Felder, welches vertiefte Elaborierung kaum braucht, ist die Informations- und Kommunikationstechnologie. Andere aufkommende Technologien, insbesondere Biotechnologie und Nanotechnologie, sind weitere Beispiele für die guten Dinge, die Kreativität für die Gesellschaft mit sich bringt. Darüber hinaus wird davon ausgegangen, dass Kreativität dazu beitragen wird, soziale Probleme in den Griff zu bekommen: Beispiele sind Alterung der Bevölkerung, sich verändernde Familienstrukturen, soziale Ungleichheit, Anpassung von Arbeitsmigranten und Flüchtlingen, Terrorismus, Fairness in internationalen Beziehungen oder Globalisierung. Der Nutzen für die Gesellschaft von dieser Art von Kreativität wurde von Haseman und Jaaniste (2008) folgendermaßen zusammengefasst:

1. Schaffung und Förderung einer Atmosphäre der Innovation,
2. Aufbau von den Fertigkeiten, die zukünftige innovative Arbeitskräfte benötigen werden,
3. Schaffung neuer Erkenntnisse,
4. Förderung der unternehmerischen Tätigkeit.

5.3.3 Innovation

Der Mechanismus durch den Kreativität der Gesellschaft zugute kommt ist die Innovation. Bledow et al. (2009a, S. 305) definierten dies als die Entwicklung und bewusste Einführung neuartiger und wirksamer Ideen in die Praxis durch Einzelpersonen, Teams und Organisationen. Der Begriff „Wertinnovation" (z. B. Kim und Mauborgne 2004; Dillon et al. 2005) ist etwas expliziter: Er konzentriert sich auf Innovation als Prozess, durch den Organisationen neue und effektive Wege finden, ihren gegenwärtigen Kunden zu dienen und neue Märkte zu erschließen. Diese Terminologie macht deutlich, dass Innovation auf der Ebene von Organisationen nicht nur neue Denkweisen umfasst, sondern ein wertvolles Produkt erfordert. Allerdings bleibt „Produkt" nicht auf technologische Geräte oder gar greifbare Objekte beschränkt, sondern es deckt die volle Wertschöpfungskette ab, einschließlich Marketing, Marktforschung, Werbung, Vertrieb und Kundendienst. Auf der Makroebene (z. B. nationale Innovationspolitik) wird Innovation als für die erfolgreiche Bewältigung der Herausforderungen des technologischen Fortschritts, des sozialen Wandels und der Globalisierung des frühen 21. Jahrhunderts unverzichtbar angesehen. Auf der Meso-Ebene der einzelnen Organisation sei sie „der Schlüssel zur organisatorischen Wirksamkeit und zum Wettbewerbsvorteil (Davis 2009, S. 25)" und damit letztendlich zu kommerziellem Erfolg und der Schaffung von Wohlstand

5.3.4 Bildungswesen

Im Bildungsbereich gibt es umfangreiche Literatur über die Vorteile der Kreativität, die mindestens bis Torrance zurückreicht (z. B. 1965). Zum Beispiel wird angenommen, dass sie das Lernen erleichtert und positive Motivation und Einstellungen fördert, wodurch sowohl die akademische Leistung als auch die Unterrichtsdisziplin und -atmosphäre verbessert werden. Es gibt eine große Anzahl von Unterrichtsmethoden und -materialien, deren Ziel es ist, den Lehrenden zu helfen, Kreativität zu fördern, die zum Beispiel von A. J. Cropley (2001) überprüft wurden. In einer Übersicht über das australische Bildungswesen wies Ewing (2011) auf mögliche Vorteile kreativitätsfördernder Lehrmethoden für traditionelle schulische Leistungen hin: unter anderem bessere Noten und höhere Gesamt-Testergebnisse. Sie warnte jedoch davor, einen direkten Kausalzusammenhang zwischen Kreativität und höherer Leistung in der Schule anzunehmen. Winner und Hetland (2000) prüften zehn Meta-Analysen der Forschung zu diesem Thema und berichteten, dass sieben davon keine förderlichen Effekte zeigten. A. J. Cropley (2012) fasste jedoch Untersuchungen zusammen, die nahelegen, dass eine „kreative Pädagogik" (der Einsatz von an Kreativität orientierten Lehrmethoden) Vorteile mit sich bringt, die allgemeiner sind als nur akademische Leistungen: z. B. weniger Langeweile im Klassenzimmer, eine geringere Wahrscheinlichkeit vorzeitigen Schulabbruchs oder ein positiveres Selbstkonzept.

O'Brien und Donelan (2008) lieferten einen eingehenden Überblick über die personenbezogene Vorteile, die sich aus der Teilnahme an kreativen Aktivitäten in Schulen ergeben: verbessertes Selbstwertgefühl, kooperativer Arbeitsstil, verbesserte Planung und Zielsetzung, Entwicklung der Fähigkeit, konstruktive Kritik zu äußern und zu akzeptieren, und besserer Ausdruck von Emotionen. Diese Autoren diskutierten auch den Wert von Kreativität für die Förderung des persönlichen Wohlbefindens und der schulischen Leistungen von „entmachteten und entrechteten" Schülerinnen und Schülern. O'Brien (2011) kam zu dem Schluss, dass solche Kinder „in mehrfacher Hinsicht" profitieren, u. a. durch bessere Lebenskompetenzen wie Konfliktlösung, Stressmanagement oder Empathie. Auch English und Jones (2003) gaben Beispiele für das, was die Einbeziehung von Kreativität in das allgemeine Kurriculum neben einer direkten Steigerung der Kreativität mit sich bringt: Über direkt kreativitätsförderliche *kognitive* Prozesse wie Kombination von Informationen, laterales Denken, Problemdefinition und Ideengenerierung hinaus betonten sie *persönliche Merkmale* wie Einfallsreichtum, Risikobereitschaft und Offenheit für Neues.

5.4 Ambivalenz gegenüber Kreativität

Trotz der Aussagen in den oben stehenden Abschnitten dieses Kapitels, ist die allgemeine Bewunderung der Kreativität nicht unbegrenzt und bedingungslos und auch nicht auf die Dichotomie gut oder schlecht beschränkt. Auf der Grundlage eines äußerst dramatischen Beispiels (Erfindung, Konstruktion und Verwendung der Atombombe 1945) machte Hecht (2010, S. 73) auf die „komplexe kulturelle Bedeutung" selbst einer solch scheinbar erschreckenden Anwendung von Kreativität aufmerksam. Einerseits zitierte Hecht Boyer (1985, S. 13–14), der die „unaussprechlich zerrüttende Auswirkung der Bombe auf die Zivilisation" beschrieb, aber andererseits machte er auf die Bewunderung und Freude in Großteilen der US-amerikanischen Öffentlichkeit aufmerksam. Die Bombe wurde in weiten Teilen als Gottes Werk betrachtet, und viele sahen darin eine neue Ära, in der es keinen Krieg mehr geben würde. Andere bejubelten das Potenzial der Kernenergie, billigen Strom zu liefern, und freuten sich auf den sich daraus ergebenden Überfluss von Ressourcen und den darauf folgenden schnellen sozialen Fortschritt. Hecht nannte dies die „atomare Utopie" (S. 75). Laut Hecht gingen die Reaktionen auf die Bombe weit über die dichotome Bewertung „gut" oder

„schlecht" hinaus und umfassten „dynamische, verwirrende und paradoxe Bilder und Bedeutungen".

Zum Beispiel kann die Erzeugung von wirkungsvoller Neuheit, die in einer bestimmten Ära oder Gesellschaft als kreativ angesehen wird, in einem anderen Zeitalter als unkreativ betrachtet werden (oder umgekehrt). Brahms konnte sich den Posten des Direktors der Philharmonie in Hamburg nicht zu eigen machen, weil seine Musik anfangs als zu konservativ beurteilt wurde. Er musste nach Wien reisen, um dort Anerkennung zu finden. 1872 ließ er sich dort nieder, obwohl er Hamburg nie verzieh. Im georgischen England wurden Shakespeares Stücke als unanständig betrachtet und sie mussten überarbeitet werden, um sie anständig zu machen. 1818 veröffentlichte Dr. Thomas Bowdler den Familien-Shakespeare, aus dem er Ausdrücke entfernt hatte, die nicht angemessen in der Familie vorgelesen werden konnten (er „bowdlerisierte" [engl.: bowdlerised] Shakespeares Arbeiten, wie wir heutzutage sagen). Wenn die Gesellschaft die Neuheit begrüßt, wird sie als kreativ betrachtet, aber wenn die Gesellschaft das Verhalten missbilligt, ist der Mensch geisteskrank oder kriminell – trotz der Tatsache, dass es sich um dasselbe Verhalten handelt. Entscheidend ist nicht die Abweichung vom Üblichen selbst, sondern wie die Umwelt auf die Abweichung reagiert.

Insbesondere kann die genaue soziale Gruppe, in der die betreffende Person die Abweichung an den Tag legt, entscheidend sein. Zum Beispiel würde jemand, der in einer Umgebung aktiv ist, in der der ungezügelte Ausdruck von Impulsen und das Ignorieren von Konventionen als merkwürdig betrachtet werden (etwa ein Ingenieur), für dasselbe Verhalten anders behandelt werden als jemand in einer Umgebung, wo solche Verhaltensweisen bewundert werden (etwa Avantgarde-Theater oder moderner Tanz). Die zweite Person könnte das Glück haben, dass das Verhalten als nicht nur überraschend, sondern auch als zweckdienlich und damit kreativ gepriesen wird. Im Gegensatz dazu könnte unter Ingenieuren die Erzeugung von Neuheit durch Anwendung eines hohen technischen Könnens hoch geschätzt aber in den eben erwähnten Tanz- oder Theatergruppen als langweilig konventionell angesehen werden.

5.4.1 Ambivalenz in der Schule

Auch in der Schule kann es Ambivalenzen bezüglich Kreativität geben. Neben divergenten Prozessen wie den in ▶ Kap. 3 beschriebenen (unerwartete Gedankenkombinationen, ungewöhnliche Schlussfolgerungen, Generierung einer Vielzahl möglicher Reaktionen etc.) zeigen kreative Kinder persönliche Eigenschaften wie Kühnheit und Selbstvertrauen, motivationale Zustände wie Unzufriedenheit mit dem Überlieferten oder den Drang, Wissenslücken zu schließen und Widerstand gegen sozialen Druck. Diese Merkmale können für Lehrer schwierig werden, teilweise weil sie zu Verhaltensweisen führen können, die nur schwerlich von Fehlverhalten zu unterscheiden sind. In der Schule ist es manchmal nicht leicht, die Grenze zwischen Kreativität und Unordnung oder sogar vorsätzlichem Fehlverhalten zu finden.

Kreative Kinder versuchen, die Dinge tiefer oder aus einem anderen Blickwinkel zu verstehen und dies durch scheinbar merkwürdige Fragen, unerwartete Antworten auf die Fragen des Lehrers, scheinbar unsinnige Bemerkungen im Unterricht, Wahl exotischer Inhalte in Klassenübungen oder Auswahl seltsamer Themen in Hausaufgaben auszudrücken. Wenn solche Kinder vom Lehrer nicht daran gehindert werden, kann es für andere Schüler so aussehen, als würden Lehrer Fehlverhalten tolerieren. Dies kann die Kinder dazu ermutigen, sich ebenfalls schlecht zu benehmen. Kreativität stellt deshalb von Natur aus eine potenzielle Bedrohung für die Ordnung im Klassenzimmer dar. Wie A. J. Cropley (2009) gezeigt hat betrachten Lehrer kreative Kinder nicht selten als trotzig, chaotisch, störend oder sogar psychisch krank – vor allem in Ländern, in denen es auf gute Ordnung und Respekt für Autorität ankommt.

Ein Problem in dieser Hinsicht ist, dass kreative Kinder, obwohl sie viele höchst positive persönliche Merkmale wie etwa Autonomie, Ich-Stärke, Ambiguitätstoleranz oder Offenheit aufweisen, als Gruppe wesentlich introvertierter, weniger zufrieden und weniger kontrolliert sind als die Altersgenossen. Andere mit Kreativität assoziierte Eigenschaften sind mangelnde Berücksichtigung sozialer Normen und antisoziale Einstellungen. Um es kurz und einfach auszudrücken, können kreative Schüler manchmal als „eigenartig", trotzig, aggressiv, egozentrisch oder antisozial erscheinen. Dies macht sie potenziell beunruhigend oder sogar bedrohlich. Evariste Galois zum Beispiel war einer der kreativsten Mathematiker, der je gelebt hat. Sein erstaunliches mathematisches Talent war schon in der Schule sichtbar, aber es gab einen Nachteil: Er weigerte sich, andere Fächer außer Mathematik zu lernen! Seine Lehrer beschrieben ihn als einen Sonderling, „einzigartig", „zurückgezogen", sogar „bizarr". Trotz seiner absolut hervorragenden Mathematiknoten wurde er von der Schule verwiesen.

5.5 Probleme, die sich aus dem Kreativitäts-Rausch ergeben

Auf theoretischer Ebene haben eine Reihe von Forschern die inhärent antisoziale Natur der Kreativität diskutiert, sind aber immer wieder zu dem Schluss gekommen, dass auch die antisoziale Kreativität eine *gute* Sache sei. Moustakis (1977) charakterisierte Kreativität als einen Weg, das eigene Leben selbstbestimmt zu leben. Barron (1969) kam zu dem Schluss, dass Kreativität Widerstand gegen Sozialisation erfordert und Burkhardt (1985) argumentierte, dass das kreative Individuum gegen das pathologische Verlangen der Gesellschaft nach Gleichheit kämpfen muss. Obwohl sie über Hochbegabung schrieben, nannten Sternberg und Lubart (1995) diesen Kampf einleuchtend „der breiten Masse zu trotzen" [engl.: defying the crowd] und nannten die Tendenz kreativer Individuen, dem Druck der Gesellschaft zu widerstehen „das Konträrsein" [engl.: contrarianism] (S. 41).

Sogar Studien, die die zerstörerische Anwendung von Kreativität untersuchen, betrachten sie nicht selten als grundsätzlich wohlwollend. Brisman (2010) diskutierte explizit „kreatives Verbrechen", schätzte aber den Zweck solcher Verbrechen als gut ein: nämlich „repressive Strukturen" in der Gesellschaft zu untergraben (S. 215). Er wies darauf hin, dass Menschen, die das Gesetz für solche Zwecke brechen, sich nicht selten als Sozialreformer sehen, die Unrecht, Missbrauch und Gewalt z. B. von Behörden, der Polizei oder Großkonzernen aufdecken wollen. Wenn man also das Gesetz um einer guten Sache Willen „kreativ" bricht, kann man dies als etwas Gutes betrachten, trotz der Störung, des Chaos und der Schäden, die es verursacht.

Singer (2010) gab zwei einfache Beispiele für verbotene Kreativität bei inhaftierten Kriminellen, die uns fast zum nachsichtigen Lächeln verleiten, obwohl es dabei überhaupt keine sozial wohltätige Absicht gab. Sie beschrieb die geniale Art, wie eingesperrte Gefangene kleine (aber verbotene) Kochherde aus Materialien konstruieren, die im Gefängnis leicht verfügbar sind (in diesem Fall Toilettenpapier und Zahnpasta).

Die Öfen richten keinen großen Schaden an und tragen wesentlich zum Komfort des Gefängnislebens bei. Daher scheinen sie eher bewundernswert als abscheulich zu sein, obwohl sie verboten sind. Selbst bei Messern, die aus unerwarteten Materialien wie einer Zahnbürste hergestellt werden, erscheint die Erzeugung von Neuheit unter schwierigen Bedingungen irgendwie bewundernswert, trotz der Tatsache, dass die Messer überhaupt nicht für wohlwollende Zwecke hergestellt werden.

Der allgemeine Kreativitäts-Rausch führt zu folgenden Schlussfolgerungen, deren Wahrheit eigentlich fraglich ist:

1. Wohltuende Ergebnisse sind eine zwangsläufige Folge der Kreativität.
2. Wohlwollen ermöglicht oder erleichtert Kreativität.
3. Wohlwollen ist die Absicht der Kreativität.
4. Ein wohlwollendes Umfeld fördert die Kreativität.
5. Kreativität erzeugt eine wohlwollende Umgebung.

Diese Annahmen schränken die Art ein, wie Kreativität in einer Reihe von Bereichen betrachtet wird. Sie haben zum Beispiel die Art von Forschung beschränkt, die in diesem Bereich durchgeführt wurde. Ein wichtigerer Effekt aus der Perspektive der Kriminalität ist aber, dass die Bewunderung der Kreativität die Reaktion der Gesellschaft auf Kriminalität und Strafverfolgung beeinflussen kann.

5.5.1 Schwierigkeiten, gegen die Kriminalität Stellung zu beziehen

Die weit verbreitete Annahme, dass Kreativität immer gut ist, ist ein Beispiel für das psychologische Phänomen der „Bestätigungsfehler" (engl.: confirmation bias). Dies ist die Neigung, alle Erfahrungen als Bestätigung der eigenen Erwartungen zu interpretieren (z. B. Nickerson 1998). Menschen nehmen nur übereinstimmende Beweise zur Kenntnis und ignorieren widersprüchliche Informationen. Wie es Trivers (1985, S. 420) ausdrückte: „Es gibt eine Tendenz, dass Menschen nur das zur Kenntnis nehmen, was sie sehen wollen. Sie haben buchstäblich Schwierigkeiten, Dinge mit negativen Konnotationen wahrzunehmen, während sie mit zunehmender Leichtigkeit positive Dinge wahrnehmen." Scheinbar ist also, dass die Tendenz, die gute Seite sogar des Gesetzesbrechens zu sehen und die daraus resultierende Tendenz, sich auf seine „gute" Seite zu konzentrieren, ein Aspekt des allgemeineren menschlichen Merkmals von Optimismus ist.

Eine Studie von Cropley, Kaufman, White und Chiera (2014) mit fast 600 US-College-Studierenden im Alter zwischen 18 und 30 Jahren wirft ein deutliches Licht auf die Tendenz, Verbrechen weniger zu missbilligen, wenn sie kreative Aspekte haben. Diese Forscher untersuchten die wahrgenommene Kreativität verschiedener Handlungsoptionen in „Szenarien" (hypothetischen Situationen), in denen die Person im Szenario ein Problem lösen musste (z. B. Bargeldbeschaffung zu Zeiten der Geldknappheit). Die den Forschungsteilnehmern beschriebenen Handlungsalternativen umfassten zunehmend sozial missbilligte Verhaltensweisen, deren Kreativität bewertet werden sollte.

Im eben zitierten Szenario (Bargeldbeschaffung) reichten die Handlungen von Anbetteln von Freunden, Teilnahme an einem Glücksspiel in der Hoffnung auf einen großen Gewinn, Verpfändung persönlicher Gegenstände, Kreditaufnahme bei einer Bank, Annahme unautorisierter Arbeit, Einbruch in ein fremdes Haus, Veruntreuung von Geldern eines Verwandten bis hin zum Bankraub. Ein anderes Szenario umfasste Maßnahmen, um eine Ungerechtigkeit durch eine Behörde zu beheben. Zu den alternativen Vorgehensweisen zählten die Abgabe einer Petition, die Durchführung einer Demonstration vor einem Regierungsgebäude, die Herstellung und Verbreitung eines subversiven Videos, die Zerstörung eines Regierungsgebäudes oder das Auslösen einer Bombe unter verschiedenen Umständen (z. B. an einem verlassenen Ort zu verkehrsberuhigten Zeiten versus zu einer Zeit zu der die Wahrscheinlichkeit von unbeteiligten, zivilen Opfern hoch wäre). Die Aufgabe der Befragten bestand darin einzuschätzen, wie kreativ die verschiedenen Handlungsoptionen waren und wie „böse" sie waren.

Die Ergebnisse der Studie zeigten, dass die Befragten zwischen guten und schlechten Handlungsweisen unterscheiden und die Gutwillig- oder Böswilligkeit der Handlungsoptionen einigermaßen differenziert interpretierten konnten. Ein bestimmtes Vorgehen wurde nicht einfach als gänzlich gut oder völlig schlecht bewertet. So differenzierten die Befragten zwischen der einfachen Legalität bzw. Illegalität eines Vorgehens und dessen Ausmaß an Gewalt. Sie unterschieden auch zwischen moralisch oder rechtlich mehrdeutigen Handlungen und solchen, die eindeutig legal oder völlig illegal waren. Auch Kreativität wurde von den Befragten ziemlich differenziert eingeschätzt. Die als am kreativsten bewerteten Handlungsweisen waren meist moralisch oder rechtlich mehrdeutig. Handlungsweisen, die als völlig legal und moralisch bzw. als völlig unmoralisch und illegal eingestuft wurden, wurden als weniger kreativ bewertet. Dies ist ein Beispiel für die bekannte U-förmige Beziehung zwischen Variablen, die häufig in der psychologischen Forschung zu finden ist und von Martindale (1989) in Zusammenhang mit der Verbindung zwischen Kreativität und Wissen demonstriert wurde.

Ihre Ergebnisse führten die Autoren zu der Schlussfolgerung, dass es eine Schwelle der Böswilligkeit gibt. Unterhalb der Schwelle wird zunehmend normabweichendes Verhalten als zunehmend kreativ angesehen. Unterhalb der Bosheitsschwelle ist der Grad der Neuheit für die Einschätzung von Kreativität entscheidend. Überhalb der Bosheitsschwelle jedoch nimmt der wahrgenommene Grad von Kreativität mit zunehmender Abweichung von den Normen ab. Genug ist genug. Im Gegensatz zu der Lage unterhalb der Bosheitsschwelle ist überhalb der Schwelle nicht der Grad der Neuheit sondern der Grad der Böswilligkeit entscheidend. Die Autoren kamen zu dem Schluss, dass die Schwelle irgendwo im Bereich des „moralisch vertretbaren" Tötens (z. B. Töten als letztes Mittel der Selbstverteidigung oder zur Verhinderung von Massenmord) liegt. Handlungsstränge, die legal oder moralisch oder ethisch zweifelhaft (gegenüber eindeutig böse) sind, können als kreativ akzeptiert werden und der öffentlichen Kritik entgehen. Im Gegensatz dazu können Handlungen, die als unverkennbar illegal oder höchst destruktiv und/oder mörderisch wahrgenommen werden – Neuheit, Zweckdienlichkeit, Wirksamkeit, bestechende Qualität und Impulsgebung unbeschadet –, nicht kreativ sein.

Dies könnte die fast universelle Missachtung von Bernie Madoff erklären, trotz der wirkungsvollen Neuheit seiner Kriminalität. Der Kontrast zur fast an Bewunderung grenzenden Beurteilung des großen Zugräubers (engl.: great train robber) Ronnie Biggs fällt stark auf. Ein großer Unterschied liegt darin, dass Biggs (mit einer Ausnahme) „nur" einer Eisenbahn- und einer Versicherungsgesellschaft Schäden zufügte. Weil große Konzerne und Versicherungsgesellschaften keine bedingungslos positive Wertschätzung in der öffentlichen Meinung genießen, herrschte Unklarheit über die Böswilligkeit Biggs' Handelns. Darüber hinaus zeigte er eine schnelle Auffassungsgabe und die Fähigkeit, die Dinge in einem neuen Licht zu sehen. Er machte von einem unerwarteten Trick Gebrauch, um die Auslieferung aus Brasil zu vermeiden. Er heiratete eine Brasilianerin und hatte mit ihr ein Kind, sodass er nach brasilianischem Recht nicht ausgeliefert werden konnte – eine neuartige, wirkungsvolle und bestechende Lösung für sein Problem.

Eigentlich zeigte auch Madoff einige der von Biggs an den Tag gelegten psychologischen Merkmale, aber diese erregten keine öffentliche Bewunderung, vermutlich weil einige von Madoffs Opfer sozial angesehene Wohltätigkeitsorganisationen waren. Folglich hing die öffentliche Bewertung seines Verbrechens überwiegend von der Böswilligkeit seiner Aktionen ab. Im Falle von Biggs dagegen war sein Verbrechen moralisch zweideutig – kann Diebstahl von reichen Organisationen tatsächlich so schlimm sein? Die Folge war, dass die öffentliche Bewertung seiner Handlungen überwiegend von ihrer skurrilen, wirkungsvollen Neuheit beeinflusst wurde und zu widerwilliger Bewunderung und mangelnder Bereitschaft, das Verhalten zu verurteilen, führte. Somit wurde die weiche Stelle der Gesellschaft für Kriminalität offenbart.

Es liegt auf der Hand, dass Konformität mit den Zwängen des gesetzlichen Regelwerks das Potenzial für die Erzeugung wirkungsvoller Neuheit begrenzt. Aber obwohl völlige oder schwerwiegende Missachtung des Gesetzes die Möglichkeit eröffnet, große Mengen an wirkungsvoller Neuheit zu erzeugen, negiert sie die Tendenz zur Nachsichtigkeit. Die Frage, die sich nun stellt, ist, ob sich die öffentliche Ablehnung von über der Schwelle liegenden Handlungsalternativen aus kreativitätstechnischen Kriterien wie mangelnder Neuheit, Zweckdienlichkeit, Wirksamkeit, bestechende Qualität oder Impulsgebung ergibt oder aus einer generellen Intoleranz gegenüber dem Bruch von Normen. Die letztgenannte impliziert, dass Kreativität gefördert wird, wenn die sich aus Fragen von Recht, Ethik und Moral ergebenden Hemmnisse reduziert werden. Dies würde bedeuten, dass starke moralische bzw. ethische Codes der Feind von Kreativität seien. Wenn aber Kreativität immer eine gute Sache ist, würde dies bedeuten, dass sie der Freund von Moral und Ethik sei. In ▶ Kap. 6 werden wir eine weniger zwiespältige Verbindung zwischen Kreativität und Verbrechen herstellen.

Die dunkle Seite der Kreativität

© Springer Fachmedien Wiesbaden GmbH, ein Teil von Springer Nature 2019
D. Cropley, A. Cropley, *Die Schattenseite der Kreativität*,
https://doi.org/10.1007/978-3-658-22795-1_6

Kreativität bringt zwar Vorteile, aber auch Nachteile. Die Generierung wirkungsvoller Neuheit birgt Risiken, nicht nur für die Menschen, die die Neuheit generieren, sondern auch für andere Menschen und/oder die Gesellschaft im Allgemeinen. Obwohl hinsichtlich Vorteile und Nachteile die Rolle von *Produkten* am offensichtlichsten ist, sind diese allen Ps inhärent. Solche Überlegungen werfen die Frage auf, ob, wann und wie die Kreativität überhaupt moralisch sein kann. Der Unterschied zwischen „wohlwollender" und „böswilliger" Kreativität kann anhand von der „Vorteils-Balance" verdeutlicht werden: Wem kommt die Kreativität zugute und wen schadet sie? Wer erleidet wie viel Nachteil? Dieser Ansatz bietet eine neue Perspektive für Präventivmaßnahmen.

Trotz des im ▶ Kap. 5 geschilderten „Kreativitäts-Rausches", werden wir in diesem Kapitel argumentieren, dass die Kreativität eine Schattenseite hat und dass dies der Kreativität inhärent ist: In eine Art Meta-Paradoxon ist Kreativität zwar eine Kraft für das Gute, gleichzeitig aber eine Kraft für das Böse. James et al. (1999) wiesen darauf hin, dass die Bandbreite der Situationen, in denen sich die dunkle Seite der Kreativität manifestiert, groß ist. Leider ist die „Verzauberung" durch Kreativität so stark, dass die Menschen (einschließlich der Forscher) „die Tatsache, dass viele kreative Anstrengungen unternommen werden, um negative Ziele zu erreichen (S. 212)", ignorieren. Dies bedeutet, dass bis jetzt wenig über die „Auslöser, Prozesse, Ergebnisse (S. 212)" der dunklen Kreativität herausgearbeitet worden ist. Ansätze zu Themen wie etwa dem Erkennen der dunklen Seite, dem Vermeiden von Umständen, die ihr Wachstum fördern oder dem Verhindern ihrer Umsetzung in negative Handlungen sind nicht gut entwickelt.

Der Zweck dieses Kapitels besteht darin, das Bewusstsein für die dunkle Seite zu schärfen und die Entwicklung von Einsichten in die Formen und Prozesse negativer und insbesondere böswilliger Kreativität zu fördern, um eine Diskussion darüber anzustoßen, wie man in der Praxis damit umgehen kann. Obwohl es letztendlich das Produkt ist, das anderen Menschen Schaden zufügt, ist unbestreitbar, dass sich Produkte aus mentalen Prozessen ergeben. Folglich muss jede Annäherung an die dunkle Seite über das Produkt hinausgehen und Prozess, Person und Umfelddruck berücksichtigen. Auf diese Aspekte gehen wir nun ein.

6.1 Die dunkle Seite von „Produkt"

McLaren (1993) kontrastierte die äußerst positive Sichtweise der Kreativität, die in ▶ Kap. 5 dargelegt wurde, mit der Tatsache des Missbrauchs in
a) Werbung, in der sie den Verkauf von unter anderem ungesunden Lebensmitteln oder gefährlichen Produkten fördert
b) Unterhaltung, wo sie verwendet wird, um abstoßende Werte zu fördern, Verbrechen zu verherrlichen usw.,
c) Politik, wo sie zum Beispiel zur Förderung von Rassenhass oder
d) Wissenschaft und Technologie, wo sie u. a. in der Entwicklung und dem Bau von Massenvernichtungswaffen (s. die Diskussionen der Entwicklung solcher Waffen in Zaitseva 2010; Hecht 2010) oder der Umweltverschmutzung angewendet worden ist.

Interessanterweise wies McLaren darauf hin, dass die durch technologische Kreativität verursachten Schäden nicht auf physische Zerstörung beschränkt sind. Er zitierte berühmte Persönlichkeiten des 18. und 19. Jahrhunderts wie Samuel Taylor Coleridge, Charles Dickens und Victor Hugo, die bereits damals vor den zerstörerischen sozialen Auswirkungen der technologischen Innovation warnten. Zu diesen kann hinzugefügt werden (z. B. James et al. 1999): die negative Nutzung von Kreativität in e) Geschäften oder Produktion, zum Beispiel um behördliche Kontrollen zu umgehen oder Wettbewerbern Geheimnisse zu stehlen, f) dem sozialen Leben oder bei der Arbeit, etwa um sich zu begünstigen, einen unfairen Vorteil zu erlangen oder einen Arbeitgeber zu bestehlen, ohne entdeckt zu werden, g) Verbrechen im Allgemeinen, h) Krieg oder i) Terrorismus (z. B. D. H. Cropley et al. 2008).

Leider können selbst kreative Produkte, die gänzlich wohlwollend sind, eine dunkle Seite in Form von unbeabsichtigten oder unvorhergesehenen negativen Folgen haben. So legten etwa die Entdeckungen von Edward Jenner und Louis Pasteur den Grundstein für die bakteriologische Kriegsführung, obwohl sie für die gesamte Menschheit von großem Nutzen waren. McLaren (1993) gab mit dem Bau von Kathedralen im Mittelalter ein ganz anderes Beispiel. Diese können immer noch als kreative Triumphe der Architektur und des Bauwesens stehen, die der Welt noch heute Schönheit verleihen. Ihre dunkle Seite ist aber, dass sie zum Zeitpunkt ihrer Erbauung oft großes Elend für die Armen verursachten, obwohl es die Absicht der Baumeister war, Seelen zu retten und den Menschen Zugang zu den Wonnen des Paradieses zu verschaffen.

Cadbury (2004) gibt ein konkreteres Beispiel: Das Aufkommen der Eisenbahn im 19. Jahrhundert führte dazu, dass Tunnel gebaut werden mussten, um den Bau von Schienennetzen zu erleichtern. Oft wurden diese Tunnel während des Baus von Überschwemmungen bedroht. Die Lösung des Problems bestand häufig darin, die Ausgrabungen unter Druckluft zu setzen und mit diesem Gegendruck den Wasserzufluss zu verhindern. Ein ähnliches Problem trat bei der Konstruktion der Fundamente großer Brücken auf. Auch hier benutzte man unter Druck stehende Senkkästen, um es den Arbeitern zu ermöglichen, Fundamente zu graben und Beton unter Wasser zu gießen. Die Verwendung von Druckluft war neu, wirkungsvoll, bestechend und sogar impulsgebend und somit kreativ (s. ► Kap. 3). Aber wenn die Arbeiter ihre Schichten beendeten und in die äußere Umgebung zurückkehrten, begannen sie unter den Auswirkungen von Stickstoffblasen zu leiden, die in ihren Blutkreislauf freigesetzt wurden – sie litten unter der „Dekompressionskrankheit" [engl.: the bends]. Es dauerte einige Jahre und eine Reihe von Todesfällen, bevor das Problem verstanden und eine Lösung gefunden wurde. Es ist kaum denkbar, den Ingenieuren, die die Verwendung von Druckluft entwickelten, irgendeine böse Absicht zuzuschreiben, aber trotz ihrer Neuartigkeit, Zweckdienlichkeit, Wirksamkeit, bestechende Qualität und Impulsgebung führte die Lösung zu schädlichen Ergebnissen.

Selbst dort wo ein unerwünschtes Ergebnis klar vorhersehbar ist, ist negative Kreativität nicht zwangsläufig das Ergebnis absichtlich böser Motivation. Manche Menschen schaffen sogar Böses trotz wohlwollender Absicht. Sie können zum Beispiel unfähig sein, sich die dunkle Seite ihrer Arbeit vorzustellen bzw. vorsätzlich oder unbewusst negative Konsequenzen ausblenden. Gründe dafür können Patriotismus oder Loyalität gegenüber einem politischen Regime, Faszination für die Arbeit oder die Aussicht auf Geld, Ruhm und Ehre sein. Zaitseva (2010) zeigte wie dies mit einigen Teilnehmern des sowjetischen Programms zur Entwicklung von Massenvernichtungswaffen geschah. Obwohl einige der Wissenschaftler sich der Ungeheuerlichkeit der Arbeit bewusst waren, glaubten andere, dass alles ein gutes

Ende haben würde. Wieder andere führten ihre interessante, sogar aufregende Arbeit einfach so gut wie möglich aus, ohne über die Folgen überhaupt nachzudenken.

Brower und Stahl (2011) beschrieben die Fallstudie von Leni Riefenstahl, die Propagandafilme für die Nazis drehte. 1935 drehte sie den Film „Triumph des Willens", den diese Autoren als „vielleicht die berüchtigtste Dokumentation, die jemals gedreht wurde" (S. 319) bezeichneten. Trotzdem war der Film ein „Meisterwerk der Propaganda". Nach dem zweiten Weltkrieg wurde Riefenstahl von den Franzosen inhaftiert und verbrachte fast vier Jahre im Gefängnis. Trotz der ungeheuren Wirkung ihres künstlerischen Meisterwerks zugunsten des Bösen behauptete sie, dass sie die Nazis niemals unterstützt, sondern lediglich sehr gute Filme gedreht habe.

Leider ist es nicht ungewöhnlich, dass Menschen negative Kreativität erzeugen – wohl wissend dass die Produkte ihrer Arbeit negative Folgen für andere haben werden. James et al. (1999) gaben das Beispiel eines Menschen, der einen kreativen Weg fand, um andere dazu zu bringen, die harte Arbeit in einer Fabrik zu verrichten. Dies kann von Beobachtern als nicht mehr als ärgerliche List oder sogar als lobenswerte Schlauheit angesehen werden. Eindeutig „dunkler" ist die Anwendung von Kreativität, um andere Menschen zu manipulieren oder auf Kosten anderer zu profitieren, ohne Rücksicht auf mögliche negative Folgen. Ein offensichtliches, gesetzlich zugelassenes Beispiel wäre die Verwendung von Kreativität in der Werbung, um Kinder zu überzeugen, gesundheitsschädliche Nahrungsmittel zu sich zu nehmen. In solchen Fällen ist die Gefährdung der Gesundheit der Kinder allerdings nicht der primäre Zweck der Kreativität; sie ist lediglich eine unglückliche Nebenwirkung.

Offensichtlich dunkel ist auch die Anwendung von Kreativität mit der vorsätzlichen Absicht, anderen Schäden zuzufügen, wobei die Schäden der Hauptzweck der Kreativität sind und nicht nur ein Nebenprodukt davon. Dies umfasst das, was D. H. Cropley et al. (2008) „böswillige" Kreativität nannten (▶ Kap. 1). Wichtige Beispiele für solche Kreativität können sowohl in der Wirtschaft als auch im Krieg gesehen werden. Vollständig beabsichtigte negative Kreativität kann von einer Seite (oft der Siegerseite) als positiv gepriesen werden, auch wenn sie für die andere Seite vernichtend negativ ist. Ein Beispiel aus der Kriegsführung ist der Abwurf der Atombombe auf Hiroshima und Nagasaki im Jahr 1945 (siehe Hecht 2010), der von einigen – vor allem alliierten Soldaten, deren Leben durch die Bombe vielleicht gerettet wurden – mit großer Freude aufgenommen wurde, aber letztendlich hunderttausende japanischer Zivilisten das Leben kostete.

6.1.1 Kreative Produkte sind der Feind der Kreativität

Goncalo et al. (2010) machten auf einen weiteren dunklen Aspekt kreativer Produkte aufmerksam: Nicht selten blockieren sie weitere Kreativität. Zum Beispiel kann die erfolgreiche Herstellung zweckdienlicher, wirkungsvoller Neuheit in der Vergangenheit dazu führen, dass eine Person weiterhin einer bestimmten, damals kreativen Herangehensweise treu bleibt, trotz der Tatsache, dass sie nicht mehr neuartig ist. Goncalo et al. (2010, S. 118–124) identifizierten drei psychologische Erklärungen für dieses Phänomen: kognitiv, affektiv und sozial.

1. Eine erfolgreiche kreative Leistung kann zu „kognitiver Rahmenbildung" [engl.: cognitive framing] führen: neue Lösungen werden auf Varianten der früher erfolgreichen Lösung beschränkt.
2. Eine erfolgreiche kreative Lösung kann mit starken positiven Gefühlen verbunden sein, mit dem Ergebnis, dass die Person weiterhin bei der guten alten Lösung bleibt.
3. Im sozialen Bereich kann eine erfolgreiche kreative Lösung dazu führen, dass eine Person als „der Mensch, der eine bestimmte Lösung erfunden hat" „typisiert" wird. Demzufolge wird erwartet, dass diese Person weitere Lösungen dieser Art produzieren wird. Einige erfolgreich kreative Menschen akzeptieren diesen Stereotyp von sich selbst und übernehmen die soziale Rolle der Person, die Probleme auf eine bestimmte Art und Weise löst.

Goncalo, Vincent und Audia gaben das Beispiel von Art Fry, dem Erfinder der Haftnotiz [engl.: post-it-note], der als „der Post-it-Mann" typisiert wurde und nachdem mit diesem Ruf anscheinend versuchte, alle neuen Probleme mittels nicht permanent klebender Klebstoffe zu lösen.

Menschen zögern also häufig, eine bewährte, kreative Lösung, in die sie möglicherweise viel im finanziellen wie auch psychologischen Sinne investiert haben, aufzugeben. Sie sind mit dieser Lösung vertraut, die in der Vergangenheit erhebliche Vorteile gebracht haben kann, mit der sie möglicherweise Lob und Bewunderung verdient haben, und die vielleicht ein Teil der öffentlichen Persona des Individuums ist. Es ist einfach bequemer, beim Altbekannten zu bleiben, besonders wenn es von den meisten anderen Menschen akzeptiert wird. Es ist aber nicht nur eine Frage der Bequemlichkeit: Jasper hob „die Gefahren unbekannter Faktoren" (S. 93) und die Risikovermeidung hervor. Er nahm auch Bezug auf Theorien des Selbst, Dissonanztheorie (s. S. 121), das persönliche Merkmal von Offenheit (oder Mangel daran), Lerntheorie (Verhaltensweisen, die in der Vergangenheit positiv verstärkt wurden, werden wiederholt) und Mednicks (1962) Hierarchie von Assoziationen (vertraute kognitive Assoziationen werden wiederholt, weil sie leichter abrufbar sind als seltene oder neue Assoziationen).

Ein weiteres Paradox wurde von Amabile (1983) und Csikszentmihalyi (1996) betont. Ein Produkt wird erst dann öffentlich als kreativ gefeiert, wenn es von den Fachleuten eines Arbeitsbereichs akzeptiert und in dieses integriert worden ist. So verändert ein kreatives Produkt nicht selten das bisherige Paradigma und beginnt, selbst den Ton anzugeben. Jasper (2010, S. 93) erklärte dieses Phänomen als der Kreativität immanent: sie kann „ein Eigenleben entwickeln", das der Schöpfer nicht unter Kontrolle halten kann. Jasper nannte dies den „Zauberlehrling-Effekt". Am offensichtlichsten ist der Kampf zwischen der Kreativität von gestern und der Kreativität von heute. Wenn einmal eine zweckdienliche, wirkungsvolle, neuartige Herangehensweise in einem Feld zum Paradigma wird, übernimmt sie den Status der Orthodoxie und provoziert Widerstand gegen spätere wirkungsvolle Neuheit.

Hull et al. (1978) beschrieben eine interessante Untersuchung dieses Phänomens mittels einer Analyse der Akzeptanz von Darwins Evolutionstheorie in den Jahren um 1860. Sie diskutierten die Schwierigkeiten, die das bestehende Paradigma für das neue Denkmodell verursachte und den Widerstand gegen die neuen Ideen, den sie mobilisierte. Darwins Evolutionstheorie erforderte, dass die Erde Hunderte von Millionen Jahre alt sei, während die zu seiner Zeit vorherrschende Meinung war, dass sie nur einige

Millionen Jahre alt sei. Die Lösung dieses Problems wurde durch die Tatsache erschwert, dass die überragende wissenschaftliche Persönlichkeit, Lord Kelvin, der in seiner Karriere 661 Artikel veröffentlichte und 69 Patente anmeldete, Darwins Ansicht widersprach und „im Laufe der Zeit Kelvin in seinen Behauptungen offener und weniger korrekt wurde" (Bryson 2004, S. 107). Dieser Widerstand führte dazu, dass Darwin seine sehr spezifischen Berechnungen aus der dritten Ausgabe von *Die Entstehung der Arten* [engl.: On the origin of species] zurückzog, obwohl – wie wir jetzt wissen – er der Wahrheit viel näher war als Kelvin.

Folglich müsste, laut Max Planck (1948) die ältere Generation der wahren Anhänger der alten Orthodoxie (die einst selbst Kreativität war) aussterben, bevor sich neue Vorstellungen durchsetzen können. Thomas Huxley ging so weit, dass er – vermutlich mit ironischer Absicht – vorschlug, dass alle Wissenschaftler an ihrem sechzigsten Geburtstag erwürgt werden sollten, bevor sie zu „Fortschrittshemmnissen" werden (s. Huxley 1901, S. 117). Huxley argumentierte, dass die Ernsthaftigkeit des Problems im Verhältnis 1:1 zum Berühmtheitsgrad des Autors der bisherigen Orthodoxie steht: je eminenter diese Person, desto schwieriger ist es, ihr Paradigma zu ersetzen.

Dieser blockierende Effekt kann umfassender sein. Die Kreativität von heute kann nicht nur die Kreativität von gestern vernichten, sondern sie kann auch die Kreativität von morgen im Keim ersticken. Dies erfolgt, weil das Paradigma, aus dem die neuen Produkte hervorgekommen wären – wären sie je zustande gekommen –, schon vor ihrer Geburt vom neuen Paradigma ersetzt worden war. So wurden zum Beispiel neuartige, zweckdienliche, wirkungsvolle Segelschiffe, die die Umweltverschmutzung durch die Kohlenstoffemission des modernen Schiffsverkehrs vermeiden könnten, zwar gebaut; sie sind aber nie ernsthaft geprüft worden, weil ihnen ein als überholt angesehenes Paradigma zugrunde liegt. Ein modernes Beispiel solcher Schiffe ist das norwegische „Vindskip" [deutsch: Windschiff], ein neuartiger Schiffstyp, bei dem der ganze Schiffsrumpf als schwimmendes Segel funktioniert. Obwohl das Windschiff einen Hybridantrieb hat (Wind und Flüssiggas), soll es viel weniger Kraftstoff als dieselbetriebene Frachtschiffe verbrauchen und enorm viel weniger Abgase ausstoßen. Gleichzeitig soll es genau so schnell wie konventionelle Schiffe segeln können. Trotzdem kommen dieses und andere Windschiffe (wie etwa das deutsche „Flettner-Rotor-Schiff") nur sehr stockend voran, anscheinend weil Wind-Antrieb als völlig überaltet gilt.

6.2 Die dunkle Seite von „Prozess"

Runco (2010) argumentierte, dass die Denkprozesse, die zu Kreativität führen, in sich weder gut noch schlecht sind. Es ist das, was sich aus der Kreativität *ergibt,* das gut oder böse ist. Obwohl wir mit seiner Position nicht vollständig einverstanden sind, gehen wir davon aus, dass es keinen prinzipiellen Unterschied zwischen „gutem" und „bösem" divergentem Denken gibt. Aber trotzdem bewundern nur wenige Leute die Kreativität eines Massenmörders, auch wenn er einen neuartigen und hochwirksamen Weg erfindet, Menschen zu töten. Dagegen wird die Arbeit einer Person, die eine wirksame neue Therapie entwickelt, als bewundernswert betrachtet. Der Unterschied hängt offensichtlich mit den *Folgen* der Kreativität zusammen: es sind die Ergebnisse, die gut oder schlecht sind, nicht der Prozess. Die oben stehende Diskussion der negativen Aspekte kreativer Produkte dürfte diese Schlussfolgerung unterstützen.

Aber A. J. Cropley (2009) war der Meinung, dass der kreative Prozess selbst eine inhärente dunkle Seite hat, die unabhängig von seinen Ergebnissen ist. Eine Anzahl von Forschern betrachten Kreativität als von Natur aus antisozial (z. B. Moustakis 1977; Barron 1969; Burkhardt 1985). Der Zweck des kreativen Prozesses ist es, von dem bereits Existierenden, abzuweichen und das bedeutet, den Status quo nicht zu akzeptieren, sondern Alternativmöglichkeiten voranzutreiben. Selbstverständlich gibt es Situationen, wo es gut wäre, den Status quo radikal zu ändern. Dies bedeutet aber nicht, dass der kreative Prozess nicht riskant oder zerstörerisch ist, selbst in den Fällen, in denen das Endergebnis gut ausfällt.

Gamman und Raein (2010) definierten den Kern divergenter Prozesse als „Ablehnung mechanischer Zugänge" (S. 157). Der kreative Prozess beinhaltet Verfahren wie das Sehen des schon Bekannten in einem neuen Licht, das Verschieben der Perspektive, das Bilden unerwarteter Gedankenkombinationen oder das Ergreifen von riskanten Möglichkeiten. Diese sind zwar bewundernswert, aber nicht unproblematisch. Zum Beispiel kann ein Fokus auf „nichtmechanische" Prozesse manchmal mit der Unfähigkeit verbunden sein, „mechanische" Prozesse zu meistern: etwa feine Unterscheidungen zu treffen, genau zu sein oder sich an das Gesetz zu halten. Kreative Prozesse können in Verhaltensweisen münden, die für unbeteiligte Dritte destruktiv sind. Obwohl er zweifellos ein außerordentlich schöpferischer Mathematiker war, wurde Evariste Galois (▶ Kap. 5) nicht als mehr oder weniger schuldloses Opfer unangemessener Einstellungen, Werte oder Forderungen seines Umfelds von der weiterführenden Schule verwiesen. Auch ohne jedwede böse Absicht war seine Suche nach mathematische Neuheit und zweckdienliche Wirksamkeit für den Unterricht störend und schüchterte einige Lehrer ein.

Damit soll nicht behauptet werden, dass kreative Prozesse schlecht sind, sondern dass sie in der Lage sind, Chaos zu verursachen und dass dieser Aspekt inhärent ist. Baucus et al. (2008) identifizierten vier Aspekte des kreativen Prozesses, die ein erhebliches Schadenspotenzial haben:

- Regelbruch und Ablehnung von Standardarbeitsverfahren,
- Herausforderung von Autorität und Ablehnung von Tradition,
- Erzeugung von Konflikt, Wettbewerb und Stress und
- andere Risiken aussetzen.

A.J. Cropley (2010) diskutierte die praktischen Probleme solcher Prozessaspekte am Beispiel der Schule. Die Herausforderung von Autorität, Ablehnung von Traditionen oder Erzeugung von Konflikt erschüttert die Grundlagen der Ordnung und kann leicht zu dem Eindruck führen, dass Lehrkräfte disruptive Unruhestifter bevorzugen. Dies verunsichert die restlichen Schüler und Schülerinnen (und Eltern) und droht Lehrkräfte mit dem Verlust von Status und Autorität. Es kann auch das Selbstverständnis der Lehrer und Lehrerinnen schwächen und ihre Rolle als maßgebliche Quellen von lohnenswertem Wissen infrage stellen. So ist es kaum verwunderlich, dass viele Lehrkräfte kreative Schüler nicht mögen oder Kreativität mit Widerspenstigkeit oder gar Pathologie in Zusammenhang setzen, wie Studien in mehreren Ländern belegen (für eine Übersicht, s. A. J. Cropley 2009).

6.3 Die dunkle Seite von „Person"

Seit der Antike haben Beobachter wie etwa Platon und Aristoteles argumentiert, dass die Kreativität mit Wahnsinn verwandt sei. Es liegt auf der Hand, dass der Kern der Kreativität darin besteht, gegen die Masse zu gehen. Sternberg und Lubart (1995, S. 41) betonten die Rolle des Konträrseins und die Notwendigkeit, „der breiten Masse zu trotzen". Die psychologische Signifikanz des Prozesses der persönlichen Abgrenzung von der Masse geht jedoch über seine Rolle bei der Kreativität hinaus. Er ist für die Schaffung eines individuellen Selbst unentbehrlich. Folglich hängen Kreativität und fundamentale Aspekte der persönlichen Entfaltung eng zusammen. Auf Moustakis (1977), Barron (1969) und Burkhardt (1985) wurde schon im ▸ Kap. 5 Bezug genommen. Aber irgendwann kann die positive, wünschenswerte Abkehr vom Konventionellen die Grenze überschreiten und aus dem Blickwinkel der Persönlichkeitsentfaltung zu Fehlanpassung und Neurose führen. Wenn diese im Prinzip „normale" oder sogar für die Persönlichkeitsentfaltung unentbehrliche Grenzüberschreitung zu antisozialem Verhalten, Verbrechen oder Terrorismus führt, handelt es sich um Kriminalität.

Die Kreativität ist von vielen Forschern mit negativen Merkmalen der Person in Zusammenhang gebracht worden; für eine Zusammenfassung siehe Simonton (2010) und Gabora und Holmes (2010). Kreativität scheint sowohl mit kognitiven Störungen, wie zum Beispiel Schizophrenie (z. B. Schuldberg 2000–2001), als auch mit starken Stimmungsschwankungen, wie bipolaren Störungen (z. B. Andreason 1987; Jamison 1993), verbunden zu sein. Allerdings kam Jamison zu dem Schluss, dass es keinen Kausalzusammenhang zwischen Stimmungsstörungen und Kreativität gibt. Vielmehr scheint es so zu sein, dass sowohl Kreativität als auch Stimmungsstörungen auf emotionale Labilität und erhöhte Sensibilität für äußere Reize zurückzuführen sind. Dies erinnert stark an Eysencks (1995) allgemeine Erregungstheorie der Kriminalität [engl.: General Arousal Theory of Criminality], die ausführlicher in ▸ Kap. 7 diskutiert wird.

Hinsichtlich kognitiver Störungen zeigte Rothenberg (1983), dass Nobelpreisträger, kreative College-Studenten und schizophrene Patienten divergente Denkprozesse aufweisen. Aber A. J. Cropley und Sikund (1973) zeigten, dass es zwischen den Gruppen trotzdem entscheidende Unterschiede gibt. Als sie Architekten, Schriftsteller und Musiker mit schizophrenen Patienten verglichen, stellten sie fest, dass im Vergleich zu Mitgliedern einer Kontrollgruppe beide Gruppen weit entfernte kognitive Assoziationen machten – sie sahen Zusammenhänge zwischen Aspekten der Welt, die von den meisten Menschen getrennt gehalten bleiben.[1] Aber bei den schizophrenen Patienten wirkte der sich daraus ergebende Überraschungseffekt erschreckend, wohingegen er die kreativen Menschen positiv motivierte. Dieser Befund steht im Einklang mit Barrons (1972) Feststellung, dass kreative Autoren und Architekten zwar Werte in den oberen 15 % aller *pathologischen* Skalen des MMPI [Minnesota Multiphasic Personality Inventory] erzielten, ihre hohe Ego-Stärke ermöglichte es ihnen jedoch, die ungewöhnlichen Assoziationen und erhöhte Stimmung als Ansporn zu nutzen, um wirkungsvolle, zweckdienliche Neuheit zu erzeugen.

Ludwig (1998) berichtete, dass Geisteskrankheiten bei Künstlern in der Tat außergewöhnlich häufig vorkommen, nicht aber bei kreativen Wissenschaftlern. Dieser

---

1   Zum Beispiel: Töne, die sichtbar sind, Beeinflussung menschlicher Verhaltensweisen durch das Licht des Mondes, Licht, das Metall schneiden kann, die Vorstellung, dass Verbrechen kreativ sein kann.

Befund führte ihn zu dem Schluss, dass der Zusammenhang zwischen Kreativität und Geisteskrankheit mit dem Kreativitätsfeld einher geht. Denkbar ist zum Beispiel, dass schwerwiegende persönliche Konflikte oder durch Drogenkonsum verursachte Realitätsverzerrungen zu Einsichten führen, die für die künstlerische Kreativität ergiebig sind, wohingegen solche Verzerrungen für die wissenschaftliche Kreativität äußerst disruptiv sein könnten. Je informeller, unpräziser, subjektiver und emotionaler das Feld, desto stärker die Wahrscheinlichkeit, dass eine Geisteskrankheit kreative Leistungen fördern wird (Ludwig).

D. H. Cropley et al. (2012) verglichen Bewertungen der Kreativität von Leistungen durch Experten, fachkundige Nichtexperten und Anfänger in zwei Feldern, die im Sinne von Ludwig stark differieren: kreatives Schreiben auf der einen und Maschinenbau auf der anderen Seite. Die Ingenieure einigten sich stärker hinsichtlich der Qualität der Maschinen als die Autoren hinsichtlich der Texte, und die Unterschiede zwischen Experten und Amateuren waren größer bei den Ingenieuren. Die Forscher schlussfolgerten, dass sich die Experten im Bereich kreatives Schreiben von den Anfängern nur leicht unterschieden, weil dieses Feld im Vergleich zum Ingenieurwesen nur diffuse Kriterien von Expertise hat. Einfach ausgedrückt: Es ist leichter Experte in einem informellen, unpräzisen, subjektiven und emotionalen Feld zu sein als in einem formellen, präzisen, objektiven und wissensorientierten Feld. Es scheint so zu sein, dass es in informellen, unpräzisen, subjektiven und emotionalen Feldern, wo Expertise stärker von Ruhm und Ruf als von objektivem Wissen abhängt, es leichter ist, den Eindruck von Kreativität zu erwecken. Ein Ergebnis davon ist, dass in solchen Feldern (wie etwa Kunst) Wahnvorstellungen leichter mit Kreativität verwechselt werden können, was zu einem Scheinzusammenhang zwischen Geisteskrankheit und Kreativität führen würde.

Auf Kriminalität bezogen dürfte es leichter sein, Expertise in der Kunst als im Ingenieurwesen vorzutäuschen, wie das Beispiel der Kunstdiebe in Venedig nahelegt. Ein markantes deutsches Beispiel ist der Fall der Hitler-Tagebücher. Nach einer langen kontroversen Diskussion der Gelehrten (informell, unpräzise, subjektiv und emotional) mit zahlreichen Medienmeldungen, in denen bedeutsame Historiker die Tagebücher zunächst für echt und später für gefälscht erklärten, deckte eine lang verzögerte Analyse der Papier- und Tintenchemie (formell, präzise, objektiv und stark wissensorientiert) schnell auf, dass die Dokumente Fälschungen waren. Es muss allerdings zugegeben werden, dass Fälle wie etwa das „Kalte-Fusion-Fiasko" (Huizenga 1994) belegen, dass sogar die Physik gegen Unsicherheit wie im Hitler-Tagebücher-Fiasko nicht immun ist. 1989 berichteten zwei Chemiker (Pons und Fleischmann 1989), dass sie nukleare Fusion zu Zimmertemperatur erwirken und die dabei frei werdende Wärme als Energiequelle nutzbar machen konnten. So wären alle Energiesorgen der Menschheit ohne Bestrahlungsgefahr, Luftverschmutzung oder Abfallprodukte gelöst. Die Befunde wurden zunächst als ein sensationeller wissenschaftlicher Durchbruch begrüßt. Aber schnell wurde klar, dass die Ergebnisse nicht wiederholt werden konnten und Pons und Fleischmann wurden diskreditiert. In den fast 30 dazwischenliegenden Jahren gibt es jedoch Wissenschaftler, die meinen, dass die beiden doch „etwas" entdeckt hatten. Nur: Die Fachkollegen können sich nicht darüber einigen, genau was.[2]

---

2 S. ► https://undsci.berkeley.edu/lessons/pdfs/cold_fusion.pdf. Zugegriffen 15. Feb. 2018.

6.4 Moralische Dunkelheit

Amabile (1983) betonte früh im modernen Denken, dass Kreativität nicht in einem Vakuum, sondern in einem sozialen Kontext stattfindet. Sie beinhaltet immer subjektive Beurteilungen durch Beobachter. Wie Slater (2006) betonte, können diese Urteile formalistische Qualitäten (z. B. Einheit, Harmonie oder Komplexität), technische Eigenschaften (z. B. anspruchsvolle Konstruktion, Geschicklichkeit oder professionelle Zurichtung) oder praktische Erwägungen wie Nützlichkeit, Praktikabilität oder Marktfähigkeit umfassen. Die Zustimmung externer Beobachter ergibt sich jedoch auch aufgrund von ästhetischen Kriterien (z. B. Schönheit) und moralischen Kriterien (z. B. Bewunderungswürdigkeit und Modellfunktion). Die moralischen Kriterien, die Gut und Böse, Tugendhaftigkeit oder Bosheit umfassen, sind für die Analyse von Kreativität und Kriminalität von besonderem Interesse.

6

6.4.1 Die moralische Dimension der Kreativität

Obwohl er sich nicht mit Kriminalität befasste, sondern mit dem Unterschied zwischen zweckdienlicher, wirkungsvoller Neuheit und bloßer Abweichung vom Alltäglichen, war Sternberg (2010) der Meinung, dass die moralische Dimension ausschlaggebend ist. Sonst müssten die leider zweckdienlichen und wirkungsvollen, neuartigen Handlungen widerlicher Krimineller wie Hitler oder Stalin als kreativ anerkannt werden. Auch Gruber (1993) sowie Martin (2006) argumentierten, dass Kreativität moralisch wertvoll sein sollte. Craft, Gardner und Claxton (2008) verlangten nach Kreativität, die auf Weisheit beruht und Verantwortung für das Wohl anderer Menschen übernimmt. Solche Kreativität haben wir schon als „gewissenhaft" bezeichnet.

Runco und Nemiro (2003) gaben den interessanten Hinweis, dass es hier wieder ein Paradoxon gibt: Kreativität bedeutet Abweichung vom Konventionellen, wohingegen Moralität eine spezielle Form von Konformität impliziert. Dieses Paradoxon verkompliziert die Frage welche Regeln gebrochen werden dürfen, wann und von wem und unter welchen Umständen (z. B. Baucus et al. 2008). Moralische Gebote sind keine Naturgesetze wie etwa die Schwerkraft, sondern Ideale, die von Philosophen, religiösen Autoritäten oder anderen Denkern ausgearbeitet wurden und in diesem Sinne den Einfluss von Religion oder Philosophie, Kultur, Familie und Religion widerspiegeln. Moralität ist subjektiv und kann sich im Laufe der Zeit verändern oder in verschiedenen Gesellschaften unterschiedlich sein. Allerdings legt die evolutionäre Sicht der Moral nahe, dass moralische Gebote im praktischen Leben der Menschheit (s. auch unten) von praktischem Nutzen sind.

Trotz des offensichtlichen Zusammenhangs zwischen ihnen, sind Moral und Gesetz nicht dasselbe. Wir haben bereits das Beispiel vom Gebrauch von Kreativität in der Werbung gegeben, um Kinder dazu zu bringen, gesundheitsschädliche Nahrungsmittel zu essen. Dies ist legal, aber von zweifelhafter Moral. Auf der anderen Seite ist schon „ein kleines bisschen" Steuerbetrug illegal, wird aber von vielen Menschen (vielleicht den meisten) als akzeptabel betrachtet. Obwohl moralische Fehler durch Sanktionen wie etwa Kritik in den sozialen Medien, Ablehnung oder öffentliche Schmähung bestraft werden können, werden sie auch stark durch interne Sanktionen wie Gewissensbisse oder Schamgefühle erzwungen. Die wahrhaft moralische Person verhält sich moralisch aus persönlicher Überzeugung heraus.

Darüber hinaus transzendieren einige ethische Werte kulturelle, religiöse oder ethnische Unterschiede und definieren somit etwas, was sich einer universellen moralischen Weltanschauung nähert. Nach Platon gibt es zum Beispiel vier „Kardinaltugenden" (Tapferkeit, Weisheit, Besonnenheit und Gerechtigkeit), die alle Handlungen leiten sollten. Alle anderen Tugenden sollen sich aus diesen vier ergeben. Immanuel Kant argumentierte, dass es einen „kategorischen Imperativ" gebe, andere Menschen mit Würde zu behandeln und sie niemals als Instrumente der eigenen Befriedigung auszunutzen. Laut John Locke sollte niemand so handeln, dass er das Leben, die Gesundheit, die Freiheit oder das Eigentum anderer verletzt. Für Locke sind diese natürliche Pflichten, die von Gott auferlegt wurden.

Obwohl die Zeitdimension, die von Salcedo-Albarán et al. (2009) diskutiert wurde, berücksichtigt werden muss (das, was zu einem bestimmten Zeitpunkt moralisch ist, kann zu einem anderen Zeitpunkt unmoralisch sein), scheint es moralische Universalien zu geben. Beispiele sind Verantwortung, Fairness, Sorge um das Wohlergehen anderer, Integrität, Aufrichtigkeit, Vertrauenswürdigkeit, Großzügigkeit und Stärke, die alle von zahlreichen Autoren, von denen nicht alle Vertreter der westlichen, aristotelischen Tradition sind, erwähnt werden. Das konfuzianische Konstrukt von *Ren* wird in vielen Ländern als Lebensrichtlinie akzeptiert. Ren kann mit „Gerechtigkeit" übersetzt werden. Es umfasst moralische Tugenden wie Loyalität, Rücksichtnahme, Gewissenhaftigkeit oder Altruismus, die für Menschen, die in den europäisch-nordamerikanischen Traditionen aufgewachsen sind, leicht wiedererkannt werden können.

Unter anderem sind moralische Handlungen verantwortungsbewusst, sie fördern Fairness und das Wohlergehen anderer, führen zu Gerechtigkeit und fördern das Gemeinwohl. Die Vorstellung, dass moralische Kreativität auf eine so direkte und doch umfassende Art und Weise definiert werden kann – die Schaffung wirkungsvoller Neuheit, die das Gemeinwohl anstrebt – erscheint allzu simpel. Es steht jedoch im Einklang mit den Ansichten von Philosophen, die sich mit den Fragen auseinandergesetzt haben. Immanuel Kant definierte Kreativität als „der Anspruch, eine perfekte Welt *für alle* zu schaffen". Brian Henning hat aus den Schriften von Alfred North Whitehead eine Reihe von „Verpflichtungen" für moralische Kreativität ausgearbeitet: Sie umfassen Schönheit, Liebe und Frieden. All diese Verpflichtungen beinhalten die Verantwortung, andere nicht zu schädigen und das Gemeinwohl der größeren Gesellschaft zu fördern. Alle konzentrieren sich auf die Vorteile, die sich aus der Kreativität ergeben und insbesondere der Verteilung dieser Vorteile. Die Konzepte des intrapersonalen, interpersonalen und extrapersonalen Nutzens sind hier hilfreich: Kreativität, die auf das Allgemeinwohl ausgerichtet ist, betont extrapersonalen Nutzen, während kreative Kriminalität auf intrapersonalen Nutzen abzielt (Nutzen ausschließlich für die Person, die die wirkungsvolle Neuheit erzeugt).

Es werden also Richtlinien benötigt, um moralische Kreativität zu erkennen. Sternberg (2010) betonte „Weisheit". Das zentrale Merkmal der Weisheit ist die Sorge um das Gemeinwohl; ein weiser Mensch versucht, das Gemeinwohl zu maximieren und nicht nur seinen eigenen Vorteil zu sichern. Demzufolge ist durch Weisheit temperierte Kreativität notwendigerweise moralisch. Sternbergs Betonung des Gemeinwohls (extrapersonaler Nutzen) erinnert an Jaspers (2010) Diskussion über negative Kreativität als eine Kreativität, bei der die Vorteile nur in eine Richtung fließen, anstatt von allen

Beteiligten geteilt zu werden. Das Gemeinwohl kann so verstanden werden, dass es einen Fluss von Vorteilen in Richtung anderer Menschen und nicht nur zugunsten der Person, die die wirkungsvolle Neuheit erzeugt, umfasst (d. h. interpersonaler und extrapersonaler Nutzen, nicht lediglich intrapersonaler Nutzen).

Ein zweiter Aspekt der moralisch negativen Seite der Kreativität wurde von Hilton (2010) beschrieben. Die Kreativität des einen Menschen kann das antisoziale Verhalten einer anderen Person inspirieren. Ein offensichtliches Beispiel ist das Nachahmen fiktiver Taten, die in Fantasiewerken dargestellt worden sind. Hilton gab als Beispiele einen Mord, der mit einer im Roman *Shibumi* beschriebenen Technik begangen wurde, und einen Doppelmord, der mittels der Nachahmung einer Szene aus einem Clint Eastwood Film begangen wurde. Ramsland (2010) gab ein Beispiel, das gewissermaßen das Spiegelbild der beiden eben genannten ist: Ein Filmemacher drehte einen Film über einen Killer, der Männer mit falschen Anzeigen im Internet in eine Falle lockt. Später begann er selbst, dasselbe Schema zu verwenden, indem er den gleichen Köder benutzte und tatsächlich einen echten Kettensägenmord verübte, bevor er erwischt wurde. Ein Beispiel aus der deutschen Klassiker-Literatur ist der „Werther-Effekt": eine Welle von Selbstmordfällen, die von Goethes Buch *Die Leiden des jungen Werther* inspiriert wurden und dazu führten, dass ein Meisterwerk eines der größten Autoren der Welt in mehreren Ländern verboten wurde. So kann künstlerische Kreativität, die Leser, Zuhörer oder Zuschauer unterhält (die helle Seite), gleichzeitig als Modell bösen Verhaltens dienen (die dunkle Seite). Es erscheint sogar plausibel, dass je wirksamer die Neuheit ist, umso größer die Schäden sind.

Moralische Kreativität kann großen Nutzen für Menschen und ihre Umwelt bringen, aber unmoralische Kreativität kann großen Schaden anrichten. Es scheint also im öffentlichen Interesse zu liegen, dass kreative Menschen positive moralische Werte besitzen und diese auf ihr eigenes Verhalten anwenden. Wie geschieht dies? Einige Evolutionsbiologen und Soziobiologen glauben, dass sich Moral als Ergebnis von evolutionären Kräften entwickelt. Gerechtigkeit zu suchen, das Wohlergehen anderer zu fördern, Mut zu beweisen, mit anderen zu kooperieren und ähnliche Verhaltensweisen sind nicht die einzigen, zu denen Menschen fähig sind. Ungerechtes Verhalten, mangelnde Rücksichtnahme auf andere oder übertriebener Individualismus sind ebenfalls möglich (und sind im wirklichen Leben nicht besonders ungewöhnlich). Die weithin anerkannte, oben skizzierte Moral ist daher nicht absolut, sondern relativ, und theoretisch könnten sehr viele Werte übernommen werden. Aber Eigenschaften wie Gerechtigkeit, Sorge um das Wohlergehen anderer, Kooperation und Mut steigern das Überleben sowohl der Individuen, die sie zeigen, als auch des Kollektivs, dem die Individuen angehören. Infolgedessen haben sich solche moralischen Werte durch den Prozess der natürlichen Auslese durchgesetzt.

6.5 Kreativität und Kriminalität: die dunkel-hell Balance

Wie wir ständig betont haben, hat die Kreativität ohne Frage eine „helle" Seite. Immer bringt sie jemandem Vorteile; sonst wäre sie nicht zweckdienlich und wirkungsvoll. Aber immer dort wo jemand einen Vorteil erzielt, muss jemand anderes mehr oder weniger zwangsläufig benachteiligt werden. Die Erfindung und Umsetzung der Dampflok brachte Reisenden zwar große Vorteile, trieb aber zum Beispiel Wegelagerer in den

Ruin. Demzufolge, führt Kreativität „natürlich" zu einer Mischung von „guten" und „schlechten" Folgen (Hilton 2010, S. 134): Die Schattenseite der Kreativität ist ein integraler Bestandteil ihrer Zusammensetzung. Wie unterscheidet sich denn die „gute" von der „schlechten" Kreativität? Die Antwort ergibt sich nicht aus dem Vorhandensein oder Nichtvorhandensein von Vorteilen – wie eben betont, führt wirkungsvolle, zweckdienliche Neuheit immer zu Vorteil und Nachteil. Was problematisch ist, ist die *Verteilung* von Vorteil und Nachteil. Wenn alle Vorteile in die eine Richtung fließen und alle Nachteile in die andere, dann ist die Kreativität für die eine Seite positiv, für die andere Seite aber negativ. Entscheidend ist die Balance vom Gutem und Bösem.

Singer (2010, S. 178) sprach vom „subjektiven Vorteil", um zwischen dem Blickwinkel einer einzelnen Person oder einer kleinen Gruppe und dem Blickwinkel einer großen Gruppe wie etwa den Mitgliedern einer Gesellschaft zu unterscheiden. Dieser Ansatz konzeptualisiert den Vorteil nicht als qualitativ, sondern als quantitativ (auf einem Kontinuum liegend, das vom Vorteil für wenige an dem einen Pol bis zum Vorteil für viele am anderen Pol reicht). Wir nennen dies den „relativen" Vorteil. Sternberg (2010, S. 318) erweiterte diesen zweidimensionalen Ansatz (Nutzen für wenige gegenüber Nutzen für viele), indem er drei Dimensionen diskutierte:

- *intrapersonaler* Vorteil (Nutzen für nur eine Person – in der Regel die Person, die die zweckdienliche und wirkungsvolle Neuheit erzeugt),
- *interpersonaler* Vorteil (Nutzen für andere Menschen außer der neuheitsgenerierenden Person) und
- *extrapersonaler* Vorteil (Nutzen für das Umfeld – etwa eine ganze Gesellschaft oder die Umgebung).

Kampylis und Valtanen (2010, S. 209) wiesen darauf hin, dass sich die Kreativitätsdiskussion seit der Antike überwiegend mit dem kreativen Individuum beschäftigt und wenig Wert auf die Folgen von Kreativität für andere Menschen oder für die Gesellschaft im Allgemeinen legt, d. h. die Diskussion geht nur unzulänglich auf die inter- und extrapersonalen Bereiche ein. Diese Autoren argumentierten weiter, dass ein ganzheitlicher Ansatz – wir haben einen solchen Ansatz als „ökologisch" bezeichnet –, der über die intrapersonalen Folgen von Kreativität hinausginge, ein neues Zeitalter der „gewissenhaften" Kreativität einführen würde. Die eben dargestellte Aufschlüsselung der gewissenhaften Kreativität trägt deutlich dazu bei, den Unterschied zwischen kreativer Kriminalität und positiver Kreativität zu verdeutlichen. Kreative Verbrechen sind nur hinsichtlich der Ziele des Täters oder einer bestimmten Gruppe von Menschen, die diese Ziele unterstützen, zweckdienlich. Sie bringen nur *intra*personalen Vorteil und führen oft zu Schäden für andere (im *inter*personalen Sinne ist die dunkle Kreativität in der Regel nicht wohlwollend, sondern böswillig). Die Berücksichtigung der dritten Dimension des relativen Nutzens (extrapersonaler Vorteil) macht die Verwerflichkeit der Kriminalität leicht erkennbar: die Auswirkungen des weltweiten Drogen- und Menschenhandels und terroristischer Störungen des normalen Lebens oder die Zerstörung von Regenwäldern, die Verschmutzung von Wasserstraßen oder der Raubbau an Fischbeständen sind Beispiele für erhebliche extrapersonale Schäden. Auch wenn solche Aktivitäten intrapersonale Vorteile bringen – zum Beispiel für die Aktionäre eines großen Konzerns –, sind sie im extrapersonalen Sinne eindeutig negativ.

6.5.1 Die Vorteils-Balance

Vorteil und Nachteil sind relativ zu den beteiligten Akteuren zu definieren. Folglich kann die Kreativität positiv oder negativ sein, je nachdem wessen Standpunkt man berücksichtigt. Kreatives Verbrechen bringt intrapersonalen Nutzen für den Kriminellen, sodass es aus der Sicht dieser Person immer gut ist. Der relative Vorteil ist jedoch asymmetrisch, weil nur wenige Leute in den Genuss davon kommen, viele aber Nachteile haben. Aus diesem Grund sprechen wir von einer schlechten „Vorteils-Balance". Demzufolge ist die kriminelle Kreativität dunkel, weil die Vorteile in die „falsche" Richtung fließen.

Aus dieser Einsicht leitete Hilton (2010) Schlussfolgerungen für die Praxis ab. Im extrapersonellen Sinne müssten Korrektivmaßnahmen die Vorteils-Balance in Richtung der Gesetzeshüter oder Nicht-kriminellen oder zumindest weg von den Kriminellen bewegen. Perverseweise bedeuten Maßnahmen wie zum Beispiel umfangreiches Body-Scanning in Flughäfen, dass Millionen potenzieller Opfer den Nachteil haben. In Sinne der Vorteils-Balance erweist sich der Terrorismus also als sehr erfolgreich. Selbstverständlich müssen Präventivmaßnahmen ergriffen werden, aber es stellt sich die Frage, ob die Vorteils-Balance nicht stärker berücksichtigt werden müsste. In ► Kap. 10 gehen wir auf alternative Herangehensweise ein.

Kreativität und Kriminalität: Die Überschneidungen

© Springer Fachmedien Wiesbaden GmbH, ein Teil von Springer Nature 2019
D. Cropley, A. Cropley, *Die Schattenseite der Kreativität*,
https://doi.org/10.1007/978-3-658-22795-1_7

Sowohl Kreativität als auch Kriminalität beinhalten die Überschreitung sozialer Grenzen. Dies ist nicht inhärent schlecht, wird aber zu einem Problem, wenn in einem spezifischen Zeitalter die Abweichung vom Üblichen für die jeweilige Gesellschaft zu groß wird oder von einer unerträglichen Sorte ist. Nicht nur der Prozess ist ähnlich: Sowohl kreative als auch kriminelle Menschen weisen auch mit der Grenzüberschreitung einhergehende persönliche Merkmale und Motiv- und Gefühlslagen auf, wovon einige von anderen Menschen als bewundernswert beachtet werden, andere hingegen als übel. Sowohl Kreativität als auch Kriminalität sind also gesellschafts- und epochenspezifisch. Folglich reicht ein reines Persönlichkeitsdefizit-Modell für die Erklärung von Kriminalität nicht aus.

Obwohl sie weit weniger häufig als Diskussionen der Tugenden und Vorteile von Kreativität vorkommen, erstrecken sich die verhältnismäßig seltenen Abhandlungen der Verbindung zwischen Kreativität und Kriminalität über viele Jahre hinweg (z. B. Lynn 1971; Johnson 1983; Wilson 1984; Eisenman 1991; Brower und Stahl 2011). Allen gemein ist die Erkenntnis, dass zweckdienliche und wirkungsvolle Neuheit auch im Dienste krimineller Ziele eingesetzt werden kann. Kreativität hört nicht auf kreativ zu sein, nur weil sie missbräuchlich verwendet wird. Auch unter diesen Umständen kann sie anhand derselben Prinzipien wie im Falle sozial anerkannter Zwecke analysiert werden. Trotz der unmissverständlichen Unterschiede zwischen verbrecherischer und erhabener Kreativität hinsichtlich Produkt und Reaktion aus dem Umfeld, gibt es deutliche *Ähnlichkeiten* zwischen den beiden, insbesondere hinsichtlich Prozess und Person. Darauf wird im Folgenden eingegangen.

7.1 Grenzüberschreitung: der gemeinsame Prozess

Der Kern der Kreativität ist die Erzeugung wirkungsvoller Neuheit und dies bedeutet zwangsläufig Abweichung vom Üblichen – im einfachsten Fall mittels der Missachtung impliziter sozialer Regeln oder informeller Übereinstimmung innerhalb von Gesellschaften über richtig und falsch. Die Folge ist, dass der kreative Prozess für die Aufrechterhaltung der guten sozialen Ordnung bedrohlich ist. Als Ergebnis kann die Grenze zwischen „guter" Kreativität (im Dienste sozial akzeptierter Ziele) und „böser" Kreativität (im Dienste missbilligter Zwecke) schwer zu erkennen sein. Der Unterschied kann auch durch verschiedene Individuen oder Gruppen, bei unterschiedlichen Umständen oder in verschiedenen Epochen unterschiedlich verstanden werden. Infolgedessen laufen die mit der Kreativität einhergehenden Abweichungen von Normen ständig Gefahr, die Grenze zwischen sozialer Anerkennung und sozialer Missbilligung zu überschreiten. Der Fall des Künstlers in Großbritannien, der menschliche Körperteile stahl, um sie in Kunstwerken zu verwenden, ist dafür ein gutes Beispiel: für die eine Seite war die Verwendung der Körperteile künstlerische Kreativität, für die andere Kriminalität.

Es ist wichtig im Auge zu behalten, dass sozial abweichende Verhaltensweisen nicht notwendigerweise inhärent verwerflich sind. Weil Normen gesellschaftsspezifisch sind, können Handlungen, die in der einen Gesellschaft vollkommen akzeptabel sind, in einer anderen abscheulich oder sogar kriminell sein. Gemischtes Nacktbaden oder gemeinsames Duschen von Männern und Frauen können in der einen Gesellschaft (z. B. Japan oder Deutschland) normal sein, in etwa Iran oder Pakistan jedoch zur Inhaftierung führen oder in Australien als gewagte soziale Innovation angesehen werden und folglich kreativ sein. So kann ein und dasselbe Verhalten üblich, kriminell oder kreativ sein, abhängig von der Reaktion des sozialen Umfelds.

Dieser Mangel an Klarheit darüber, wann Normabweichungen in den Augen von Beobachtern negativ werden, wird durch die Tatsache erschwert, dass sich die Kriterien dessen, was akzeptabel ist, nicht nur von Gesellschaft zu Gesellschaft, sondern auch von Zeitalter zu Zeitalter innerhalb einer gegebenen Gesellschaft ändern. Ähnliche Handlungen, die mit ähnlicher Motivation durchgeführt werden, können als „Kriminalität" oder „Kreativität" bezeichnet werden, abhängig von den Werten der betreffenden Gesellschaft zu einem bestimmten Zeitpunkt. Brower und Stahl (2011) gaben eine informative Fallstudie, die zeigt, wie stark die Folgen bestimmter Handlungen vom Zeitgeist abhängen. Sie verglichen Lewis Carroll und Egon Schiele, die beide nackte, minderjährige Mädchen als Modelle benutzten; Carroll fotografierte und Schiele malte sie. Schiele wurde wegen Unzucht verhaftet, Carroll aber nicht. Er machte seine Fotos im neunzehnten Jahrhundert, eine Zeit, in der die Menschen (noch) keine sexuellen Implikationen in der Nacktheit junger Mädchen sahen. Schiele arbeitete dagegen im frühen zwanzigsten Jahrhundert, einem Zeitalter, in dem junge Kinder als Objekte des sexuellen Verlangens betrachtet wurden.[1] Noch auffälliger sind die von H. G. Wells 1902 im *New Republic* geäußerten Ansichten, dass in der von ihm geschilderten kommenden Utopie „minderwertige" Rassen ausgerottet werden müssten, um die steigende Schwachheit der Menschheit zu verhindern. Solche Ansichten waren 1902 durchaus akzeptabel.

Ein jüngeres Beispiel ist Andres Serranos Foto „Piss Christ", das ein Kruzifix beinhaltet, das in ein Glas mit Urin des Künstlers getaucht ist. Viele Laien empfanden dieses Produkt als ekelhaft und in einigen Ländern wurde es sogar gesetzlich verboten, wohingegen einige Experten es wagemutig, paradigmatisch und wirkungsvoll fanden und es vom Südöstlichen Zentrum für zeitgenössische Kunst einen Preis erhielt. In einigen Ländern hätte Serranos Werk zu strafrechtlicher Verfolgung führen können und in einer früheren Ära wäre es in vielen Ländern als schwere Straftat angesehen worden. Aber es scheint unwahrscheinlich, dass Serrano mit seinem Kunstwerk Schaden anrichten wollte, sondern eher eine künstlerische Wirkung suchte.

Ein weiteres Beispiel mit Verbindungen zu einem Hauptthema späterer Abschnitte dieses Buches – Terrorismus – umfasst das Zerschlagen der Buddhas von Bamiyan, zwei riesige Statuen aus dem 6. Jahrhundert, die an eine Klippe im Bamyan-Tal in Afghanistan modelliert waren. Nachdem sie fast 1500 Jahre unbeschadet überstanden haben, wurden die Statuen am 2. März 2001 auf Befehl des Taliban-Mullahs Mohammed Omar mutwillig zerstört. Die Ankündigung der Absicht der Taliban, die Statuen zu zerstören, löste große Proteste von vielen Regierungen aus, die die Statuen als Kunstwerke von überwältigender kultureller Bedeutung einschätzten. Die Taliban rechtfertigten jedoch das Zerschlagen der Statuen mit der Begründung, dass ihre Zerstörung im Interesse der Verbreitung von Tugend und der Verhinderung von Lastern liege. Was für die eine Seite – die überwältigende Mehrheit – Kunst war und erhalten werden müsste, war für die andere Seite Sünde und musste um jeden Preis vernichtet werden.

---

1   Brower und Stahl schrieben die Änderung der Einstellungen dem Werk Freuds zu.

7.1.1 Das soziale Umfeld und Grenzüberschreitung

Geografischer und temporaler Schwankungen ungeachtet, stellt sich jetzt die Frage, wie Gesellschaften entscheiden, ob Normabweichungen akzeptiert oder missbilligt werden. Denkbar ist, dass sehr große Abweichungen vom Üblichen als psychisch krank oder kriminell abgestempelt, moderate Abweichungen dahingegen als kreativ gelobt werden, also für die öffentliche Reaktion auf Kreativität die Höhe der Abweichung ausschlaggebend sei. Es ist aber auch möglich, dass weniger die Größe, sondern vielmehr die Art der Abweichung vom Üblichen dafür entscheidend sei, ob eine Abweichung als Kreativität gefeiert oder als Kriminalität abgelehnt werde.

Das Zusammenspiel von Menge und Art der Abweichung und der sozialen Reaktion auf Abweichungen war in der Studie von Kaufman et al. (2013), die bereits in ▶ Kap. 5 beschrieben wurde, direkt mit der kreativen Kriminalität verknüpft. Die Ergebnisse der Studie zeigten, dass die wahrgenommene Güte bzw. Bosheit einer Handlung von sowohl der Stärke (quantitatives Kriterium) als auch der Art (qualitatives Kriterium) der Abweichung von herrschenden Normen beeinflusst wurde. Klar ist aber auch, dass es irgendwann einen „Zu-viel-des-Guten-Effekt" (Pierce und Aguines 2013, S. 313) geben kann. Folglich beeinflusst das soziale Umfeld, welche neue Ideen entstehen, indem sowohl der Menge als auch der Art von Divergenz Grenzen gesetzt werden und das kreative Denken dadurch in bestimmte Kanäle gelenkt wird.

Gabora und Holmes (2010, S. 281) führten eine Analyse der Kreativität in Bezug auf das soziale Umfeld durch, die die Verbindung zur Kriminalität zeigt. Sie unterschieden zwischen „Konsens-Realität"[2] und „selbst geschaffener Realität". Die erste Form umfasst die „Realität", über die sich die meisten Menschen einig sind – es herrscht Konsens. Diese „Konsens-Realitität" braucht nicht in irgendwelchem absoluten Sinne „wahr" sein. Laut des „Thomas-Theorems" (Thomas und Thomas 1928, S. 572): Wenn genug Leute etwas als „wahr" betrachten, dann ist es für alle praktischen Zwecke wahr. Malinowski (1929) gab das Beispiel von Verhütungspraktiken auf den Trobriand-Inseln vor dem Eintreffen der Europäer. Die Trobrianderinnen glaubten, dass die Geister von Ahnen im weiblichen Körper wachsen, um wieder zu leben. Sie fanden die westliche Erklärung des Schwangerwerdens absurd (und ekelhaft). Ihre Verhütungspraktiken basierten auf einem falschen Verständnis der menschlichen Biologie, waren aber trotzdem wirksam.

Die zweite Form von „Realität" beinhaltet eine eigenwillige Sichtweise der Wirklichkeit, die Menschen auf der Grundlage ihrer eigenen Erfahrungen konstruieren. Diese selbstgeschaffene „Wirklichkeit" kann von der Konsens-Realität stark abweichen. Infolge solcher Abweichungen weichen die Ansichten bestimmter Menschen von den akzeptierten Normen immer weiter ab. Dies bedeutet, dass ihre Handlungen einigen Beobachtern sehr interessant erscheinen (und von diesen wahrscheinlich als „kreativ" eingestuft werden), wohingegen dieselben Handlungen anderen Beobachtern ärgerlich oder sogar bedrohlich erscheinen und deswegen als „kriminell" oder „geisteskrank" bezeichnet werden. Gabora und Holmes interpretierten das abweichende Verhalten solcher Menschen als ein Mittel, mit dem sie das Gefühl bekommen, ein gewisses Maß an Kontrolle über das Umfeld zu haben – entweder durch sozial anerkannte Handlungen (Kreativität)

---

2   Für eine Zusammenfassung der für diese Diskussion ausschlaggebenden Aspekte von „Konsens".

oder durch missbilligte Produkte (Kriminalität). In beiden Fällen interagieren die betreffenden Personen aktiv mit der Außenwelt und nehmen nicht nur passiv alles an, was sie bietet.

7.2 Gemeinsamkeiten hinsichtlich „Person"

Einige Diskussionen über die Anwendung von Kreativität in der Kriminalität fokussieren auf Persönlichkeitsmerkmale, d. h. auf das P „Person". Sie beschäftigen sich damit, dass sich einige Individuen der Kriminalität wenden, weil illegale Handlungen ihnen eine Möglichkeit bieten, ihre Persönlichkeit zum Ausdruck zu bringen. Brower und Stahl (2011) argumentierten, dass es ein völlig normaler, sogar wünschenswerter Aspekt des Erwachsenwerdens ist, gegen die übliche Art Dinge zu tun, zu rebellieren. Abweichende Verhaltensweisen drücken die individuelle Identität einer Person aus und bieten eine Möglichkeit, der vom sozialen Umfeld auferlegten unpersönlichen Konformität entgegenzuwirken. Gascón und Kaufman (2010) wiesen darauf hin, dass es eine wesentliche Spannung zwischen Individualismus und Konformität gibt, zwischen Verhaltensweisen, die den Handlungen der meisten Menschen angepasst sind und Verhaltensweisen, die von etablierten Denk- und Aktionsmustern abweichen. Individuen, die sich nicht anpassen, können ihre eigene Individualität und ihr eigenes Selbst stärken, aber sie können von anderen Menschen als Rebellen oder Abweichler angesehen werden. So umfasst der Prozess des Ausdrucks von Individualität ein Aktionsfeld, wo die sozial positiven und sozial negativen Aspekte der Kreativität zusammentreffen. Die Abweichung von Normen kann zu positiver Kreativität aber auch zu Verbrechen führen.

7.2.1 Kreative persönliche Eigenschaften und Kriminalität

Die Begehung von Straftaten wird oft mit psychologischen Merkmalen in Verbindung gebracht, die als „Defizite" betrachtet werden. Krohn et al. (2009) gaben einen Überblick über solche Defizite: ineffiziente kognitive Prozesse wie etwa unangemessenes soziales Lernen oder selbstreferenzielle Vorstellungen, mangelhafte Bewältigungsstrategien wie die Unfähigkeit, mit Stress umzugehen, Schwächen in Persönlichkeitsaspekten wie Selbstkontrolle und ungünstige soziale Faktoren wie negative Etikettierung, soziale Desorganisation oder institutionelle Anomie. Andere Studien haben Grandiosität, pathologisches Lügen, Unfähigkeit, Empathie zu empfinden, hohe Täuschungs- und Manipulationsfertigkeiten, Mangel an Reue, Gefühlslosigkeit, schlechte Verhaltenskontrolle, mangelnde Fähigkeit, die Verantwortung für die eigenen Handlungen zu übernehmen, Wut, Egozentrik, Ziellosigkeit und defizitären Affekt hervorgehoben (z. B. Hare 2006). Aber die Forschung lenkt die Aufmerksamkeit auch auf Eigenschaften, die typischerweise im positiven Licht gesehen werden; zum Beispiel hohe Intelligenz, große Eloquenz oder sehr effektive soziale Fertigkeiten (z. B. Hare und Neumann 2006). Folglich ist eine Defizit-Erklärung von Kriminalität trotz der eben aufgelisteten Persönlichkeitsdefiziten nicht in der Lage, den kriminellen Einfallsreichtum, die Bereitschaft, sich auf ein kalkuliertes Risiko einzulassen, das Selbstvertrauen und die Entschlossenheit von Akteuren wie Shirley Pitts, Ronnie Biggs oder Bernie Madoff zu erklären.

Eisenman (2008) studierte verurteilte Kriminelle im Gefängnis und fasste seine Ergebnisse wie folgt zusammen: Als Gruppe weisen diese Menschen ein geringes Maß an Kreativität auf und finden es schwierig, Probleme zu lösen. In seiner Studie erzeugten Häftlinge, die von Wärtern und anderen Häftlingen als kreativ angesehen wurden, wenig oder keine wirkungsvolle Neuheit, sondern sie zeigten lediglich einen Mangel an Hemmungen und geringe soziale Konformität (Pseudo-Kreativität) auf. Obwohl sie leicht mit Kreativität zu verwechseln sind, sind diese Merkmale eher typisch für die sinnlosen Tätlichkeiten und mutwilligen Sachbeschädigungen, die expressive Kriminalität kennzeichnen (), also für unkreative Kriminalität.

Es scheint also so, dass Kriminelle *als Gruppe* nicht durch ein hohes Maß an Kreativität gekennzeichnet sind. Aber davon ist auszugehen, dass kreativ agierende Menschen eine Untergruppe innerhalb der Kriminalpopulation bilden, genau wie in der allgemeinen Bevölkerung. Folglich wäre die Auswirkung ihrer Präsenz in der gesamten Tätergruppe in aggregierten Daten schwer zu erkennen. Darüber hinaus zeigten laut Eisenman (2008) Gefangene jedoch dann Kreativität, wenn sie im *Thematischen Apperzeptionstest* (TAT) [engl.: Thematic Apperception Test] Geschichten über Verbrechen erzählten. In ihrem Spezialgebiet – Kriminalität – versuchten sie, Kreativität an den Tag zu legen. Ein solcher bereichsspezifischer Fokus der Kreativität steht im Einklang mit zahlreichen Befunden der Forschung (für eine Zusammenfassung siehe Baer 2011). Somit wird die Vorstellung nicht negiert, dass Kriminelle kreativ sein können. Verbrechen scheint ihr Tätigkeitsfeld zu sein, ebenso wie die Wissenschaft das von Wissenschaftlern oder die Kunst das von Künstlern ist. Dies alles deutet darauf hin, dass, wenn die Kreativität von Kriminellen außerhalb ihres Feldes bewertet wird, sie weniger gut abschneiden, aber dass sie in ihrer Spezialität (Kriminalität) doch kreativ sein können.

7.2.2 Negative persönliche Eigenschaften und Kreativität

Genauso wie positive Persönlichkeitsmerkmale mit negativen Verhaltensweisen einhergehen können (s. oben), gibt es auch Hinweise darauf, dass negative persönliche Merkmale nicht selten mit positiven Verhaltensweisen assoziiert sind. In einer frühen umfassenden Übersicht zeigte Johnson (1983), dass es zumindest Andeutungen dafür gibt, dass anerkannt kreative Individuen nicht nur nonkonformistisch, unkonventionell und radikal sind (Eigenschaften, die viele bewundern würden, wenn auch unter Vorbehalt), sondern dass sie auch rebellisch, lästig, zynisch und rachsüchtig sind, also weniger bewundernswerte Züge aufweisen. Johnson kam zu dem Schluss, dass Kreative als Gruppe dazu neigen, egozentrisch zu sein und keine Kontrolle über das Ego zu haben.

Neuere Studien haben Kreativität mit Selbstbezogenheit, Selbstrechtfertigung, mangelnder Sorge um andere, Arroganz und Unehrlichkeit in Verbindung gebracht (z. B. Gino und Ariely 2012; Silvia et al. 2011); Nebel (1988) beschrieb sogar einen Zusammenhang mit Destruktivität. Es bestehen jedoch Meinungsverschiedenheiten über diese Merkmale. Silvia, Kaufman, Reiter-Palmon und Wigert führten eine sehr differenzierte Analyse durch, in der sie sich bemühten, zwischen Unlust und Feindseligkeit konsequent zu unterscheiden und schlussfolgerten, dass geringe Verträglichkeit oft mit Feindseligkeit verwechselt wird. Sie argumentierten, dass kreative Menschen oft nicht einmal unsympathisch sind, sondern einfach protzig oder im Sinne von Johnson, selbstverherrlichend.

7.3 Gemeinsamkeiten hinsichtlich Motivation und Emotionen

Gino und Ariely (2011) zeigten, dass es nicht selten vorkommt, dass auch prosoziale Menschen das Gesetz brechen, sich aber nicht als schlechte Menschen betrachten. Dies ist besonders dann der Fall, wenn diese Menschen hoch motiviert sind. Mit Kriminalität einhergehende Gefühle wie etwa Reue werden durch eine hohe Motivation, sich für eine gute Sache zu engagieren, verdrängt. Wir haben im ▶ Kap. 3 darauf hingewiesen, dass Unzufriedenheit mit dem Status quo und hohe Motivation, die Lage positiv zu verändern (etwa Fehler zu beseitigen, Lücken zu schließen, Produkte zu vervollständigen), Merkmale kreativer Menschen sind. Sie zeigen eine Kombination aus Motivation, Neues einzuführen, selbstsüchtigen und selbstgerechten moralischen Urteilen, geringer Besorgnis um die Auswirkungen ihrer Handlungen auf andere Menschen und der Flexibilität, Ereignisse zur eigenen Gunsten umzudeuten und so ein schlechtes Gewissen zu vermeiden. Dieses Zusammenspiel von Eigenschaften setzt solche Menschen einem größeren Verbrechensrisiko als weniger kreative Menschen aus: kreative Individuen können als für Kriminalität *anfällig* beschrieben werden.

Viele anerkannt kreative Individuen haben ihre Unzufriedenheit mit dem aktuellen Stand der Dinge beschrieben und den Einsatz von Kreativität hervorgehoben, um diese Unzufriedenheit zu beseitigen – bekannte Beispiele sind Albert Einstein und Thomas Alva Edison. Sowohl Kreative als auch Kriminelle können riskante Strategien einsetzen, um Ziele zu erreichen und sind offensichtlich bereit, den Status quo infrage zu stellen – wahrscheinlich in dem Glauben, dass sie es schaffen können (wohingegen andere es nicht können). Lemert et al. (2000, S. 93) bezogen sich auf das Leben von Scheckfälschern „am Rande der Gesellschaft". Die Bereitschaft, am Rande zu leben, lässt auf eine geringere Angst vor Bedrohungen und ein geringeres Bedürfnis nach Sicherheit schließen. Gamman und Raein (2010, S. 164) betonten insbesondere die „Notwendigkeit, anders zu sein": einen Drang, etwas zu tun, und die Bereitschaft, Risiken dafür einzugehen. Letztere wird durch Selbstvertrauen oder die Überzeugung unterstützt, mehr Glück als andere Menschen zu haben oder schlauer als sie zu sein und folglich, es schaffen zu können.

Was entscheidend dabei sein kann, ob Kreativität für positive oder negative Zwecke genutzt wird, ist die Selbstkontrolle. Dies ist eine stabile persönliche Eigenschaft, die in einem frühen Alter wahrnehmbar ist und ein Leben lang bestehen bleibt. Gottfredson und Hirschi (1990) zeigten, dass Menschen mit geringer Selbstkontrolle oft aus dem Impuls heraus agieren; nicht selten ist das Ergebnis abweichendes Verhalten. Laut Gottfredson und Hirschi und Longshore et al. (1996) neigen Individuen mit geringer Selbstkontrolle dazu, eigennützig und impulsiv zu agieren, sofortige Befriedigung zu suchen, Mangel an Beharrlichkeit zu haben, risikosuchend und unempfindlich für Bedürfnisse anderer zu sein. Lynam und Miller (2004) zeigten, dass solche Menschen oft richtig und falsch nicht abwägen und die Folgen ihrer Handlungen für andere häufig trivialisieren. Wie in früheren Abschnitten gezeigt wurde, sind solche Eigenschaften für regelwidrige, normenwidrige Verhaltensweisen günstig, die zu sowohl Kriminalität als auch Kreativität führen können.

In einer Diskussion der *aktiven* Rolle der Einzeltäter (im Gegensatz zum Stereotyp von Tätern als passiven Empfängern von allem, was die Umwelt bietet), betonte Agnew (2011) das Phänomen der „Kontrolle" [engl.: control] und bezog sich auf „Handlungslust" [engl.: agency]. Handlungslustige [engl.: agentic] Individuen verfügen über persönliche Eigenschaften wie etwa Flexibilität, motivationale Merkmale wie etwa den Wunsch nach Veränderung, und die Fähigkeit, sich eine breite Palette von Optionen vorzustellen (d. h. divergent zu denken). Agnew ging ausdrücklich auf die Verbindung solcher Eigenschaften mit Kreativität ein. Solche Menschen verhalten sich zumindest zum Teil unvorhersehbar und weichen vom Gewohnten ab, manchmal in Form von Verbrechen, manchmal aber gesetzestreu. So verknüpft er sowohl Kreativität als auch Kriminalität mit der Kontrolle und der Handlungslust.

7.3.1 Kriminalität als Spaß

Die Rolle der Lust am Verbrechen wird in Gamman und Raeins (2010) Fallstudie von Buster Edwards verdeutlicht. Edwards war einer der sogenannten Großen Zugräuber [engl.: great train robbers] und folglich ein Komplize von Ronnie Biggs, der schon erwähnt worden ist. Dieser Raub wurde auf innovative Art und Weise organisiert und mit Mut und Elan ausgeführt. Edwards war Soldat, Boxer und Nachtklubbesitzer, bevor er sich dem Verbrechen zuwandte. Er hatte die Kriminalität als Weg zum „guten Leben" bewusst gewählt; er war weder gesellschaftlich ausgestoßen noch eine Person, die ihr ganzes Leben in kriminellen Kreisen verbracht hatte. Es war also nicht so, dass er keine andere Wahl hatte, keine sozialen und beruflichen Fähigkeiten besaß, in seinem Freundeskreis unwiderstehlichem Druck ausgesetzt wurde oder er einfach nach den abweichenden Normen einer kriminellen Subkultur lebte.

Nach seiner Haftzeit wegen des Raubes wurde Edwards 1975 entlassen und verdiente seinen Lebensunterhalt durch das Betreiben eines Blumenstands an der Waterloo Station in London. In einem Fernsehinterview sagte er, dass er sich nach seinem vorherigen kriminellen Leben sehnte, weil es *aufregend* war. Im Gegensatz dazu war sein Leben auf der richtigen Seite des Gesetzes langweilig. Die Kriminalität hatte sein Bedürfnis nach Aufregung befriedigt. Gamman und Raein erwähnten auch, dass es Beweise gibt, dass sogar einige Verbrechen aus Hass, die antisoziale Pathologie zu verkörpern scheinen, von den Tätern vor allem als eine aufregende Möglichkeit gesehen werden, der Langeweile zu entkommen.

7.4 Der schmale Grat zwischen Kriminalität und Kreativität

Gamman und Raein (2010, S. 172) gaben eine Reihe von Beispielen anerkannter zeitgenössischer Künstler, die „transgressives Verhalten" [engl.: transgressive behavior] benutzten, um „künstlerische Aussagen" zu machen. Diese Beispiele schließen einen Künstler ein, der ein Modell entführte und die Frau misshandelte, um „gute Perspektiven" für seine Arbeit zu schaffen, eine Frau, die Menschen belauerte, um das Übel der Überwachung aufzudecken und einen Mann, der Ladendiebstahl beging und die gestohlenen Waren in einer Galerie zur Schau stellte. Auch dabei ist ein Künstler, der, um gegen die Ablehnung seiner Arbeit durch eine Galerie zu protestieren, eine

Presseerklärung veröffentlichte, in der fälschlicherweise berichtet wurde, dass seine Eltern in ihrem Bett enthauptet worden seien und er Selbstmord begangen habe.

Obwohl einfallsreiche Täter in der Regel nicht darauf abzielen, eine kreative Aussage, sondern eher Beute zu machen, scheinen sie eine Reihe von Eigenschaften mit Menschen zu teilen, deren Arbeit in der Gesellschaft als kreativ gefeiert wird. Julius (2002) skizzierte einige dieser Ähnlichkeiten: Dazu gehört die Fähigkeit, die Umgebung zu scannen und eine günstige Situation zu erkennen und auszunutzen. Künstler und einfallsreiche Kriminelle bedienen sich auch des divergenten Denkens, um beispielsweise etwas Praktisches zu tun (Gamman und Raein 2010, S. 162). De Grave (1995) gab Beispiele für das Selbstvertrauen von Trickbetrügern. In einer viel jüngeren Studie haben Andrews et al. (2006) „Abenteuerlust" als eins der vier wichtigsten psychologischen Merkmale von Kriminellen identifiziert (s. z. B. Buster Edwards oben). In der öffentlichen Meinung sind solche Eigenschaften typischerweise nicht mit Kriminalität, sondern mit Kreativität in Zusammenhang gebracht worden. Gamman und Raein (2010) betonten das Gefühl, Außenseiter zu sein, das bei sowohl kreativen als auch kriminellen Menschen beobachtet wird. Gladwell (2008) schrieb von sozialen „Überfliegern" [engl.: outliers], die bewusst außerhalb des Alltäglichen stehen und nach Möglichkeiten suchen, die sie für die eigenen Zwecke nutzen können: in dem einen Fall, um etwas Kreatives zu schaffen, in dem anderen, um große Beute zu machen.

7.4.1 Die Verlockung der Anmaßung

Gabora und Holmes (2010) haben den interessanten Punkt hervorgehoben, dass manche Menschen tatsächlich ein Interesse daran haben, die Unterschiede zwischen Kreativität und sozial marginalem, wenn nicht antisozialem Verhalten zu verwischen. Etablierte kreative Individuen können ihr eigenes Leben rationaler und bedeutungsvoller oder romantischer und aufregender erscheinen lassen, indem sie „Mythen" über die eigene Lage lancieren: zum Beispiel wegen der Kreativität sozial ausgestoßen zu sein. Auch leicht vorstellbar ist, dass Kriminelle romantische oder heroische Stereotypien über sich selbst übernehmen und verbreiten, um ihr Verhalten zu rechtfertigen, indem sie zum Beispiel behaupten, durch ungünstige Lebensumstände zur Kriminalität gezwungen zu werden, lediglich gegen Unterdrückung zurückzuschlagen oder Kämpfer gegen Ungerechtigkeit zu sein. Ein gutes Beispiel dafür ist der australische Volksheld aus dem 19. Jahrhundert, Ned Kelly, ein mehrfacher Mörder, der sich im sogenannten „Jerilderie-Brief" genau im eben dargestellten Sinne (zur Kriminalität gezwungen, Kämpfer gegen Ungerechtigkeit usw.) beschrieb und im australischen Volksmund mit Sprüchen wie „tapfer wie Ned Kelly" [engl.: game as Ned Kelly] noch bewundert wird.

Grenzfälle sind leicht zu finden. Ein Beispiel bieten Menschen, die „Culture Jamming" betreiben (Brisman 2010, S. 210), etwa durch das Beschmieren von Reklametafeln, um die wahren und unheilvollen, manipulativen Zwecke der Werbung aufzudecken. Weitere Beispiele bieten der „Interventionismus" (etwa Störung des Straßenverkehrs, um zu demonstrieren, dass die Straßen kommunales Eigentum sind) und „Sabotage" (z. B. Zerstörung von Tierlabors oder Sägemühlen). Der Zweck solcher Handlungen ist reformistisch und soll dazu dienen, „repressive Strukturen in der Gesellschaft zu unterminieren" (Brisman 2010, S. 215). Die Täter sehen sich als Sozialreformer, die sich bemühen, Unrecht, Missbrauch und Gewalt aufzudecken. Vor kurzem haben die verschiedenen Occupy-Bewegungen (Occupy Wall Street, Occupy London, Occupy

Moscow und dergleichen) in der Tat neuartige und wirkungsvolle Formen des Protestverhaltens entwickelt – wie die Zeltstädte, die sie aufgebaut haben. Einige Gerichte jedoch haben solche Menschen als Randalierer, Plünderer und Brandstifter verurteilt. Der Unterschied ist nicht immer klar auszumachen.

In jüngerer Zeit ist es fast üblich geworden, dass Internet-Aktivisten für destruktive Aktionen wohlwollende Motive für sich in Anspruch nehmen. Beispiele sind das Hacking von Internetseiten, die Zerstörung von Dateien, die Änderung oder das Löschen von Informationen oder generell das Verursachen von Unannehmlichkeiten, Chaos oder enormen finanziellen Schäden. Ein Fallbeispiel bietet Robert Morris, ein Hacker in den USA, der im November 1988 tausende Computer großer Firmen mit einem Virus infizierte und Millionen Dollar Schaden verursachte. Er behauptete, dass sein „Wurm" für Forschungszwecke aktiviert wurde, aber trotzdem wurde er verurteilt und bestraft. In den Augen des Gerichts hatte seine Arbeit die Grenze überschritten und war kriminell geworden, auch wenn seine Absicht tatsächlich wohlwollend war. Ungeachtet des möglichen Schadens für die betroffenen Personen veröffentlichen Internet-Aktivisten vertrauliches Material – im Dienste dessen, was sie als ein höheres Gut betrachten (zum Beispiel die Machenschaften der Regierung aufzudecken). Es mag schwierig sein zu entscheiden, ob solche Leute Helden oder Bösewichte sind, zumal ihre Medienaussagen manchmal den Eindruck von Selbstgerechtigkeit und übertriebenes Selbstwertgefühl vermitteln.

7.5 Die Gemeinsamkeiten von Kriminalität und Kreativität

Der schmale Grat zwischen Kriminalität und wohlwollender Kreativität kann in der Tat vage und wechselnd sein und von verschiedenen Menschen und Gruppen in der Gesellschaft unterschiedlich verstanden werden. Die Grenze kann von Gesetzeshütern und Tätern unterschiedlich platziert oder sogar selbstsüchtig verschleiert werden, zum Beispiel zum Zwecke der Selbstverherrlichung oder Selbstrechtfertigung. Trotzdem gibt es auffällige psychologische Ähnlichkeiten zwischen kreativen und kriminellen Menschen. Einige Beispiele werden in ◘ Tab. 7.1 dargestellt.

Die Tabelle lehnt sich an zwei der in ▶ Kap. 3 ausführlich besprochenen Ps der Kreativität an: „Prozess" und „Person". Die aufgeführten Prozesse und persönlichen Eigenschaften sind für die Generierung wirkungsvoller Neuheit förderlich, unabhängig davon, ob die Neuheit zu positiven oder negativen Produkten führt. Aus ◘ Tab. 7.1 geht hervor, dass diese Prozesse und persönlichen Eigenschaften in der Tat Grenzüberschreitungen fördern: zum Beispiel Egozentrismus, moralisches Losgelöstsein, Impulsivität, Rebellion oder Freude an Herausforderungen. Gamman und Raein (2010) wiesen darauf hin, dass manche Künstler die Grenzen tatsächlich in voller Kenntnis der Tatsache überschreiten, dass es sich bei den betreffenden Handlungen um Verbrechen handelt. Sie glauben aber, dass das Verbrechen im Endeffekt dem Gemeinwohl der Gesellschaft dienen wird, z. B durch den Abbau von Tabus oder das Bloßstellen der dunklen Seite der Gesellschaft. Ähnliches lässt sich über Menschen wie soziale Aktivisten oder Internet-Aktivisten sagen. Das bedeutet, dass Menschen, die sowohl ästhetische als auch funktionale Kreativität erzeugen (s. ▶ Kap. 3), leicht dazu kommen

Tab. 7.1 Beispiele gemeinsamer Merkmale kreativer und krimineller Menschen

Psychologischer Bereich

Prozess	Persönliche Merkmale	Persönliche Motivation	Persönliche Gefühle
Umfeld-Scanning	Offenheit	Unzufriedenheit	Gefühl, Außenseiter zu sein
Schnelles Erkennen von Möglichkeiten	Flexibilität	Aufsässigkeit	Selbstvertrauen
Erkennen fernliegender Zusammenhänge	Impulsivität	Drang, etwas zu unternehmen	Erfolgserwartung
Erkennen unerwarteter Zusammenhänge	Nonkonformismus	Sensationsgier	Gefühle der Rebellion
Umdefinieren von Problemen	Bereitschaft, Normen zu verletzen	Risikolust	Freude an Herausforderungen
Erkennen wirkungsvoller Strategien	Moralisches Losgelöstsein	Abenteuerlust	
Ausprobieren neuer Herangehensweisen	Opportunismus		
	Mut		
	Selbstvertrauen		
	Egozentrismus		
	Einfallsreichtum		
	Erfindergeist		
	Durchsetzungsvermögen		

können, Grenzen zu überschreiten. Demzufolge können persönliche Eigenschaften der in ◘ Tab. 7.1 dargestellten Art kreative Menschen für Grenzüberschreitungen „anfällig" machen.

7.5.1 Eine gemeinsame Quelle?

Die Überschneidungen zwischen Kreativität und Kriminalität sind so auffällig, dass einige Forscher vermutet haben, dass sie einen gemeinsamen biologischen Ursprung haben müssen. Von besonderem Interesse sind in diesem Zusammenhang Ansätze, nach denen die biologischen Grundlagen beider identisch sind. Kurz gesagt, sowohl Kriminelle als auch sozial anerkannte Kreative leben dieselben biologischen Antriebe aus, auch wenn die Ergebnisse (Produkte) ihres Tuns von dem sozialen Umfeld sehr unterschiedlich bewertet werden.

Kanazawas (2003) evolutionspsychologische Forschung und Theorie ist auf Männer beschränkt – aus Gründen, die bald klar werden. Dies bedeutet nicht, dass Frauen weder kriminell noch kreativ sein können, aber eine eingehendere Diskussion dieses Punktes würde die Grenzen dieses Buches sprengen. Laut Kanazawa sind sowohl Kriminalität als auch Kreativität Ausdruck eines kompetitiven Drangs junger Männer, welcher aus der Umwelt der Vorfahren stammt. Die ursprüngliche Funktion des Wettbewerbstriebs war, den Fortpflanzungserfolg zu steigern, und weil es ziemlich erfolgreich war, wurden die „Wettbewerbs-Gene" an viele Nachkommen weitergegeben. Im Vergleich zum Überlebenskampf der Steinzeit hat die heutige Gesellschaft relativ friedliche Normen und zumindest versucht, Aggressivität, Gewalt oder unrechtmäßige Aneignung der Besitztümer anderer zu unterbinden. Heute können Männer den Wettbewerbskampf „auf evolutionär neuer Art und Weise austragen – in der Wissenschaft, der Musik, der Kunst und der Literatur" (Kanazawa 2003, S. 265). Diejenigen, die in der Lage sind, den Wettbewerbskampf in sozial positiv eingeschätzten Feldern wie den eben erwähnten auszutragen, bekommen soziale Anerkennung und gelten als kreativ oder mindestens als erfolgreich. Diejenigen, denen es an gesellschaftlich anerkannten Talenten fehlt, die aber über mehrere der in ◘ Tab. 7.1 aufgeführten Qualitäten verfügen, können diese Qualitäten durch Kriminalität zum Ausdruck bringen.

Wie andere Evolutionspsychologen kann Kanazawa (2003) keine experimentelle oder gar quasi-experimentelle Forschung durchführen, da er Schlüsse aus Ereignissen zieht, die vor Jahrmillionen stattfanden. Er stützt sich stattdessen auf Korrelationsbefunde. In seiner Forschung tut er dies jedoch mit großem Einfallsreichtum und greift dabei auf moderne Daten zurück, die zwei interessante Zusammenhänge betreffen: einen zwischen *Alter* und Kreativität (bzw. Verbrechen) und einen zwischen *Ehe* und Kreativität (bzw. Verbrechen). Zusammengefasst kommt er zu dem Ergebnis, dass sowohl Kriminalität als auch Kreativität überwiegend Tätigkeitsfelder von jungen, ledigen Männern sind. Da er sich mit Korrelationsdaten befasste, sind a) Ursache-und-Wirkung-Schlussfolgerungen nur logische Schlüsse und beziehen sich b) die Befunde nur auf Tendenzen.

Kanazawa zeigte (2003, S. 264), dass, obwohl es „lebenslange Gewohnheitstäter" [engl.: lifecourse persisters] gibt, die meisten Kriminelle „adoleszenzbegrenzte Täter" [engl.: adolescence limiters] sind. In einer eigenen Studie über 280 *kreative* Wissenschaftler (hauptsächlich männliche Mathematiker, Physiker, Chemiker und Biologen), fast alle Persönlichkeiten des 18. Jahrhunderts bis zur Gegenwart, zeigte Kanazawa, dass zwei Drittel der Gruppe ihren bedeutendsten Beitrag bis zum Alter von 35 und 80 % bis etwa zum 40. Lebensjahr leisteten. Das Durchschnittsalter lag bei 35,4 Jahren. Kanazawa berichtete, dass diese Beziehung zwischen Alter und Kreativität auch bei männlichen Jazzmusikern wiederholt wurde, und dass die Beziehung auch für Maler und Autoren gilt. Obwohl ihre Analyse viel differenzierter war, berichteten auch Kozbelt und Meredith (2011) in einer Studie von 173 klassischen Komponisten, dass die Musiker im Alter von etwa 40 Jahren ihre besten Werke produzierten.

Nicht nur das Alter, sondern auch die Ehe führt häufig zu einem Rückgang der Kreativität (Kanazawa 2003). Ein sehr hoher Anteil von Wissenschaftlern hörte kurz nach der Heirat mit kreativer Arbeit auf, während unverheiratete Wissenschaftler als Gruppe weiterhin kreative Beiträge leisteten. Demzufolge kann sich der Zusammenhang zwischen Alter und Kreativität zumindest teilweise aus einer Verwischung von Alter und Familienstand ergeben, weil das Durchschnittsalter der Spitzenleistung bei unverheirateten Männern etwa 10 Jahre höher war als bei Familienvätern. Was das Thema Kriminalität anbelangt, so hat Kanazawa (2003) bestehende Befunde in Bezug auf Alter und Verbrechen sowie Ehe und Verbrechen überprüft und gezeigt, dass auch in dieser Hinsicht die Beziehungen sehr ähnlich sind. Sowohl das Altern als auch die Eheschließung führen zu einem starken Rückgang der kriminellen Energie. Gleiches gilt für andere Arten von Risikoverhalten: Bei den Kreativen nehmen persönliche Merkmale wie Ambiguitätstoleranz und Offenheit für das Neue ab, während bei den Kriminellen gedankenlose Hochrisikoverstöße wie riskantes Fahren oder Verstrickungen in Kraftfahrzeugunfällen mit zunehmendem Alter erheblich abnehmen (Kanazawa 2003, S. 270).

Kanazawas Erklärung ist, dass sowohl bei Kreativität als auch bei Verbrechen derselbe Mechanismus wirkt: im Wesentlichen ein genetisch verankerter Drang unter jungen Männern, Status und Macht zu erlangen, um den Fortpflanzungserfolg zu steigern. Der Erfolg der Träger der entsprechenden Gene bei der Fortpflanzung ist in der Antike so groß gewesen, dass diese Gene heute fortbestehen. Der Rückgang von Kreativität und Kriminalität nach der Heirat (der Unterlassungseffekt [engl.: desistance effect]) tritt auf, weil Männer durch Heirat aus der Konkurrenz um die Wahl einer Fortpflanzungspartnernerin austreten. Sie kümmern sich mehr um die Betreuung ihrer bestehenden Kinder als um das Bestreben, zusätzliche Frauen zu schwängern (S. 269). Zweifelsohne war in den Höhlen der Steinzeit die Unterlassung dieses Bestrebens besonders klug, weil „Wettbewerb mit kinderlosen jüngeren Männern buchstäblich gefährlich war". Sinngemäß lautet Kanazawas These: Sowohl das Verbrechen als auch die Kreativität sind Ausdruck eines aus der Steinzeit geerbten, unmittelbaren wetteifernden Wunsches junger Männer, den Fortpflanzungserfolg zu erhöhen.

7.5.2 Die Erregungstheorie

Eysencks (1995) „Allgemeine Erregungstheorie der Kriminalität" [engl.: general arousal theory of criminality] postuliert eine in der biologischen Funktion verankerte, allgemeine Neigung zu Verhaltensweisen, die das Erregungsniveau des zentralen Nervensystems erhöhen, etwa Regelbruch, risikoreiches Verhalten und ähnliches. Er argumentierte, dass eine angeborene geringe Erregbarkeit des Zentralnervensystems bestimmter Menschen sie zu impulsiven, risikofreudigen und erregungssuchenden Verhaltensweisen zwingt, um ihre Erregung auf das optimale Niveau zu heben. Einige schaffen dies mittels Handlungen, die von Beobachtern als „kreativ" eingestuft werden, andere aber durch Verstrickung in Verhaltensweisen, die die Gesellschaft als Verbrechen ansieht. Egal welches Ergebnis sich ergibt – Kreativität oder Kriminalität –, liegt ein Drang nach Aktivierung des Zentralennervensystems (d. h. „Erregung") beiden zugrunde. Diese biologische Disposition ist sehr erblich. Andere Forscher haben diese Beziehung empirisch untersucht und eine gewisse Unterstützung für die Vorstellung einer Verbindung zwischen Erregbarkeit und Kriminalität bzw. Kreativität geliefert (z. B. Aluja und Garcia 2005; Lynam und Miller 2004).

Gamman und Raein (2010) fassten die Ergebnisse der Forschung über Gehirnfunktion, Devianz, Kreativität und Kriminalität zusammen und sind zu dem Schluss gekommen, dass es tatsächlich Gründe gibt, alle drei Verhaltenskategorien als „soziale Etiketten" zu betrachten, die Verhaltensweisen kategorisieren, die sich aus demselben neurologischen Zustand ergeben. Im Falle einiger Menschen werden ihre erregungssuchenden Verhaltensweisen als Pathologie oder Kriminalität betrachtet, bei anderen dahingegen als Kreativität. Kuszewski (2009) wies darauf hin, dass Forscher heutzutage bildgebende Kernspintomografie, PET-Scans und EEG-Muster verwenden, um die Neurologie der Kreativität zu untersuchen. Sie erforschen auch die Genetik von Kreativität und Verbrechen durch Studien, zum Beispiel in Molekulargenetik. Reuter et al. (2006) berichteten über die Identifizierung des ersten Kundidatengens für Kreativität. Kanazawa (2003; s. oben) bezog sich auch auf Forschung, die die Identifizierung eines Kreativitätsgens oder einer solchen Genkonstellation zum Ziel hat.

Schon wieder allerdings taucht noch ein Paradoxon auf. Einige Wissenschaftlicher haben die Frage aufgeworfen, ob der Erfolg dieser Suche ein Segen oder ein Fluch wäre: Genmanipulation könnte vielleicht das Kriminalitätsgen eliminieren, könnte aber gleichzeitig die Kreativität beseitigen, weil es sich um dasselbe Gen handelt. Übrigens bietet diese Möglichkeit ein weiteres Beispiel für die negative Seite der Kreativität: gut gemeinte kreative Forschung könnte zu einer Katastrophe für die Kreativität führen. Denkbar ist, dass die Kriminalität so etwas ist wie der soziale Preis der Kreativität.

7

7.6 Wo liegen die Unterschiede?

Gibt es dann gar keine psychologischen Unterschiede zwischen Kreativität und Kriminalität? Angesichts der im ▶ Kap. 5 beschriebenen Vorteile der Kreativität sowohl für das Individuum als auch für die Gesellschaft würde die Unfähigkeit, zwischen den beiden zu unterscheiden, ernsthafte Probleme verursachen, z. B. in Zusammenhang mit Präventionsmaßnahmen. Wie Hilton (2010) bemerkte, wenn jeder alle denkbaren negativen Folgen jeder Handlung, die zweckdienliche wirkungsvolle Neuheit einführte, in Betracht ziehen und sorgfältig abwägen würde, könnte die Kreativität gänzlich aufhören. Aber Kreativität ist unentbehrlich. Sie ist ein Instrument der sozialen Erneuerung in Kunst, Philosophie, Religion, Politik, Wissenschaft, Technik, Technologie, Industrie, Handel und Gesundheitswesen, um nur einige Beispiele zu nennen. Wir haben im ▶ Kap. 5 bereits die Schlussfolgerung von Rorty (1979, S. 351) angeführt, dass Gesellschaften ohne Kreativität aufhören würden sich zu entwickeln und „allgegenwärtiger technokratischer Totalitarismus" dazu führen würde, dass sie alle eintönig identische Kopien voneinander würden. Es sieht also so aus, als ob die *negative* Kreativität den fast unvermeidlichen Preis für die positiven Ergebnisse der Erzeugung zweckdienlicher, wirkungsvoller Neuheit sei. Die Fähigkeit, zwischen Kreativität und Kriminalität zu unterscheiden, dürfte daher äußerst wichtig sein.

Abweichungen vom Herkömmlichen können zwar disruptive soziale Auswirkungen haben; Tatsache ist jedoch, dass solche Abweichungen immer wieder auftauchen. Tiger und Fox (1971, S. 52–54) wiesen darauf hin, dass viele – aber nicht alle – Gesellschaften ihre „radikalen Politiker, blutrünstigen Intellektuellen, Verbrecher, religiösen Wahnsinnigen, unkonventionellen Künstler, militärischen Genies, visionären Dichter, reformistischen Priester und revolutionären Philosophen" zumindest zum Teil tolerieren. Der Grund dafür ist ziemlich einfach: „manchmal zahlt sich ihr innovatives Verhalten aus" (S. 54). Zum Glück gibt es offenbar erkennbare Unterschiede zwischen Menschen, die als kreativ toleriert oder sogar gefeiert werden, und denjenigen, die als Verbrecher verurteilt werden. Um ein krasses Beispiel zu nehmen, würden die meisten

Menschen wahrscheinlich deutliche Unterschiede zwischen Mahatma Gandhi und Adolf Hitler sehen, selbst wenn sie diese nur allgemein ausdrücken könnten. In diesem Abschnitt werden wir solche Unterschiede im Hinblick auf die Ps der Kreativität systematischer untersuchen.

7.6.1 Prozess

Wir haben die gemeinsamen Merkmale von Prozess in positiver Kreativität und Verbrechen bereits betont – Abweichung von der Norm, Brechen von Regeln, Dinge anders machen usw. Salcedo-Albarán et al. (2009) haben aber argumentiert, dass es aus sozialer Sicht einen großen Unterschied gibt. Diesen Autoren zufolge bilden positive Kreativität und Kriminalität, die sie „Illegalität" nennen, „polare Gegensätze" (S. 2) eines Kontinuums, das sich auf den Prozess des Regelbrechens bezieht. Der eine Pol umfasst das Brechen gesetzlich festgelegter Regeln. Die Gesellschaft nennt dies „Kriminalität", obwohl es aus unserem Blickwinkel immer noch kreativ sein kann. Der andere Pol beinhaltet das Brechen von Gewohnheitsregeln; häufig wird dies von der Gesellschaft „kreativ", aber auch unreif, eigenwillig, draufgängerisch, exzentrisch oder verrückt genannt.

Laut Salcedo-Albarán et al. (2009) sind Kreativität und Kriminalität gleichzeitig dasselbe und doch unterschiedlich. Die Unterschiede umfassen:

- die Art der Regeln, die gebrochen werden: positive Kreativität bricht nur informelle, nicht-gesetzliche Regeln wie soziale Konventionen oder die Regeln von Kunst, Musik, Handel und ähnlichem, wohingegen Kriminalität das Brechen formaler gesetzlicher Regeln umfasst;
- das was wir die „Vorteils-Balance" genannt haben (▶ Kap. 6). Positive Kreativität bringt Vorteile für die Gesellschaft – oder zielt zumindest darauf ab –, wohingegen Kriminalität kein solches Ziel verfolgt und oft auf Schäden für die Gesellschaft abzielt.

Bodankin und Tziner (2009, S. 549) unterschieden zwischen „destruktiven" und „konstruktiven" Abweichungen und hoben die Bedeutung letzterer für Fortschritt und Entwicklung hervor. Mainemelis (2010, S. 559) bezog sich direkt auf „kreative Abweichung" und gab ein Beispiel eines Extremfalls: ein Ingenieur, der die konkrete Anweisung von Managern, ein Projekt aufzugeben, bewusst missachtete und schließlich die LED-Beleuchtungstechnologie entwickelte.

Gamman und Raein (2010) waren der Meinung, dass Künstler in der Regel Tabus im Dienste dessen brechen, was sie für das Allgemeingut halten und somit sozial positiv orientiert sind, egal ob die Gesellschaft diese Meinung teilt oder nicht. Aus ihrem Blickwinkel ist ihr Regelbruch prosozial und gut gemeint. Kriminelle hingegen verfolgen ihre eigenen egoistischen Ziele, ohne an das Wohl der anderen zu denken. Einige Kriminelle sind nicht nur gleichgültig gegenüber dem Wohl anderer, sondern können absichtlich auch Schäden anrichten; Terroristen bieten dafür ein offensichtliches Beispiel. Gamman und Raein sehen diesen Unterschied (Motivation zur Abweichung, die sich aus der Hoffnung auf positiven sozialen Wandel ergibt, versus Gleichgültigkeit oder sogar Böswilligkeit) als entscheidend. Positive Kreativität umfasst zwar Regelbruch, allerdings mit wohlwollender – auch eventuell fehlgeleitete – Absicht, wohingegen Kriminalität immer auf böswilliger Absicht basiert.

7.6.2 Persönliche Eigenschaften, Motive und Gefühle

Die Frage der Motivation wurde von TenHouten (1999, S. 800) direkt besprochen. Er lenkte die Aufmerksamkeit auf das Thema „wechselseitige Beziehungen zwischen Kreativität und Absicht". In einer ausführlichen Diskussion darüber, wie man zwischen positiver und negativer Kreativität unterscheiden kann, betonten auch Kampylis und Valtanen (2010) die Absichten, Pläne und Werte des Individuums (d. h. sie gingen auf die Ps der persönlichen Motivation und der persönlichen Gefühle und Werte ein). Gamman und Raein (2010, S. 173) kamen zu dem Schluss, dass öffentlich anerkannte, hoch angesehene Kreative häufig ein hohes Maß an Empathie aufweisen, wohingegen Kriminelle wenig Mitgefühl an den Tag legen – genau das Gegenteil. Das herausragende Beispiel für den Mangel an Empathie sind Trickbetrüger, die gefühllos, unbarmherzig und ohne Gefühle für andere sind (Hare 2006).

Ein ähnlicher Ansatz, der zu ähnlichen Schlussfolgerungen führt, basiert auf Untersuchungen, die zeigen, dass sowohl Kreativität als auch Kriminalität mit persönlichen

7

◘ Tab. 7.2   Psychologische Unterschiede zwischen Kreativität und Kriminalität

P	Kreativität	Kriminalität
Produkt	– Sozial verantwortungsvoll	– Sozial verantwortungslos
	– Moralisch bewundernswert	– Moralisch verwerflich
	– Dem Gemeinwohl dienlich	– Ausbeuterisch
	– Wohlwollend	– Böswillig
Prozess	– Bricht Gewohnheitsregeln	– Bricht Gesetze
	– Weicht konstruktiv ab	– Weicht destruktiv ab
Persönliche Merkmale	– Optimistische Einstellung	– Pessimistische Einstellung
	– Hohe Empathie	– Niedrige Empathie
	– Hohe Impulsivität	– Hohe Impulsivität
	– Hohe Selbstkontrolle	– Niedrige Selbstkontrolle
	– Große Ego-Stärke	– Geringe Ego-Stärke
Motivation	– Wohlwollende Absicht	– Böswillige Absicht
	– Niedrige Impulsivität	– Hohe Impulsivität
	– Fähig, Grenzen zu setzen	– Unfähig, Grenzen zu setzen
	– Sucht öffentliche Aufmerksamkeit	– Vermeidet öffentliche Aufmerksamkeit
Interaktion mit dem Umfeld	– Niedriger Sozialparasitismus	– Hoher Sozialparasitismus
	– Gruppenorientiert	– Selbstorientiert
	– Unterstützt das Gemeinwohl	– Schadet dem Gemeinwohl
	– Öffentliche Aufmerksamkeit erwünscht	– Öffentliche Aufmerksamkeit unerwünscht

Eigenschaften wie Impulsivität, Erregungslust (im Sinne von Eysenck;) [engl.: sensation seeking] und niedriger Selbstkontrolle verbunden sind, dies aber nicht auf identische Art und Weise. Kipper et al. (2010) berichteten, dass Impulsivität negativ mit Kreativität korreliert, während Erregungslust mit ihr positiv korreliert. Dacey und Lennon (1998) dagegen zeigten, dass Selbstkontrolle positiv mit Kreativität korreliert. Obwohl also sowohl Kreativität als auch Kriminalität positiv mit der Erregungslust korrelieren, korreliert Kriminalität positiv mit Impulsivität, negativ aber mit Selbstkontrolle. Das bedeutet, dass sowohl anerkannte Kreative als auch Kriminelle zwar Erregung suchen, kreative Individuen haben ihre Impulse aber besser unter Kontrolle.

Die Hauptunterschiede zwischen der Erzeugung effektiver Neuheit bei Kreativität und Kriminalität sind in ❏ Tab. 7.2 in Bezug auf den in diesem Buch üblichen psychologischen Rahmen – die „Ps" der Kreativität – zusammengefasst. Es muss aber eingeräumt werden, dass die Einträge in der Tabelle starke Vereinfachungen oder idealisierte Beschreibungen sind, die schnell zu Stereotypien werden können, nach denen gefeierte Kreative immer sehr gut und Kriminelle immer sehr schlecht sind. Einige anerkannt Kreative sind zum Beispiel zweifellos sehr impulsiv und unfähig, Grenzen zu setzen, obwohl die Tabelle sie als wenig impulsiv und durchaus fähig beschreibt, Grenzen zu setzen. Nichtsdestotrotz bietet die Tabelle einen allgemeinen Überblick über die vorherrschenden *Tendenzen* bei den aufgelisteten Ps und zieht einen scharfen Kontrast zwischen den beiden Gruppen. So ermöglicht das P-Modell der Kreativität eine psychologische Unterscheidung zwischen kreativem Verbrechen und positiver Kreativität und bietet Einblicke, wie man sich dem einen widersetzen kann, ohne das andere zu verhindern. Dieses Problem wird in ▶ Kap. 10 eingehender behandelt.

Betrug: Gaunerei, Abzocken und Schwindel

© Springer Fachmedien Wiesbaden GmbH, ein Teil von Springer Nature 2019
D. Cropley, A. Cropley, *Die Schattenseite der Kreativität*,
https://doi.org/10.1007/978-3-658-22795-1_8

Betrug beinhaltet die Erzeugung von Neuheit, die wirkungsvoll ist und bestechend und impulsgebend sein kann: Bei Betrug handelt es sich also um Kreativität. Die Kreativität von Betrügern kann in drei Bereiche aufgeteilt werden: Erkennung von Vermögenswerten, Schaffung von Zugang dazu und Verschleierung der Missetat. Kenntnisse über den kreativen Prozess und die kreative Person legen neuartige Ansätze zum Schutz vor Betrug nahe: zum Beispiel Feststellung im Voraus von versteckter Schwachstellen von Organisationen, die von Betrügern mittels divergenten Denkens als gute Möglichkeiten für Betrug erkannt werden können oder Identifizierung von Mitarbeitern, deren persönliche Merkmale – zusammen mit Umfelddruck einer bestimmten Art – sie für Betrug besonders „anfällig" machen.

Es dürfte kaum Leute mit Internetzugang geben, die seit dem Anschluss ans Netz niemals eine Benachrichtigung aus heiterem Himmel erhalten haben, welche ihnen schnelles Geld verspricht.[1] Typischerweise muss man nur die eigene Bankverbindung und 100 € Vorkasse einem unbekannten Menschen zuschicken, und das Geld fließt. Im letzten Jahrzehnt sind solche Mitteilungen weitverbreitet bekannt geworden. Man nennt sie „Vorkassebetrug" [engl.: advance-fee fraud]. Wie die Daten zur „Kriminalitätswirtschaft" (▶ Kap. 1) zeigen, gibt es auch nicht selten Empfänger der Mails, die mitmachen. In diesem Buch wird Betrug als Unehrlichkeit, vorsätzliche Täuschung, Betrügerei oder Schummelei verstanden, die zum Vorteil eines Gauners auf Kosten eines Opfers durchgeführt wird.[2] Selten umfasst Betrug Gewalt oder Bedrohung von Leben und Eigentum, sondern er besteht eher aus Verhaltensweisen, bei denen „eine Person einen unehrlichen Vorteil gegenüber einer anderen" (Comer 1977, S. 1)[3] erlangt, nicht selten durch die Anwendung der 4 Ps von Kreativität. Das Tätigkeitsfeld „Betrug" ist also ein Paradebeispiel für das im ▶ Kap. 6 besprochene Phänomen von einer Art von Kreativität, bei der die Vorteile ausschließlich in eine Richtung fließen (und somit die Vorteils-Balance äußerst ungleich ist). Folglich bietet dieses Feld zahlreiche Beispiele der Schnittstelle von Kreativität und Kriminalität.

Laut einer KPMG-Studie über Betrug und Fehlverhalten im Unternehmen (KPMG 2011) haben Firmen 2010 in den USA 345,4 Mio. US$ durch Betrug verloren. Der durchschnittliche Betrugsfall verdoppelte sich von 1,5 Mio. US$ im Jahr 2008 auf 3 Mio. US$ im Jahr 2010, wobei 65 % der größten Betrügereien betriebsintern waren. Nur ein Drittel der Verluste wurde festgestellt. Laut dem KPMG-Betrugsbarometer erreichte der Unternehmensbetrug in 2011 546 Fälle mit Verlusten von über 1 Mrd. US$. In einer Zusammenfassung des KPMG-Berichts (KPMG 2011) erfahren wir, dass Betrüger den Kapitalstrom „stromaufwärts" zur Quelle im Finanzdienstleistungssektor verfolgen, wobei Großbanken, gefolgt von Versicherungsgesellschaften, Kreditgenossenschaften, Bausparkassen und anderen Kreditgebern die häufigsten Opfer sind. In ihrem Bericht über das Jahr 2011 (Commonwealth of Australia 2012) meldete die australische Wettbewerbs- und Verbraucherkommission eine Verlustsumme von rund 85 Mio. AU$ für das Jahr. Laut neuerer Daten aus der *Globalen Übersicht über Wirtschaftskriminalität 2018* [engl.: Global Economic Crime Survey 2018] von PricewaterhouseCoopers (2018) hatten 49 % von 7.200 befragten Unternehmen aus der ganzen Welt „Wirtschaftskriminalität in

---

1   Für ein Beispiel einer solchen E-Mail, s. ▶ http://www.potifos.com/fraud/. Zugegriffen: 19. Feb. 2015.
2   Mit dieser Beschreibung von Betrug versuchen wir nicht, eine rechtlich verbindliche Definition zu erstellen, sondern nur eine Arbeitsdefinition dessen zu bieten, womit wir uns hier beschäftigen.
3   Die jüngste Auflage dieses Buches erschien 2017 als *Corporate fraud* (London: Routledge).

den letzten 24 Monaten" erlebt (S. 2). Zu den Regionen mit der höchsten Frequenz von gemeldeten Betrugsfällen gehörten 2018 Afrika (62 % aller befragten Unternehmen), die Vereinigten Staaten (54 %) und Westeuropa (45 %).

8.1 Betrug im Laufe der Zeitalter

Die Verbreitung des Internets, des Personalcomputers und der Massenkommunikation dürfte dem Betrug zwar neues Leben eingehaucht haben, aber schon vor mehr als 40 Jahren schrieb Hamilton im Vorwort zu Comer (1977, S. vii), dass nach Gewaltdelikten Betrug „die am schnellsten steigende Art von Kriminalität in der westlichen Welt" war. Diese Statistik weist darauf hin, dass der Betrug keine Erfindung des Informationszeitalters sei. Wie wir unten zeigen werden bilden seit Jahrtausenden Verbraucher- und Unternehmensbetrug eine Bedrohung für den Handel, die Wirtschaft und das Wohl ehrlicher Bürger. Er existiert seit sich Menschen in Geschäften und im Handel engagieren.

8.1.1 Betrug in der antiken Welt

Um 1770 BCE regulierte zum Beispiel im alten Babylon der Kodex von Hammurabi die Versuche von Sklavenhändlern, Käufer durch falsche Brandmarken von Sklaven zu betrügen. Aus dem antiken Griechenland Mitte der 200er Jahre BCE stammt die Anekdote von Archimedes und der goldenen Krone, die von König Hieron II. im Auftrag gegeben wurde (beschrieben in Marcus Vitruvs „De Architectura" irgendwann im ersten Jahrhundert BCE). Der König soll einem Goldschmied eine genaue Menge Gold zum Zweck der Herstellung einer Krone gegeben haben. Nachdem er Gerüchte hörte, dass der Goldschmied ihn betrogen hatte, indem er in der Krone Gold durch weniger wertvolles Silber ersetzt hatte, beauftragte der König Archimedes mit der Aufgabe festzustellen, ob die angebliche Ersetzung tatsächlich stattgefunden hatte. Die Herausforderung für Archimedes bestand darin, dies zu tun, ohne die fertige Krone zu beschädigen. Obwohl die Geschichte eher für Archimedes' Entdeckung des nach ihm benannten archimedischen Prinzips als für seine Detektiv-Arbeit in Erinnerung bleibt, konnte er beweisen, dass der Goldschmied den König tatsächlich betrogen hatte. Aus diesem Blickwinkel ist der Vorfall ein frühes Beispiel für einen dokumentierten Versuch, einen Kunden im Rahmen einer Geschäftstransaktion bewusst zu täuschen – also für das, was wir heutzutage „Verbraucherbetrug" nennen.

8.1.2 Betrug in späteren Zeitaltern

Im mittelalterlichen Europa wurden ausgeklügelte Systeme entwickelt, um die Einheitlichkeit und Legalität von Gewichten und Maßen sicherzustellen, um betrügerischen Handel zu verhindern. In England zum Beispiel definierte das Compositio Ulnarum et Perticarum in der Zeit von 1266–1303 die verschiedenen Längeneinheiten (etwa inch, foot und yard). Reyerson (1982) berichtet von einem Fall in der französischen Stadt Montpellier Mitte des 14. Jahrhunderts, in dem einem Gewürzhändler, Johannes Andree, vorgeworfen wurde, das Gewicht von Safran durch den Zusatz minderwertiger

Substanzen zu erhöhen, um einen größeren Gewinn zu erzielen. Bemerkenswert ist nicht nur, dass es überhaupt zu einem solchen kommerziellen Betrug gekommen war, sondern auch dass die Behörden erhebliche Anstrengungen unternahmen, Betrugsfälle aufzudecken, zu regulieren und zu bestrafen. Andere bekannte Betrugsfälle sind die „Südseeblase" aus den Jahren um 1720 (MacKay 1852) und der Brooklyn-Bridge-Skandal von 1883 (Cadbury 2004).

Möglicherweise das spektakulärste und eines der kostspieligsten Beispiele für absichtlich betrügerische Geschäftspraktiken der heutigen Zeit ist der Fall Enron. Der Konkurs des Unternehmens Ende 2001 führte zum Zusammenbruch einer Organisation mit rund 20.000 Mitarbeitern und einem Umsatz von über 100 Mrd. US$. Es ist bekannt, dass Enrons offensichtliche finanzielle Stärke „wesentlich durch institutionalisierten, systematischen und *kreativ* geplanten *Bilanzbetrug* getragen wurde" (Wikipedia: ▶ https://en.wikipedia.org/wiki/Enron_scandal. Zugegriffen: 28. Feb. 2017). Die Finanzfirma Enron manipulierte das regulatorische Umfeld, um ihre finanziellen Verbindlichkeiten zu verschleiern und so das Image eines starken und ständig wachsenden Aktienkurses zu simulieren, um ihre Kreditwürdigkeit zu behalten. Noch vor dem Zusammenbruch wurde Enron von vielen Analysten wegen seiner hohen Verschuldung kritisiert, aber das Unternehmen war geschickt im Umgang mit solcher Kritik als Teil seiner Praxis, das Image der Finanzkraft aufrechtzuerhalten. Nach dem Konkurs stellte sich heraus, dass viele Vermögenswerte und Gewinne von Enron entweder stark aufgebläht oder völlig betrügerisch waren. Die Gesellschaft versteckte oder verschleierte ihre finanziellen Verluste in einer Weise, die bewusst die Aktionäre und Aufsichtsbehörden täuschen sollte.

8.2 Kreativität und Betrug

Obwohl die Theorie der betrügerischen Ausbeutung von Verbrauchern, ob von Einzelpersonen oder Organisationen, nicht neu ist, bewegt sich die Praxis – die Methoden, mit denen irreführende und betrügerische Geschäftspraktiken ausgeführt werden – weiterhin mit der Zeit. Comer (1977, S. 15) bekräftigt diese Ansicht mit der Aussage: Es gibt kaum neue Betrügereien, „nur alte, die durch besondere Verschönerungen neues Leben erhalten". Im Sinne des früher dargestellten Modells der funktionalen Kreativität sind viele betrügerisch kreative Produkte „impulsgebend"; sie führen neue strategische Prinzipien ein, die in verschiedenen Varianten taktisch wirkungsvoll umgesetzt werden können. Spezifische taktische Umsetzungen können vereitelt werden, aber das strategische Prinzip bleibt bestehen und funktioniert als Quelle weiterer konkreter Handlungen.

Es scheint ein Merkmal des Betrugs sowohl von Unternehmen als auch von Verbrauchern zu sein, dass mit den Methoden und Instrumenten von Handel, Wirtschaft und Kommunikation sich auch die Methoden entwickeln, mit denen Betrüger versuchen, auf Kosten ahnungsloser Verbraucher oder Organisationen Beute zu machen. Weil immer mehr Geschäfte auf elektronischem Wege abgewickelt werden, ist es kaum verwunderlich, dass Betrüger gelernt haben, dieses Medium zu nutzen. Jede Innovation in Wirtschaft und Handel bringt neue Mechanismen hervor, mit denen Kriminelle versuchen, ihre Opfer zu betrügen. Wie bei jedem Wettbewerb hängt auch der Erfolg im „Betrugsgeschäft" davon ab, ob die Wettbewerber – sowohl die Betrüger als auch diejenigen, die Betrügereien aufdecken und beseitigen möchten – neue und wirksame

Methoden entwickeln, mit denen sie ihre Ziele erreichen können. Sowohl Kriminelle als Ordnungshüter sind also gefordert, kreativ zu werden.

8.2.1 Die 6 Ps und Betrug

In früheren Kapiteln haben wir vorgeschlagen, dass Kreativität in verschiedenen Bereichen – etwa Kunst, Technik, Wirtschaft, psychische Gesundheit, Sport und selbstverständlich Kriminalität – mittels des konzeptionellen Rahmens der 6 Ps besser verstanden und analysiert werden kann. Diese Ps umfassen Produkt, Prozess, Persönliche Eigenschaften, Persönliche Motivation, Persönliche Gefühle und Umfelddruck (► Kap. 3). In diesem Kapitel wenden wir diesen Rahmen der Kreativität nun auf das Gebiet des Betrugs an, um damit die Aufmerksamkeit auf Folgendes zu lenken:

- Betrug umfasst die Herstellung zweckdienlicher wirkungsvoller Neuheit.
- Es besteht eine Vielfalt kreativer Möglichkeiten, mit denen Betrug durchgeführt werden kann.
- Als Betrugswerkzeug birgt Kreativität große Gefahren für die Öffentlichkeit.
- Eine an Kreativität orientierte Analyse bietet Schlussfolgerungen darüber, wie man kreativen Betrug verhindern und sich vor seinen Auswirkungen schützen kann.

8.2.2 Das betrügerische Produkt

Die Bandbreite der Arten von Betrug, auf die die menschliche Kreativität häufig angewendet wird, umfasst unter anderem: Insolvenzbetrug, Bestechung, Cyberbetrug, Verbraucherbetrug, Kreditkarten- und Scheckbetrug, Unterschlagung, Versicherungs- und Wertpapierbetrug und Fälschung. Unter der Überschrift „Verbraucherbetrug" – d. h. speziell auf einzelne Verbraucher abgezielter Betrug – gibt es eine lange Liste weiterer Betrugsarten, darunter: Vorkassebetrug, Abrechnungsbetrug, Betrug hinsichtlich fiktiver Preise, Investitions- und Immobilienbetrug, Heiratsantragbetrug und medizinische Behandlungsbetrug. Fast bizarr ist dass, obwohl wir diese Liste hier auf der Grundlage allgemein bekannter Informationen aufstellen können, zahlreiche Menschen in Deutschland diesen Betrugsarten weiterhin leicht zum Opfer fallen werden. Wichtig dabei ist, dass das Produkt der betrügerischen Kreativität in der Regel nicht aus einem fassbaren Werk irgendwelcher Art (etwa einem Kunstwerk oder einem Gebrauchsgegenstand) besteht, sondern aus einem *Prozess,* mittels dessen die Opfer um ihre Wertgegenstände gebracht werden sollen. Als kreativer Akt gehört Betrug also eher zu derselben Familie wie die Erfindung des Fließbandes im Ford Motorwerk, auf die im ► Kap. 3 eingegangen wurde. Das Kernprodukt des kreativen Betrugs ist ein Prozess.

Comer (1977) bietet eine umfassende Analyse von Betrugsarten und -definitionen, die sowohl Unternehmens- als auch Verbraucherbetrug umfasst. Er hob zwei wichtige Fakten hervor, die für unsere Diskussion über Kreativität und Kriminalität interessant sind. Erstens: „die komplizierte Arbeitsweise des Betrugs ist nur durch die menschliche *Vorstellungskraft* begrenzt" (S. 15) und zweitens, „konventionelle Definitionen können die Dinge, die Betrüger attraktiv finden, nicht angemessen beschreiben" (S. 15). Aus unserem Blickwinkel bedeutet dies: a) in ihrem Tätigkeitsfeld – dem unehrlichen Erwerb von Wertgegenständen anderer Menschen – legen Betrüger großen Einfallsreichtum an

den Tag und b) die Festlegung dessen, was als wertvolle Beute zählt, ist selbst ein krea-
tiver Akt. Ein Beispiel ist eine Putzfrau in einem Sportgeschäft, die feststellte, dass die
Durchschläge von Kreditkartenbelegen, die in den Papierkorb geworfen wurden, die
Kreditkarteninformationen der Kunden enthielten. Anstatt die Papierfetzen direkt in die
Verbrennungsanlage zu entleeren, kopierte sie zuerst die Kreditkartendaten und benutzte
diese, um betrügerische Einkäufe zu tätigen. Aus Altpapier wurde ein Vermögenswert.

Bei der Analyse des betrügerischen Produkts – der Methode, mit der Betrug
begangen wird – können wir auf die in ▶ Kap. 3 beschriebenen Eigenschaften kreativer Produkte zurückgreifen. Produkt-Kreativität ist eine Kombination aus Neuheit (das
Produkt ist neuartig, originell und/oder überraschend), Zweckdienlichkeit (das Produkt dient einem spezifischen Ziel und weicht nicht einfach beliebig vom Altbekannten
ab), Wirksamkeit (das Produkt erreicht das Ziel, wofür es eingesetzt wird), bestechende
Qualität (das Produkt ist vollständig, voll herausgearbeitet und gekonnt ausgeführt) und
Impulsgebung (das Produkt geht über das unmittelbare Problem hinaus, eröffnet neue
Perspektiven und macht auf neue Aspekte des Problems aufmerksam). Diese Elemente
können in einem Produkt zu unterschiedlichen Graden vorhanden sein. Bestechende
Qualität und Impulsgebung geben dem Produkt einen erweiterten Mehrwert und sind
deshalb wünschenswert, während Zweckdienlichkeit, Wirksamkeit und Neuheit unent-
behrlich sind.

Ein vielversprechender Ansatz, der Anhaltspunkte für die Diskussion von
betrügerischer Kreativität bietet, besteht darin, den Betrugsprozess in Schlüsselelemente
zu zerlegen und diese auf Kreativität hin zu analysieren. Comer (1977) legte einen Rahmen für eine solche Zerlegung fest. Dieser basiert auf drei Parametern: *Gelegenheit*,
Verschleierung und *Zugang*. ◘ Abb. 8.1 zeigt die notwendigen Interaktionen zwischen
den drei Komponenten des Betrugs. Diese kann zum Beispiel Folgendes umfassen: die
Identifizierung eines erwerbbaren „Vermögenswertes" [engl.: asset], die Schaffung eines

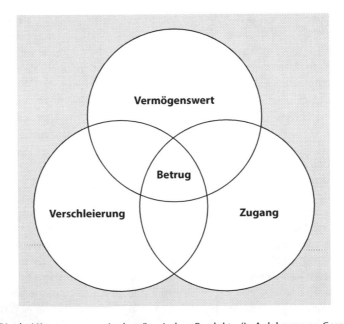

◘ **Abb. 8.1**   Die drei Komponenten des betrügerischen Produkts. (In Anlehnung an Comer 1977)

Weges, an diesen Vermögenswert heranzukommen („Zugang"; engl.: access) und die Herausarbeitung einer Methode, den Gegenstand vom Besitzer zu trennen ohne erwischt zu werden oder am besten ohne dass jemand es überhaupt merkt („Verschleierung"; engl.: concealment).

Diese Analyse bietet eine erweiterte Perspektive hinsichtlich von Präventivmaßnahmen. Die Erkenntnis, dass die Identifizierung von erstrebenswerten Vermögenswerten ein gewisses Maß an Kreativität erfordert, kann zum Beispiel der Strafverfolgung als Vorstufe für die proaktive Planung von Abwehrmechanismen dienlich sein. Unter anderem könnte diese Einsicht dazu führen, dass der Fokus auf die prophylaktische Identifizierung nicht offensichtlicher „Assets" gelegt werden könnte, anstatt auf das Nacharbeiten von schon erfolgten Betrugsfällen. Dieses Konzept werden wir in ▶ Kap. 10 weiter besprechen.

Verschleierung erweist sich als kritisches Element im Falle von Betrug. Wie Comer (1977, S. 19) sagte, „Verschleierung ist ein wesentlicher Bestandteil der meisten groß angelegten oder lang anhaltenden Betrügereien" und „er [der Betrüger] wird bestrebt sein, Betrug auf die beste Weise zu verbergen, die ihm zur Verfügung steht" (S. 18). Daraus ergibt sich, dass die meisten Grundformen des Betrugs nicht neu zu sein brauchen. Sie genießen allerdings neuen Auftrieb durch entweder eine neue Methode der Verschleierung oder durch neue Arten des Zugangs. Unter der Annahme, dass opportunity [Zugang zum Asset] vorhanden ist, verwendete Comer (1977) den Faktor Verschleierung, um verschiedene Methoden voneinander zu unterscheiden, mittels derer es möglich ist, in den Besitz anderer Menschen Eigentum zu kommen. Comers Prozessvarianten umfassen: illegalen Erwerb ohne Verschleierung (eigentlich einfacher Diebstahl), Unterschlagung mittels irreführender Darstellung der Realität, Manipulation mittels der Herstellung einer verfälschten „Realität" und Erpressung mittels Gewaltanwendung. Eigentlich fallen Erwerb ohne Verschleierung und Gewaltanwendung in die Kategorie von nicht einfallsreichen Straftaten, die außerhalb unseres beabsichtigten Fokus liegen. Bagatelldelikte dieser Kategorie umfassen etwa eine spontane Entscheidung eines Büromitarbeiters, eine Schachtel Büroklammern mitgehen zu lassen oder eines Lieferfahrers, der einen auf einer Werkbank liegen gelassenen Schraubenzieher mitnimmt, während er ein Paket bei einem Unternehmen liefert.

Wenn das Opfer eine Organisation und die Quelle intern ist (z. B. ein Angestellter eines Unternehmens), spricht man allgemein von „Unternehmensbetrug". Wo der Täter extern ist, sprechen wir je nach Status des Opfers (Individuum oder Organisation) von sowohl „Unternehmensbetrug" als auch „Verbraucherbetrug". In einigen Fällen kann der Betrug sowohl eine Organisation als auch einzelne Personen betreffen, z. B. wenn sich ein Handwerker als offizieller Vertreter eines Unternehmens ausgibt und eine minderwertige Wartung eines Haushaltsgeräts durchführt. Einzelne Verbraucher sind Opfer aber auch die Organisation ist Mitopfer, weil ihr Ruf als Verkäufer beschädigt wird.

Die Implikationen für die Strafverfolgungspraxis zeigen sich in verschiedenen Ansätzen. Der derzeitige Schwerpunkt der Gegenmaßnahmen scheint auf zwei Herangehensweisen zu beruhen: Risikobewertung und -erkennung, d. h. der Fokus ist auf Umfelddruck. Alle kommerziellen Organisationen werden angehalten (PricewaterhouseCoopers 2018), regelmäßige Risikobewertungen durchzuführen, um Betrug zu identifizieren. Dies erfolgt nach dem Prinzip: „Wer sucht, der findet". Je intensiver man sucht, desto mehr Betrug wird aufgedeckt. Dieser Ansatz ist lediglich reaktiv, kann aber zumindest zeigen, welche Vermögenswerte gefährdet sind (schließlich sind einige schon gestohlen worden), wie sie von ihrem rechtmäßigen Besitzer gestohlen werden können und wie Betrug verborgen werden kann. Eigentlich müsste die Risikoeinschätzung mit Bezug auf die Merkmale eines kreativen Produkts erfolgen. In der Annahme, dass der einfallsreiche Kriminelle Kreativität als integralen Bestandteil des Betrugs nutzen wird, müsste jeder Aspekt der Risikobewertung Neuheit, Wirksamkeit, Bestechende Qualität und Impulsgebung von sowohl der Verschleierungsmethode als auch der Form des Zugangs berücksichtigen. Die kreativsten Herangehensweisen – das heißt, die neuartigsten und wirkungsvollsten – sind wahrscheinlich diejenigen, die von kreativen Kriminellen bevorzugt werden.

Nachdem sie Risiken identifiziert haben, wenden die Organisationen dann Methoden zur Aufdeckung an. Die PricewaterhouseCoopers *Globale Übersicht über Wirtschaftskriminalität* (2018) berichtet über drei „Entlarvungskategorien":

- betriebsinterne Kontrollinstanzen – interne Bilanzprüfungen, Transaktionsüberwachung und Managementstrategien wie z. B. regelmäßige Änderungen des Verantwortungsspektrums von Personal.
- Unternehmenskultur – warnende Hinweise und interne Informanten.
- Externe Faktoren – Entlarvungsquellen, die außerhalb des Einflusses des Managements liegen, wie beispielsweise Zufall oder die Medien.

Alle drei Kategorien sind reaktiv. Sie gehen davon aus, dass Betrug auftreten wird und nicht zu verhindern sei. Die Wirksamkeit der Entlarvung hängt von der Qualität der Risikobewertung ab. Wenn die Risikobewertung keine Bedrohung mittels einer bekannten Gelegenheit, Zugangsstrategie oder Verheimlichungsmethode identifiziert, dann werden vorhandene Aufdeckungsstrategien kreativen Betrug wahrscheinlich übersehen. Betriebsinterne Kontrollinstanzen wie interne Bilanzprüfungen leiden unter einem hohen Grad an Vorhersagbarkeit und einem Mangel an Neuheit (und Überraschung) und sind daher von Natur aus schwach. Wilks und Zimbelman (2004, S. 176) hoben die Tatsache hervor, dass eine Audit-Checkliste nicht berücksichtigt, dass das Management die Inhalte von Kontrolllisten manipulieren kann. Das Ermittlungsverfahren wird also dem potenziellen Betrüger detailliert beschrieben und streng angewendet, sodass einfallsreiche Kriminelle jede Gelegenheit haben, diese Situation auszunutzen, um einen erfolgreichen Betrug zu begehen.

Ein dritter Aspekt der Strafverfolgung ist proaktiv – Prävention. Im Falle von Prävention von Betrug anstatt von Aufspüren nach der Tat wandelt sich die defensive Anwendung von Kreativität von einer reaktiven in eine proaktive Aktivität um. Die Identifizierung durch Sicherheitskräften im Voraus von neuartigen Vermögenswerten und Prozessen, womit diese gestohlen werden könnten (Zugang), und von neuen Methoden, um den Betrug zu verschleiern, transformiert Risikobewertung und -aufdeckung. Eine betroffene Organisation kann potenziellen Betrug blockieren, bevor er auftritt. Sie kann etwa Vermögenswerte sichern, die von Betrügern noch nicht als Assets erkannt worden sind (wie das Altpapier im Putzfrau-Beispiel) oder sie kann Verschleierungsmethoden ausschließen, die dem Betrüger sonst zur Verfügung stünden. Kreative Risikobewertung und kreative Erkennung im Voraus von unerwarteten Gelegenheiten, bisher unbekannten Zugangspfaden und Verschleierungsmethoden sind dann die Säulen einer effektiven Präventionsstrategie.

8.2.3   Die betrügerische Person: Wer sind die Betrüger?

Pedneault (2009) unterstrich die wichtige Rolle von motivationalen Faktoren bei Betrug. Im Unternehmensumfeld gibt es deutliche Hinweise dafür, dass – kontraintuitiv – großzügige Leistungsprämien, wie beispielsweise die Bindung von Vorstandsvergütungen an „Anteilsoptionen und andere finanzielle Vorteile, die mit der Aktienperformance des Unternehmens direkt verbunden sind" (S. 22), für Führungskräfte eine starke Motivation für Betrug bilden. Pedneault brachte dieser Art von Ansporn direkt mit der globalen Finanzkrise 2008/2009 in Verbindung. Der Aktienmarkt soll von Führungskräften beeinflusst worden sein, die versuchten, bei dem Verkauf ihrer Aktienoptionen den persönlichen Gewinn zu maximieren (S. 22). Diese extrinsische Motivation – die Verlockung des großen Gewinns – wird durch den Anreiz zum Betrug bei Geschäftsinhabern ergänzt, die persönliche Finanzgarantien geleistet haben. Hier ist die eigentliche Motivation nicht ein Hang zur Gaunerei, sondern die Angst vor dem großen Verlust: „Der Eigentümer möchte verhindern, dass die Bank seinen persönlichen Wohnsitz und Investitionen übernimmt, um die Schulden zurückzuzahlen" (S. 23) und kommt deswegen stark in Versuchung, Bilanzbetrug zu begehen.

Es scheint, dass extrinsische Motivation in Form von Belohnungen und Vermeidung von Strafen eine starke Kraft in Bezug auf kreative Kriminalität ist. Allem Anschein nach gibt es eine Schwelle, wo die angeborene Tendenz Risiken zu vermeiden und die intrinsische Motivation das Richtige zu tun, von der extrinsischen Belohnung überwältigt werden (sei es das Versprechen einer ausreichend großen Belohnung oder die Angst vor einem großen Verlust). So teilt die Persönlichkeit kreativer Menschen Schlüsseleigenschaften mit dem einfallsreichen Verbrecher (◘ Tab. 3.2). Die Nützlichkeitstheorie, die Spieltheorie, das Risiko und wissenschaftliche Erkenntnisse hinsichtlich rationaler Entscheidungsprozesse bieten Einblicke in die Schnittmenge von Kreativität und Betrug.

Schon 1731 skizzierte Daniel Bernoulli die Faktoren, die eine Rolle beim Treffen von Entscheidungen spielen, bei denen Risiken entstehen (s. Bernstein 1996, S. 103). Solche Entscheidungen hängen unter anderem vom aktuellen Vermögensniveau des potenziellen Täters, von der Bereitschaft dieser Person, sich auf Risiken einzulassen und von ihrer Fähigkeit, die Chancen zu ihren Gunsten zu gestalten, ab. Risikobereitschaft ist eine psychologische Eigenschaft, die mit der Kreativität verbunden ist und Kreativität bietet die beste Chance, die Erfolgswahrscheinlichkeit von Betrug zu erhöhen. Folglich befindet sich ein kreativer Betrüger in einer günstigen Position Chancen auszunutzen. Einige Beispiele werden dies belegen.

Für unsere Zwecke bedeutet dies, dass das Niveau der extrinsischen Motivation, Betrug zu begehen – die sich beispielsweise aus einem möglichen Gewinn von 100.000 € ergibt – für jede Person unterschiedlich ist. Stellen Sie sich etwa vor, dass Sie mit der folgenden Situation konfrontiert sind. Sie können weiterhin ein Gehalt von 50.000 € im Jahr annehmen, oder Sie können Betrug begehen. Die Chancen stehen 50:50, dass Sie Ihren Arbeitgeber um 100.000 € erfolgreich betrügen können aber auch 50:50, dass Sie Ihren Job verlieren werden. Mathematisch stehen Sie vor der Wahl zwischen einer sicheren Summe von 50.000 € und einer Chance auf 100.000 €; die mögliche Gewinnsumme beträgt also 50.000 €. Rein rechnerisch ist es vernünftig, sich nicht auf dieses Risiko einzulassen, weil der erhoffte Gewinn nicht größer ist als das Risiko. Aber nicht jeder bewertet das Risiko auf die gleiche Weise. Einige Menschen sind risikobereit, andere sind risikoscheu. Die Entscheidung wird unter anderem von Risikoaversion bzw. Risikobereitschaft, der Möglichkeit, die Chancen zu den eigenen Gunsten zu erhöhen und dem aktuellen Vermögensstand beeinflusst.

Letzteres ist für die Motivation wichtig. Bernoulli hat den entscheidenden Durchbruch dazu in seinem Aufsatz (s. Bernstein 1996, S. 105) erzielt: „Nutzen, der sich aus einem kleinen Anstieg des Reichtums ergibt, ist umgekehrt proportional zu der Menge der vorher besessenen Güter." Je mehr ein Mensch hat, desto größer ein Vorteil sein muss, um für ihn Wert zu haben. Für unsere Diskussion über Betrug bedeutet das, dass die Motivation, Betrug zu begehen, durch die *relative* Größe der „Auszahlung" bestimmt sein kann. Ein Gewinn in Höhe von 50.000 € hat für jemanden, der 50.000 € im Jahr verdient ein ganz anderes Attraktivitätsniveau. als für jemanden, dessen gehalt 500.000 € beträgt. Es ist davon auszugehen, dass diese Attraktivität – der Nutzen, der sich aus einer Betrugsentscheidung ergibt – für bestimmte Personen (etwa Angestellte eines Betriebs) berechnet werden kann.

Stellen Sie sich nun Folgendes vor: Die Entscheidung liegt jetzt zwischen einem Gehalt von 50.000 € im Jahr oder einem Betrug, bei dem die Chance besteht, bis zu 500.000 € zu ergattern. Die Wahl liegt nun zwischen den sicheren 50.000 € und der Chance, eine viel höhere Summe zu bekommen. Nehmen wir an, dass es in diesem zweiten Fall einen Punkt gibt, ab dem der potenzielle Gewinn verlockend genug ist, um den Angestellten zum Betrug zu motivieren. Welche Faktoren bestimmen die Höhe dieser Schwelle? Es gibt zwei Variablen, die beide eine Verbindung zur Kreativität haben. Ein kreativer Betrüger könnte die Schwelle niedrig setzen, weil er glaubt, in der Lage zu sein, eine neuartige Betrugsmethode (Gelegenheit) oder eine neuartige Methode zur Verheimlichung des Verbrechens (Verschleierung) entwickelt zu haben, die die Erfolgschance so hoch treibt, dass die Entscheidung für einen Betrug quasi auf der Hand liegt.

Eine andere Sichtweise besteht darin, Betrug als ein Spiel zu sehen, das zwei Teilnehmer umfasst – im oben dargestellten Beispiel einen Angestellten und einen Arbeitgeber. In einer rationalen, „fairen" Welt (wo die Chance bei 50:50 liegt) ist die Erwartung des Vermögens der Spieler nach dem Spiel gleich dem, womit sie begonnen haben. Der Mitarbeiter hat beispielsweise eine 50-prozentige Chance auf einen Endzustand von 100.000 €, gleichzeitig besteht aber auch eine 50-prozentige Wahrscheinlichkeit für ein Endergebnis von 0 €. Gleiches gilt für den Arbeitgeber. Bernoulli erkannte jedoch eine Asymmetrie. Das Geld, das der Verlierer verliert, hat einen größeren „Nutzen" im volkswirtschaftlichen Sinne [engl.: utility] als das Geld, das der Gewinner gewinnt. Dies macht aus einem Nullsummenspiel – in dem es einen Gewinner und einen Verlierer geben muss – „ein Verliererspiel, wenn es in Bezug auf den Nutzen bewertet wird" (Bernstein 1996, S. 113).

Warum würde dann ein vernünftiger Spieler an diesem Spiel teilnehmen? Die Antwort ist, dass es im Gegensatz zu einem Würfelspiel kein Nullsummenspiel ist. Genauso wie Pilzer (1994, S. 4) erkannte, „dass uns Technologie vom Nullsummenspiel der traditionellen Wirtschaftswissenschaften befreit hat", bietet die Kreativität sowohl dem Betrüger als auch dem Gesetzesvollstrecker die Möglichkeit, das Spielfeld zu kippen und die Quoten zu ändern. Wenn der Mitarbeiter ein hinreichend neues, effektives Betrugskonzept entwickeln kann, kann das Spiel des Verlierers in ein Gewinnspiel verwandelt werden. Gleichermaßen versucht der Gesetzeshüter dasselbe zu tun. Wie wir in ▶ Kap. 7 erkannt haben, gibt es viele Merkmale, die sowohl für wohltätige Kreativität als auch für erfinderisches Verbrechen typisch sind. Wir argumentierten, dass diese Merkmale eine

Person für Verbrechen anfällig machen. In der Praxis kann sich dies im Fall von Betrug als eine Verringerung des Schwellenwerts erweisen, bei dem Betrug durch den Kriminellen als des Risikos wert betrachtet wird.

Pedneault (2009, S. 54) beschrieb das „Betrugsdreieck", wonach drei Elemente vorhanden sein müssen, damit Betrug verübt werden kann. Das erste ist „Zugang"; diesen Aspekt haben wir schon ausführlich besprochen, insbesondere hinsichtlich der Rolle von Kreativität bei der Identifizierung und Nutzung von „Gelegenheit". Das zweite von Bernoulli betonte Element ist die „Bedürftigkeit" [engl.: need], die eine wichtige Rolle in der Festlegung und Auswertung von Risiko und Nutzen spielt. Eine Person, die 50.000 € im Jahr verdient und eine Gelegenheit für Betrug erkennt, wird Risiko und Bedarf gegeneinander balancieren. Wenn eine solche Person schuldenfrei ist, dann wird der Nutzen eines möglichen 100.000 € Gewinns für diese Person anders sein als für eine zweite Person, die stark verschuldet ist. Der Gewinn hat schlicht und einfach einen größeren Nutzen für die verschuldete Person, obwohl sie möglicherweise das gleiche Einkommen wie die zweite Person hat. Folglich könnte es wertvoller sein, das „Nettovermögen" potenzieller Betrüger zu berücksichtigen, wenn man versucht einzuschätzen, wie sie auf Betrugsgelegenheiten reagieren werden.

Das dritte Element von Pedneaults Betrugsdreieck, und zwar das für die Kreativität am relevanteste, ist die „Rechtfertigung". Wie Pedneault es ausdrückte (2009, S. 55): „Sobald Gelegenheit und finanzielles Bedürfnis in einem Individuum vorhanden sind, kommt die letzte Komponente ins Spiel; die Fähigkeit, die Unterschlagung zu rechtfertigen". Wir haben schon von der Umdeutung als Rechtfertigungstaktik gesprochen und gehen erneut auf dieses Thema in ▶ Kap. 9. Die entscheidende Verbindung zur Kreativität ergibt sich dann aus Gino und Arielys Festellung (2012, S. 445), dass „eine kreative Persönlichkeit und eine kreative Denkweise die Fähigkeit von Individuen fördern, ihr Verhalten zu rechtfertigen, was wiederum zu unethischem Verhalten führt". Weil Kreativität sowohl die Fähigkeit eines Individuums verbessert, eine Gelegenheit für Betrug zu erkennen und auszunutzen, als auch die Fähigkeit des Individuums stärkt, solche Unehrlichkeit zu verharmlosen, dann ist der kreative Mensch besser in der Lage, Betrug zu begehen.

8.3 Prävention: Fangen wir die Gauner, wenn wir es können

Aus dieser Diskussion ergeben sich zwei große Möglichkeiten, die Praxis der Strafverfolgung zu verbessern. Eine Analyse von Betrug und seinen Produkten unter Anwendung der Kreativitätstheorie zeigt die Vielfältigkeit dessen, was der Betrüger bei der Umsetzung betrügerischer Handlungen berücksichtigen muss. Der Betrugsakt verbindet Vermögenswert, Zugang und Verschleierung, und jeder von diesem profitiert von der Anwendung der Merkmale eines kreativen Produkts – beispielsweise generiert der einfallsreiche Kriminelle durch die Erkennung von unerwarteten, neuartigen und folglich überraschenden Betrugsmöglichkeiten Neuheit. Die wichtigste Implikation für die Praxis der Strafverfolgung besteht darin, dass die Organisationen und Individuen – sowohl die potenziellen Opfer von Betrug als auch diejenigen, die versuchen, Betrug aufzudecken und zu verhindern – eine ähnliche kreative Haltung einnehmen müssen. Um Betrug zu verhindern, müssen sie zuerst erkennen, was ein potenzielles Ziel ist. Ebenso müssen Organisationen verstehen, wie sich die Anwendung von Kreativität auf die

Verschleierung auswirkt. Sie müssen gegenüber der Methoden der Verschleierung offen für Neues sein und sensibel dafür, wie die Opfer diese Verschleierung unwissentlich erleichtern können. Organisationen, die sich gegen Betrug schützen möchten, müssen auch den Wert der Kreativität in Bezug auf den Zugang erkennen. Selbst wenn Sicherheitsmaßnahmen bestimmte Zugriffsmöglichkeiten blockieren, werden einfallsreiche Kriminelle weiterhin nach neuen „Schlupflöchern" suchen. Wenn beispielsweise Sicherheitsmaßnahmen bestimmte interne Mitarbeiter als potenzielle Betrugsinstrumente neutralisieren, muss davon ausgegangen werden, dass andere Menschen für die Zwecke des Betrugs instrumentalisiert werden. Wer sonst hat Zugang zu Vermögenswerten oder befindet sich in einer Position, die über jeden Verdacht erhaben ist?

Die drei strukturellen Elemente des Betrugs – Vermögenswert, Zugang und Verschleierung – stützen sich jeweils auf Neuheit, bestechende Qualität und Impulsgebung, um ihre Wirksamkeit zu steigern. Einfallsreiche Kriminelle wissen das, wenn auch nur unterbewusst, und sind unerbittlich in ihren Bemühungen, neue Produkte zu entwickeln, wenn bisherige Systeme aufgedeckt und blockiert werden. In der Tat kann der einfallsreiche Kriminelle als ein agiler, flexibler Unternehmer konzipiert werden, der ständig auf der Suche nach neuen Gelegenheiten ist, schnell auf Marktlücken reagiert, in schnellen Entwicklungszyklen agieren kann und in der Lage ist, die nächste Gelegenheit zu ergreifen, wenn der Wettbewerb die aktuelle eingeholt hat.

Bestimmte Eigenschaften der kreativen Person – etwa Risikobereitschaft, Selbstvertrauen oder Hemmungslosigkeit – spielen auch bei Betrug eine wichtige Rolle und legen Wege für produktive und proaktive Strafverfolgung nahe. Wir haben in ▶ Kap. 7 vorgeschlagen, dass kreative Menschen „anfällig" für Verbrechen sein können. Mit diesem Wissen sind Organisationen jedweder Art in der Lage, die Art der Risikobewertung zu ändern. Ein differenzierterer Ansatz für die Bewertung von Risiken in Bezug auf einzelne Mitarbeiter könnte die Berücksichtigung ihrer Betrugsanfälligkeit umfassen. Die Analyse von der mit spezifischen Stellen in einer Organisation verbundenen Verantwortung könnte nicht nur feststellen, dass beispielsweise eine bestimmte Stelle mit großen Geldbeträgen zu tun hat (und daher auch das Potenzial für Betrug umfasst), sondern auch die Art und Weise umfassen, wie Stelleninhaber für Betrug anfällig sind. Der Schwerpunkt der Risikobewertung in Bezug auf spezifische Positionen sollte sich also weg von der einfachen Analyse der „Ergonomie" der Situation bewegen und mehr auf die Betrugsanfälligkeit der jeweiligen Person fokussieren. Ein solcher Ansatz muss nicht unbedingt beinhalten, ausschließlich kreative Leute einzustellen, sondern könnte besondere Sicherheitsmaßnahmen an entscheidenden „Knotenpunkten" beinhalten, wie in ▶ Kap. 9 ausführlich erläutert wird.

Terrorismus: die Kreativität des Schreckens

© Springer Fachmedien Wiesbaden GmbH, ein Teil von Springer Nature 2019
D. Cropley, A. Cropley, *Die Schattenseite der Kreativität*,
https://doi.org/10.1007/978-3-658-22795-1_9

Terrorismus unterscheidet sich von Betrug dadurch, dass für seinen Erfolg nicht Verschleierung, sondern in der Regel weitverbreitete öffentliche Vertrautheit mit der Missetat notwendig ist. Folglich entfaltet sich die Wechselwirkung zwischen „Neuheitszerfall" und „Wirksamkeitszerfall" anders als bei Betrug. Die Kombination bei Terroristen von böswilliger Absicht, uneigennütziger Motivation und dem Glauben an die Heiligkeit der eigenen Sache macht auch spezielle kognitive Prozesse notwendig, insbesondere Reduzierung kognitiver Dissonanz durch zum Beispiel Umdeutung [engl.: re-framing]. Diese speziellen Merkmale von Terrorismus legen nahe, dass die Zerrüttung seiner Phasen andere Knotenpunkte umfasst als etwa Betrug. Zum Beispiel: in den Phasen „Vorbereitung" und „Aktivierung" ist der Umfelddruck von besonderer Bedeutung.

Terrorismus umfasst „Produkte", die darauf abzielen, in häufig nur mittelbar beteiligten, zivilen Bevölkerungsgruppen Schrecken zu verbreiten, oft ohne spezifischen, greifbaren Nutzen für die Täter. Nicht selten erstrecken sich die Schäden sogar auf die Terroristen selbst (z. B. Selbstmordattentäter). Man kann sich nur schwerlich etwa Betrugsfälle vorstellen, in denen die Täter mit dem Ziel vorgehen, sich selbst im Zuge ihres Verbrechens umzubringen – für „normale" kreative Kriminelle bildet persönlicher Profit den ganzen Sinn und Zweck der Kriminalität. Folglich unterscheidet sich Terrorismus von „einfacher" Kriminalität. Trotz dieser reinen Böswilligkeit sind Terroristen dennoch kreativ. Wie der 9/11-Anschlag deutlich zeigt, erzeugen sie manchmal wirkungsvolle Neuheit, deren Wirkung lange andauert und auf eine Vielzahl anderer Situationen übertragbar ist. Benjamin und Simon (2002, S. 400) fassten die Lage zutreffend zusammen: Terroristen sind „wirklich kreativ und ihr Einfallsreichtum und Willen, massive Verluste zu verursachen, werden sie weiterhin antreiben". In diesem Kapitel wollen wir solche mit Produkt, Person und Prozess verbundenen Aspekte des Terrorismus erhellen und Folgen für eine Gegenwehr erörtern. Wir fangen mit einem Fallbeispiel an.

9.1 Die Erfindung der Orsini-Bombe

Es war zweifellos ein kalter, feuchter und dunkler Winterabend in Paris am 14. Januar 1858, als Felice Orsini, der italienische Revolutionär und Anführer der verschwiegenen Carbonari, mit drei Verbündeten im Schatten der rue Le Peletier auf eine bestimmte Kutsche lauerten, die vorbeifahren sollte. Ihre Absicht war, Napoleon III., Kaiser des Zweiten Französischen Reiches, zu ermorden. Sollte dies gelingen, würde Orsini einen großen Beitrag zur Unterstützung der italienischen Unabhängigkeitsbewegung liefern und sein eigenes Unglück nach dem Untergang der Zweiten Römischen Republik und seiner Unterstützung der Mazzini'sche Partei rächen. Er glaubte, dass der Tod seines beabsichtigten Opfers die antiliberale Stimmung in Europa beseitigen und somit die italienische Unabhängigkeit vorantreiben würde. Er erwartete, dass der Erfolg des Attentats zu einem Volksaufstand in Frankreich führen und Italiens Revolutionären einen Vorwand in die Hand geben würde, gegen die Regierung ihres Landes zu rebellieren.

Orsinis Unzufriedenheit mit der politischen Situation in seinem Heimatland Italien und sein Drang, Veränderungen herbeizuführen, hatten schon in den 1840er Jahren zu seiner Inhaftierung geführt, nachdem er in revolutionäre Verschwörungen verwickelt worden war. Nachdem er aus dem Gefängnis entlassen wurde, kommandierte er eine Kompanie Romagnols im Ersten Italienischen Unabhängigkeitskrieg (1848–1849), in dem sein Einfallsreichtum und Mut zum Einsatz kamen. Als waghalsiger und selbstbewusster Innovator, der in der Lage war, Gelegenheiten zum Handeln zu erkennen, war Orsini zur Zeit des Anschlags eine Art Berühmtheit. Der Bericht über seine opportunistische Flucht aus einem Gefängnis in Mantua im Jahr 1854, als er mit einer kleinen Metallsäge Gitterstäbe durchtrennte und mit einem improvisierten Seil den Boden 30 m unter seiner Zelle erreichte, gepaart mit seiner schlauen Verkleidung als Bauer, trugen alle Kennzeichen eines flexiblen, kreativen Problemlösers, der bereit war, im Dienste seiner Ziele die Regeln zu brechen.

Orsini reiste 1857 nach Paris, um mit seinen Vorbereitungen zu beginnen. Er war völlig überzeugt davon, aufgrund seiner Fähigkeit, erfolgreich zu sein. Dies sollte keine spontane, schlecht durchdachte Gewalttat sein, sondern eine akribisch geplante Hinrichtung. Ohne Gefühle des Mitleids oder Moralüberlegungen plante er einen Anschlag, der den Erfolg sichern würde. Er wählte eine Methode, eine Zeit und einen Ort aus, die den Beschützern seines beabsichtigten Opfers keine Gelegenheit zum Eingreifen bieten würden. Mit seinem charakteristischen Einfallsreichtum begriff Orsini, dass er eine neuartige Bombe entwerfen konnte, die beim Aufprall explodieren und auf diese Weise die Unsicherheit einer langsam brennenden Zündschnur vermeiden würde. Zu diesem Zweck benutzte er in größeren Mengen das hochsensible Fulminat von Quecksilber, das normalerweise in Zündhütchen verwendet wird. Die Bombe bestand aus einer kugelförmigen Hülle, die mit dem Hauptsprengstoff gefüllt und mit kleinen Hörnern bespickt war, die das Fulminat enthielten. Eine solche Bombe ist so konstruiert, dass mindestens eines der Hörner bei Kontakt mit einer harten Oberfläche zerquetscht wird und das darin enthaltene Fulminat den Hauptsprengstoff auslöst.

Die impulsgebende Wirkung dieser Sprengvorrichtung war so stark, dass Bomben dieser Art heute noch als „Orsini-Bomben" bekannt sind. Solche Bomben wurden noch im US-Bürgerkrieg verwendet. Orsini beauftragte den englischen Büchsenmacher Joseph Taylor damit, sechs Kopien seines Entwurfs zu machen. Er testete seine Waffe mindestens zweimal in Sheffield und in Devonshire, um sicherzustellen, dass sie wie beabsichtigt und erforderlich funktionierte. Schließlich, nach fast einem Jahr Vorbereitung und mit wachsender Aufregung, war Orsini bereit, seinen Anschlag auszuführen.

Als die Kutsche von Napoleon III. und seiner Kaiserin Eugenie de Montijo die rue Le Peletier hinunterfuhr, um das Paar zu einer Aufführung von Rossinis Wilhelm Tell zu bringen, schlugen Orsini und seine Verbündeten zu. Sie wurden von der großen berittenen Eskorte und vielen Zivilisten nicht abgeschreckt. Drei seiner hochempfindlichen Bomben wurden in schneller Folge geworfen, alle auf die kaiserliche Kutsche gerichtet. Die erste landete vor der Kutsche, sprühte Granatsplitter unter den begleitenden Reitern des Kaisers und verletzte viele. Die zweite Bombe landete näher, verletzte die Kutschenpferde ernsthaft und zertrümmerte das Glas der Kutsche. Die dritte und letzte Bombe detonierte unter der Kutsche, und obwohl sie einen Polizisten, der das kaiserliche Paar zu schützen versuchte, schwer verletzte, wurden der Kaiser und die Kaiserin selbst durch den kräftigen Bau der Kutsche gerettet und blieben unverletzt. Obwohl das Attentat auf den Kaiser erfolglos blieb, tötete der Anschlag dennoch acht und verwundete mehr als 140 Menschen und wurde in Europa und Nordamerika sehr bekannt. Orsini war selbst im Kopf verwundet, behielt aber die Nerven und war in der Lage, die sofortige Gefangennahme zu vermeiden. Er kehrte in sein Haus zurück, wo er am folgenden Tag von der Polizei verhaftet wurde.

Anstatt den Status des Kaisers als französischer Führer zu schädigen, steigerte der Anschlag Napoleons Beliebtheit und trug nichts zu Orsinis Zielen bei. In Frankreich gab es keinen Aufstand und in Italien keine Veränderung der politischen Lage. Der Anschlag stellt ein Beispiel für vereitelte Böswilligkeit dar (s. ◻ Tab. 1.2). Unerschrocken und in Anerkennung der Notwendigkeit, den Kurs zu wechseln, unternahm Orsini einen letzten Versuch, seine Ziele friedlicher, aber vielleicht nicht weniger kreativ zu erreichen. Aus seiner Gefängniszelle, kurz vor seiner Hinrichtung durch die Guillotine im März 1858, bat Orsini Napoleon III. aus dem Gefängnis heraus, die italienische Unabhängigkeit zu unterstützen. Orsini ging unbeirrt in seinen Tod, in der Hoffnung, politische Veränderungen in Italien herbeizuführen. Flexibel und pragmatisch bis zum Ende schrieb er noch einen offenen Brief an die Jugend Italiens, in dem er das politische Attentat verurteilte.

9.2 Kreativität und Terrorismus

Wie der Fall von Felice Orsini zeigt, beinhaltet Terrorismus – die Anwendung von Gewalt, um Nichtkombattanten in Schrecken zu versetzen und dadurch religiöse, politische oder ideologische Ziele zu fördern – List und Einfallsreichtum, die Entwicklung neuer Methoden oder Techniken und die Erzeugung von Überraschungseffekten. Somit kann Terrorismus als ein Sonderfall kreativer Kriminalität angesehen werden. Dieser Sonderfall ergänzt die Analyse der Rolle von Kreativität in der Kriminalität um weitere Dimensionen, die bei anderen Formen der kreativen Kriminalität möglicherweise nicht erkennbar sind. Dies wird bei Aspekten von „Person", „Prozess" und „Umfelddruck" besonders deutlich.

Felice Orsini wies mehrere Eigenschaften von „Person" auf, die gewöhnlich mit Kreativität assoziiert werden (▶ Kap. 7, ◻ Tab. 7.1). Er zeigte beispielsweise Unzufriedenheit mit dem Status quo, Handlungsdrang, Offenheit für bisher undenkbare Methoden, Einfallsreichtum und moralische Loslösung. Er war belastbar, risikofreudig, selbstbewusst, hochmotiviert und bereit, Normen zu brechen. Im Gegensatz zum Bereich des Betrugs jedoch operieren Terroristen häufig in einem Rahmen von Werten und Moralüberzeugungen, der qualitativ weit von dem des Betrügers entfernt ist. Beispielsweise nehmen Selbstmordattentäter den eigenen Tod voll in Kauf. Dies legt nahe, dass das P von „Person" im Terrorismus eine besondere und einzigartige Rolle spielt, die sich von anderen Formen kreativer Kriminalität unterscheidet.

Die Merkmale kreativer Produkte, die sie robuster machen – nicht nur Neuheit und Wirksamkeit, sondern auch bestechende Qualität und Impulsgebung (◻ Tab. 3.1) – sind im Bereich des Terrorismus genauso wertvoll (für den Täter) wie in der Technik, Kunst oder Wirtschaft. Auch wenn Orsinis Handgranaten von sehr vielen Menschen verurteilt wurden, erfüllte sein Anschlag Floridas Kriterien von Kreativität: die Generierung „öffentlicher" und „nachhaltiger" neuartiger Produkte. Die Produkte von Terroristen sind per definitionem sowohl unerwartet und überraschend (sonst würden die Gesetzeshüter geeignete Vorkehrungen treffen) als auch öffentlich wirkungsvoll (sonst würde niemand die Überfälle bemerken). Sie umfassen also „funktionale" Kreativität. Sie sind zudem oft auch bestechend – klug ausgearbeitet und gekonnt ausgeführt – und impulsgebend (übertragbar und anwendbar in anderen Situationen).

Terroristen operieren außerhalb des Rahmens konventioneller Werte und Moralität, obwohl sie ihre Verbrechen häufig im Namen von Wertsystemen verüben, die Gewalt verurteilen. In einem moralischen Raum außerhalb von universell akzeptierten Werten zu agieren, gleichzeitig aber zu behaupten, dass man diese Werte unterstütze, führt zu „kognitiver Dissonanz". Dieser als unangenehm empfundene mentale Zustand kann aber durch spezielle kognitive Prozesse wie positive „Umdeutung" [engl.: re-framing] aufgelöst werden. Es bestehen auch Hinweise darauf, dass terroristische Aktivitäten in kollektivistischen Gesellschaften akzeptabler sind. Terrorismus kann also mit einer speziellen Art von „Umfelddruck" einhergehen. Der Abbau psychologischer Barrieren gegen Gräueltaten in den Köpfen potenzieller Terroristen hat eine spezielle Qualität, bei der beispielsweise ein charismatischer Anführer eine besonders starke Rolle spielen kann (für eine differenzierte Diskussion der Rolle solcher Anführer s. Price 2012). Auf diese Fragen gehen wir in diesem Kapitel vertieft ein, indem wir sowohl das Orsini-Komplott als auch das 9/11-Attentat als Beispiele verwenden werden, um die besonderen Merkmale des Terrorismus als eine Form von kreativer Kriminalität festzustellen und praktische Vorbeugungsmaßnahmen zu identifizieren.

9.3 Die „Ps" von Terrorismus: „Person"

Unser Ziel in diesem Abschnitt ist nicht, im Detail zu identifizieren oder zu analysieren, wo Terroristen herkommen oder sie in irgendeinem demografischen oder kulturellen Sinne zu profilieren. Obwohl es wichtig sein dürfte, Merkmale und Eigenschaften zu identifizieren, die bei bestimmten Arten von Kriminalität vorherrschen, kann es erhebliche Schwierigkeiten bei der Anwendung dieses Wissens geben. Dass etwa 90 % von Serienmördern Männer mit einer Tendenz zu überdurchschnittlicher Intelligenz sind, lässt unberücksichtigt, dass dennoch auch einige Frauen und Männer von niedrigerer Intelligenz darunter sind. Solche statistischen Zusammenhänge können die Strafverfolgung ebenso stark behindern wie hilfreich sein: Gladwell (2009, S. 347–348) berichtete über den Fall eines Serienmörders in Baton Rouge, Florida, bei dem das FBI ein Profil erstellte und erklärte, dass der Mörder weiß und sozial unbeholfen mit Frauen sei. Es stellte sich jedoch heraus, dass der Täter schwarz und ein charmanter Frauenheld war. Wenn solche Informationen nicht vor der Tat verwendet werden können, um Kriminalität zu verhindern, bleiben sie wenig mehr als interessante Kleinigkeiten. Dasselbe gilt für den Zusammenhang zwischen Kreativität und Kriminalität. Nach einem Terroranschlag kann die Polizei nicht alle Kreativen festnehmen, in der Hoffnung, auf diese Weise den Täter zu erwischen. Ähnlich kann eine Gesellschaft nicht etwa aufhören, Kreativität in den Schulen zu fördern, um einfallsreiche Kriminalität zu verhindern. In diesem Buch versuchen wir, diejenigen persönlichen Merkmale und Eigenschaften zu erhellen, die Terroristen – in ihrer Rolle als kreative Kriminelle – und anderen ähnlichen Verbrechern (z. B. Betrügern) gemeinsam sind, sowohl im Rahmen ihrer Verbrechen als auch im Allgemeinen. Wir betonen besondere Aspekte von Terroristen und Terrorismus, die mit Kreativität zusammenhängen, um Grundprinzipien einer Strategie für Strafverfolgungs- und Präventionsmaßnahmen herauszuarbeiten.

Obwohl Terroristen außerhalb des konventionellen Werterahmens agieren und oft Lösungen entwickeln, die mit dem konventionellen Wertesystem nicht vereinbar sind, weisen sie dennoch persönliche Eigenschaften auf, die auch für wohlwollende Kreativität förderlich wären. Wie ◘ Tab. 7.1 zeigte, ob Kreativität wohlwollend oder böswillig ist, umfassen diese persönlichen Merkmale ein hohes Maß an Offenheit, Einfallsreichtum, Opportunismus, Selbstvertrauen und Belastbarkeit, sowie geringe Hemmungen und Konformität. Beide Kategorien von Kreativität werden durch Unzufriedenheit, Aufsässigkeit, Risiko- und Abenteuerlust motiviert. Kreative Menschen zeichnen sich durch Selbstvertrauen, Aufregung und Leidenschaft aus, sei es bei der Gestaltung eines neuen Konsumprodukts oder bei der Entwicklung einer neuen Art, ein Flugzeug zu entführen. Dagegen sind andere persönliche Merkmale, wie etwa Empathie bei kreativen Kriminellen – und insbesondere bei Terroristen – weniger stark ausgeprägt als bei zum Beispiel ästhetisch kreativen Menschen. Die Herausforderung, der wir uns stellen müssen, wenn wir das Profil eines „guten" Schöpfers – zum Beispiel eines Künstlers oder Designingenieurs – von dem eines Terroristen unterscheiden wollen, besteht darin, dieses Wissen angemessen zu nutzen. Auf dieses Thema werden wir in einem späteren Abschnitt zurückkommen, wenn wir die Implikationen unserer Überlegungen für die Strafverfolgung und die Prävention genauer betrachten.

9.4   Das terroristische „Produkt"

In unserer Diskussion über Kreativität und Terrorismus ist unser Hauptaugenmerk bisher auf den „Prozess" gerichtet gewesen – die Dinge, die Terroristen tun, um Angst zu schaffen. Dies wollen wir nun anhand der Eigenschaften kreativer Produkte besser verstehen. Daher ist es sehr aufschlussreich, den „Akt des Terrorismus", d. h. Entführung, Bombardierung, Ermordung usw. als das terroristische Produkt im Sinne der Kreativitätsforschung zu betrachten. Die gleichen Eigenschaften, die in einem wohlwollenden Produkt geschätzt werden – Neuheit, Wirksamkeit, bestechende Qualität und Impulsgebung –, werten auch die schlimmsten bösartigen Produkte wie etwa einen terroristischen Akt auf.

9.4.1   Neuheit

Die Literatur der Kreativitätsforschung (s. z. B. Sternberg und Lubart 1999; D. H. Cropley und Cropley 2005) hat festgestellt, dass Neuheit und Wirksamkeit den Kern der Kreativität bilden. Es ist nicht schwer zu verstehen, warum diese so wichtig sind. D. H. Cropley et al. (2008, S. 107) betonten die Bedeutung der Neuheit in einem (wohlwollenden) Geschäftskontext: „Je kreativer (neuartiger) ein Produkt ist, desto unwahrscheinlicher ist es, dass die Wettbewerber es erwarten werden. Es liegt auf der Hand, dass ein Unternehmen, das mit einem bisher völlig unbekannten Produkt auf den Markt kommt, zumindest anfänglich keinen Wettbewerb hat". Dieser Gedanke wird durch Yang und El-Haik (2003), die sich mit dem Bereich Produktentwicklung befassten, weiter verstärkt: „Unternehmen, die als erste neue Produkte einführen, ... nehmen gewöhnlich den größten Teil des Marktes ein" (S. 173). Sie betonen weiter, dass „sich einen Marktanteil von einem lebensfähigen Wettbewerber zu sichern schwieriger ist als der erste Hersteller im Markt zu sein" (S. 173). Neuheit und Wirksamkeit haben also einen beträchtlichen Wert in einem Wettbewerbsumfeld. Wir übertragen nun

Einsichten, die sich aus dem Bereich wirtschaftlichen Wettbewerbs ergeben, auf das Tätigkeitsfeld Terrorismus, in dem sich Täter und Sicherheitskräfte als Kontrahenten in einem Wettbewerbskampf einander gegenüberstehen.

Sowohl Orsini als auch die 9/11-Attentäter wollten einen Überraschungseffekt erwirken. Es liegt auf der Hand, dass ein spezifischer Akt des Terrorismus (in unserem Sinne ein Produkt), der in hohem Maße neuartig ist, von den Gesetzeshütern nicht erwartet wird. Folglich ist es unwahrscheinlich, dass Gegenmaßnahmen bereit stehen, um den Akt zu vereiteln. Wie bei einem Unternehmen, bleibt der Terrorist, der mit einem neuartigen Produkt „auf den Markt tritt", wahrscheinlich für kurze Zeit „konkurrenzlos". Obwohl Orsini sein beabsichtigtes Opfer nicht töten konnte, lag das nicht an mangelnder Neuheit. Seine Form des Anschlags war eindeutig unerwartet und überraschte den Kaiser und sein Gefolge. Es gab keine wirksamen Gegenmaßnahmen, und der Anschlag scheiterte nur, weil Orsinis Bomben nicht stark genug waren. Yang und El-Haik (2003) würden sagen, dass die Produkt-Qualität nicht hoch genug war, nicht aber seine Neuheit. Wären die Bomben wirksamer gewesen, hätten sie den Kaiser wahrscheinlich getötet.

9.4.2 Wirksamkeit

Die Tatsache, dass die 9/11-Terroristen die Kontrolle über vier Flugzeuge übernehmen konnten (trotz eines höheren Sicherheitsniveaus im Vergleich zu Orsini) und drei von ihnen in ihre geplanten Ziele fliegen konnten, ist ein klarer Beweis dafür, dass sie ein hohes Maß an Überraschung schafften. Welche Gegenmaßnahmen auch immer ergriffen wurden, wurde diese neuartige Form des terroristischen Aktes nicht vorhergesehen und dies erlaubte es den Terroristen, zumindest für kurze Zeit ohne wirksamen Wettbewerb zu operieren. An dieser Stelle wirft sich die Frage der Rolle von Wirksamkeit auf.

Wie D. H. Cropley und Cropley (2005) argumentierten, gibt es eine Hierarchie der Merkmale kreativer Produkte (s. auch ◘ Tab. 3.1). In einem funktionalen Sinn lautet die erste Frage, sowohl für wohltätige als auch für böswillige Produkte: „Erfüllt das Produkt seinen Zweck?" Wenn ein Produkt nicht das tut, wofür es entwickelt wurde, muss es als Fehlschlag bewertet werden, ungeachtet dessen wie neuartig es ist. Daher muss bei der Beurteilung der Kreativität terroristischer Produkte neben der Neuheit auch die Wirksamkeit mit berücksichtigt werden. Obwohl die Idee neuartig war, blieb Orsinis Attentat unwirksam und sein Ziel, eine Revolution zu schüren, die zu einem Regierungswechsel in Italien führen würde, wurde nicht erreicht.

9.4.3 Bestechende Qualität und Impulsgebung·

Auch diese beiden Eigenschaften spielen bei der „funktionalen" Kreativität eine Rolle. Bestechende Qualität – der Grad, zu dem ein Produkt gekonnt ausgeführt, vollständig und gut ausgearbeitet ist – trägt zur Gesamtqualität des Produkts bei, insbesondere zur Stärkung seiner Wirksamkeit. Als Beispiel können wir wieder die 9/11-Anschläge heranziehen. Man kann argumentieren, dass ein besser ausgearbeitetes Produkt sichergestellt hätte, dass die Passagiere auf UA93 nicht in der Lage gewesen wären zurückzuschlagen. Dies wäre erreicht worden, hätten die Terroristen alle Passagiere in irgendeiner Weise bewegungsunfähig gemacht. Oder hätten sie alle Handys von den Passagieren beschlagnahmt, wären die Neuheit und damit die Wirksamkeit ihrer Lösung länger bewahrt geblieben.

Impulsgebung ergibt sich aus dem Ausmaß, zu dem ein Produkt übertragbar und in einer Vielzahl anderer Umgebungen einsetzbar ist. Impulsgebende Neuheit kann auf neue Situationen übertragen werden oder sie kann zeigen, wie eine bekannte Handlung auf neue Art und Weise durchgeführt werden kann. Eigentlich könnte der 9/11-Anschlag selbst als ein Beispiel für die Impulsgebung eines früheren, böswilligen, kreativen Produkts betrachtet werden, nämlich der Kamikaze-Attacken der Japaner während des Zweiten Weltkriegs. Die Möglichkeit der Übertragung der Neuheit der Kamikaze-Angriffe wirft sogar die Frage auf, warum andere Gruppen von Terroristen den Ansatz des 9/11-Anschlags nicht schon früher angewendet haben und warum die Sicherheitsbehörden die Möglichkeit eines solchen Anschlags nicht in Erwägung gezogen haben.

Rückblickend kann gesagt werden, dass die notwendigen *Fakten* den Behörden bekannt waren: ein Attentat war in Vorbereitung, verdächtige Personen waren in die USA eingereist, mehrere von ihnen machten eine Pilotenausbildung, obwohl sie die Ausbildung abbrachen, sobald sie über die Minimalfertigkeiten verfügten (die Fähigkeit ein Flugzeug zu landen war für sie zum Beispiel überflüssig). Wahrscheinlich machte niemand die kognitive Assoziationen zwischen Kamikaze-Anschlägen im Zweiten Weltkrieg, der aktuellen Bedrohung, der Anwesenheit von verdächtigen Personen in der USA und der Absolvierung der Pilotenausbildung ohne Kenntnisse über Landungstechnik zu erwerben, weil diese Fakten fernliegend waren. Was fehlte war das Wissen über die Merkmale kreativen Denkens, das in der Zwischenzeit von Kreativitätsforschern zur Verfügung gestellt worden ist (z. B. D. H. Cropley und Cropley 2008). Das Versagen der Sicherheitskräfte, den schon bekannten Modus Operandi (Selbstmordkommandos mit Flugzeugen) und die Vorbereitungen der Terroristen (Pilotenausbildung) als eine Bedrohung zu erkennen ergab sich vielleicht aus ihrer Unfähigkeit fernliegende kognitive Assoziationen zu bilden (wie etwa Kekules Verbindung von Gedanken und Schlangen) oder sich unerwartete außergewöhnliche Gebrauchsmöglichkeiten für vertraute Gegenstände vorzustellen (wie etwa Bohrs Luftdruckmesser).

Der impulsgebende Effekt vom 9/11-Anschlag liefert weitere interessante Einsichten. Es wurde klar, dass die Kernidee des Anschlags – die Verwendung eines Transportmittels als Lenkwaffe – auch bei anderen öffentlichen Verkehrsmitteln angewendet werden könnte. Eine damit einhergehende Zunahme der Sicherheitsmaßnahmen bei anderen Verkehrsmitteln ist seit dem 9/11-Anschlag sichtbar und auf die Erwartung zurückzuführen, dass Terroristen versuchen könnten, mit Zügen oder Schiffen eine ähnliche Methode zu wiederholen. Stattdessen erfolgten die Anschläge mittels Lkws.

Ein neues Paradoxon ist hier offensichtlich geworden. Die Attacken lenkten die Aufmerksamkeit auf bisher unbemerkte Probleme und führten zu entsprechenden Designänderungen – zum Beispiel wurde die Ungeschütztheit der Flugbesatzung im Cockpit deutlich und daraufhin die Sicherheit des Cockpits bei den meisten Verkehrsflugzeugen erheblich verbessert. Piloten sind jetzt von den Passagieren durch verstärkte Cockpit-Türen mit Gucklöchern, mehrfach verriegelten Schlössern, einem internen Riegel und sogar einem digitalen Code-Mechanismus vor unbefugtem Zugang geschützt. Allerdings haben die ersten Massenmörder diese Sicherheitsmaßnahmen schon dadurch ausgenutzt, dass sie sich im Cockpit eingesperrt haben. Obwohl es kein Terror-Anschlag war, sondern ein Suizid, hat sich am 24. März 2015 der Kopilot von Germanwings-Flug

9525 im Cockpit eingesperrt und trotz aller Versuche des Pilots ins Cockpit hereinzukommen, die Maschine absichtlich abstürzen lassen. Alle 150 Insassen sind ums Leben gekommen.

So legt die Kreativitätstheorie nahe, dass erfolgreiche Terroristen nicht nur zweckdienliche und wirkungsvolle Überraschung, sondern auch bestechende und impulsgebende Neuheit anstreben. Das Kamikaze-Beispiel zeigt, wie gefährlich die impulsgebende funktionale Kreativität von Übeltätern sein kann, wenn nicht die Gesetzeshüter die neuen Impulse der böswilligen Kreativität erkennen und proaktive Schritte unternehmen, um sie im Voraus zu blockieren. Ähnlich wie in einem wohlwollenden, kommerziellen Kontext ist Kreativität im Falle von kreativer Kriminalität und kreativem Terrorismus Teil eines dynamischen Zyklus, in dem der Sieg nur vorübergehend ist. Wenn eine Seite eine wirksame Überraschung erwirkt, antwortet die andere entsprechend, was zu konkurrierender, zumindest zeitweise wirkungsvollerer Neuheit führt. Auf diesen Prozess nehmen wir in ▶ Kap. 10 unter dem Stichwort „Wettrüsten" Bezug.

9.4.4 Die Wechselwirkung von Neuheit und Wirksamkeit

Im Falle der 9/11-Anschläge versuchten die Terroristen, den gleichen Akt viermal in schneller Folge zu wiederholen. Dies macht es möglich, die Wechselwirkung von Neuheit und Wirksamkeit im Laufe einer Zeitabfolge zu analysieren. Weder die Methode noch die Absicht der Attentäter variierten während des Zeitraums zwischen dem ersten und dem vierten Flugzeugabsturz. In erster Linie war es also der Überraschungseffekt, der sich änderte. Zwischen dem Zeitpunkt, zu dem das erste Flugzeug entführt wurde und in das World Trade Center stürzte und dem Zeitpunkt des Absturzes des letzten Flugzeugs in die Landschaft von Pennsylvania, war die Neuheit der Anschläge in einem messbaren Ausmaß zurückgegangen.[1] Aus dem Blickwinkel der Täter waren die Folgen des Verlusts an Neuheit katastrophal. Das wichtigste Ereignis war, dass die Passagiere von UA93 erfuhren, dass andere Flugzeuge entführt worden waren. Sie ergriffen Gegenmaßnahmen und konnten das Ziel „ihrer" Terroristen vereiteln (zum schrecklichen Preis des eigenen Lebens).

D. H. Cropley et al. (2008, S. 109–111) sprachen von einem „Zerfall" der Neuheit des Produkts, der zu einem entsprechenden Zerfall seiner Wirksamkeit führte. Die Tatsache, dass für die Passagiere von UA93 der Terrorakt nicht mehr neuartig (d. h. überraschend) war, führte zu einer Änderung ihrer Reaktion auf die terroristische Handlung. Die Flugzeugentführer hatten nicht mehr den Vorteil der völligen Überraschung und weil ihre Konkurrenten (die Passagiere) ihre Handlungen vorwegnehmen und mit ihrer eigenen „Gegenlösung" reagieren konnten, sahen sich die Terroristen „Konkurrenz" ausgesetzt. Dass das Flugzeug auf dem Land abgestürzt ist und nicht auf dem beabsichtigten Ziel, ist ein Beweis dafür, dass die Terroristen nicht die gewünschte Wirkung erzielen konnten. Der Verlust an Neuheit führte zu einem Verlust an Wirksamkeit.

Neuheit und Wirksamkeit sind aber nicht nur Voraussetzungen für Kreativität, sondern sie interagieren auch miteinander auf eine Weise, die das Produkt entweder stärken oder schwächen kann. Im Fall von UA93 führte der Neuheitszerfall [engl.: novelty decay]

---

1 D. H. Cropley et al. (2008) skizzierten eine Methode für die grobe Einschätzung des Ausmaßes des Rückgangs der Neuheit im Laufe der Attentate.

zu einem Rückgang der Wirksamkeit des Terror-Produkts (Wirksamkeitszerfall [engl.: effectiveness decay]). Dies legt nahe, dass es aus der Sicht kreativer Krimineller wichtig ist, ein neuartiges Produkt bis zu dem Zeitpunkt zu verschleiern, der für die jeweilige, spezifische Handlung entscheidend ist. Die Verschleierung verhindert einen sich aus dem Neuheitszerfall ergebenden Wirksamkeitszerfall. Der Zeitablauf dieser Interaktion kann allerdings für verschiedene kriminelle Produkte sehr unterschiedlich sein. Am Beispiel der 9/11-Attentäter führte sehr wenig Information aufseiten der UA 93 Passagiere (kleiner Neuheitszerfall) zum fast totalen Wirksamkeitszerfall des Anschlags – und dies sehr schnell. Im Falle von E-Mail-Betrug jedoch führt sehr viel Information (großer Neuheitszerfall) zu kaum spürbarem Wirksamkeitszerfall (es gibt jedes Jahr Tausende neuer Opfer).

Hierin liegt ein neues Paradoxon. Die Wirksamkeit einer terroristischen Handlung hat zwei Komponenten: zum einen die *unmittelbare* Wirkung [engl.: proximal effect] (der Tod und die Zerstörung, welche von der Handlung direkt verursacht werden) und auf der anderen Seite die *mittelbare* Wirkung [engl.: distal effect] (die allgemeine Angst und Verwirrung, die sie hervorruft). Die mittelbaren Effekte kommen nur dann zustande, wenn die Öffentlichkeit mit den unmittelbaren Effekten vertraut ist. Wie der Fall von UA93 jedoch zeigt, schwächt diese für die mittelbare Wirkung des Attentats unentbehrliche „öffentliche Vertrautheit" seinen Überraschungseffekt stark ab. Sie führt also zum Neuheitszerfall und beschleunigt folglich den Wirksamkeitszerfall. Die unmittelbare Wirksamkeit eines Attentats hängt – zumindest am Anfang – von der Verschleierung ab, wohingegen für die mittelbare Wirkung unentbehrlich ist, dass der Vorfall in der Öffentlichkeit bekannt wird.

9.5 Druck aus dem Umfeld von Terroristen

Wir haben bereits Aspekte des Umfelds besprochen, in dem Kreativität stattfindet. Amabile und Gryskiewicz (1989) identifizierten eine Reihe von Faktoren im Umfeld, die Kreativität unterstützen oder hemmen. Es gibt keinen Grund zur Annahme, dass diese Faktoren im Fall von Terrorismus anders sind als bei anderen Formen von kreativen Straftaten, obwohl Terroristen in einer anderen Art von Organisation operieren als derjenigen, die Amabile und Gryskiewicz untersuchten. Der Zugang zu geeigneten Ressourcen, eine herausfordernde Aufgabe, ein unterstützender Vorgesetzter und ein Gefühl der Zusammenarbeit könnten sowohl für die Orsini-Bande als auch für die 9/11-Terroristen eine Rolle gespielt haben. Gleichermaßen ist es offensichtlich, dass weder Zeitdruck noch übertrieben strikte Auswertung für sie eine bedeutende Rolle spielten. Orsini zum Beispiel hatte völlige Freiheit, seinen Anschlag nach dem eigenen Zeitplan zu planen. Er war keinem externen Druck ausgesetzt, konkrete Fortschritte zu demonstrieren. Die 9/11-Terroristen waren gut finanziert, von ihrer Führung unterstützt, relativ frei von Einmischungen und arbeiteten in einer „kollegialen" Atmosphäre.

9.5.1 Führung

Terroristische Gruppen sind „heimlich und wertebasiert" (Price 2012, S. 17). Infolgedessen neigen die Mitglieder dazu, sehr ähnliche Ansichten über die Kernthemen in ihrem Leben zu teilen. Dies bedeutet, dass sie leicht emotional gebundene Gruppen bilden können, die von Atran (2003, S. 1534) als „fiktive Sippen" [engl.: fictive kin] bezeichnet werden. Solche Menschen sind sogar bereit, für das zu sterben, was sie als für das Wohl ihrer „Verwandten" zuträglich betrachten. Dies macht die Gruppe stark geschlossen. Terroristenanführer spielen dabei eine besondere Rolle. Sie haben meistens keine formale Autorität über die Gruppe und sind daher auf Charisma angewiesen, um ihre Mitglieder anzuziehen und zu kontrollieren. Menschen gehören dazu, weil sie an die Sache und an den Anführer glauben und sogar bereit sind, für einen oder beide zu sterben. Der Anführer wird zu einer Quelle unwiderstehlicher Macht, die die Menschen dazu bringen kann, „die Grenze zu überschreiten" – wie wir es früher beschrieben haben. Unter dem Einfluss des Anführers können Menschen extremistische Ansichten vertreten, für die sie vorher wenig Sympathie hatten, oder sie können bereit sein, Handlungen durchzuführen, die sie zuvor abgelehnt hätten. Die Wirkung des Anführers ist somit für terroristische Gruppen von entscheidender Bedeutung.

In einer verschworenen Gruppe, in der den Mitgliedern die Aussicht auf einen plötzlichen Tod bevorsteht – möglicherweise als direkte Folge ihrer eigenen vorsätzlichen Handlungen – spielt der Anführer eine besondere Rolle, wenn er die Gruppe emotional und ideologisch zusammenhält. Der Anführer übt eine Reihe von Funktionen aus, die es ihm ermöglichen:

- die Werte, Vision und Mission der Gruppe zu artikulieren;
- den Informationsfluss zu steuern (oder sogar selbst die einzige Informationsquelle zu sein);
- die Hauptquelle von Zustimmung bzw. Ablehnung zu sein und somit Belohnungen und Status zu kontrollieren;
- die Opfer als Übeltäter oder notwendige Opfer für die große Mission umzudeuten;
- die Verantwortung für das, was passiert, zu tragen;
- die Angst der Mitglieder der Gruppe zu verringern;
- die Schuldgefühle der Mitglieder der Gruppe zu verringern.

Die Auswirkung von Isolation auf die Bereitschaft der isolierten Menschen, die Ansichten derjenigen zu übernehmen, die zwischenmenschlichen Kontakt und sensorische Stimulation kontrollieren, ist in der psychologischen Forschung über die Gehirnwäsche von Gefangenen (z. B. während des Korea-Kriegs), den Einfluss von Kulten (Taylor 2004) und die experimentelle sensorische Deprivation (Zubek 1969) wiederholt bestätigt worden. Im Falle von Orsini sticht seine Rolle als charismatischer Anführer seiner drei Mittäter als Faktor im Attentat gegen den Kaiser heraus. Im Falle der 9/11-Terroristen kann die Führung von Osama bin Laden in seinem terroristischen Netzwerk als ein Faktor angesehen werden, der die kreativen kriminellen Handlungen der Terroristen erleichterte und ihre für seine Zwecke günstige persönliche Merkmale (z. B. ihre Motivation) verstärkte.

9.6 Der terroristische Prozess

Das vierte P von Kreativität ist „Prozess", insbesondere die Denkprozesse, die für die Kreativität von besonderer Bedeutung sind. Gewöhnlich werden diese durch den Kontrast zwischen divergentem und konvergentem Denken charakterisiert. Viele divergente Denkprozesse sind der wohlwollenden und der bösartigen Kreativität gemeinsam – zum Beispiel die Erkennung von Chancen, die Bildung entfernter Assoziationen und die Herstellung unerwarteter Verbindungen, die Neudefinition von Problemen und die Formulierung neuartiger Lösungsstrategien (□ Tab. 7.1). Andere jedoch haben für die böswillige Kreativität besondere Bedeutung. Die Abweichung von Normen kann im Wesentlichen konstruktiv sein und daher mit wohlwollender Kreativität in Verbindung stehen, wohingegen destruktive Abweichung ein Merkmal böswilliger Kreativität ist. In ähnlicher Weise geht das Brechen von nicht-gesetzlichen Regeln – zum Beispiel gesellschaftlichen Konventionen – häufig mit positiver Kreativität einher, während das Brechen gesetzlicher Regeln (Gesetzesbruch) eher mit kreativer Kriminalität einhergeht.

Ein wichtiger kognitiver Faktor, der Kreativität und Kriminalität verbindet, ist die Umdeutung. Terroristen behaupten, dass sie für Frieden und Freiheit kämpfen, planen jedoch, unschuldige Menschen zu töten. Umdeutung kann ihnen helfen, diese kognitive Dissonanz zu lösen. Gino und Ariely (2012) zeigten, dass kreative Menschen als Gruppe besser in der Lage sind, unethische Verhaltensweisen zu rechtfertigen. Folgerichtig ist davon auszugehen, dass kreative Kriminelle – die Täter in Fällen von Betrug oder Diebstahl bis hin zu terroristischen Handlungen – dies auch können. Weil die mit Terror-Anschlägen einhergehende kognitive Dissonanz besonders stark ausgeprägt zu sein scheint, liegt es auf der Hand, dass erstens für Terroristen die Umdeutung ein besonders wichtiger Bestandteil vom Prozess bildet und zweitens sie es außergewöhnlich gut machen können.

Ein zweiter Sinn, in dem Prozess in Bezug auf Kreativität und Terrorismus verstanden werden kann, ist die Abfolge von Schritten, die von der Feststellung der Notwendigkeit von Aktion zur Umsetzung einer Lösung führen. In ▶ Kap. 4 führten wir eine Diskussion über die Phasen der Kreativität ein, die die Rolle von zum Beispiel Ideengenerierung und -ausbeutung bei der kreativen Problemlösung beleuchtete (für eine sequenzielle Darstellung der Phasen s. □ Abb. 4.1). Im Rahmen der ästhetischen Kreativität dürfte die Erzeugung wirkungsvoller Neuheit oft ausreichen. Im Kontext der kreativen Kriminalität jedoch sind für die relevanten Diskussionen eher Umsetzung und Ausbeutung dieser Neuheit von zentraler Bedeutung, weil sicher ist, dass die wenigsten Kriminellen ihre Verbrechen begehen, um Schönheit zu schaffen.

Wenn man sich den Prozess des Übergangs von der Formulierung einer Vorstellung zu ihrem praktischen Einsatz – ob Felice Orsinis Versuch, Napoleon III. zu töten oder die 9/11-Anschläge – wird die Rolle der Planung in kreativer Kriminalität sichtbar. Felice Orsini erkannte, dass es nicht ausreichte, eine neue Art von Waffe zu erfinden. Er verstand, dass seine Einfälle so weit wie möglich (unter der Voraussetzung, dass ihr Überraschungseffekt bewahrt blieb) getestet und bewertet werden mussten. Wir nennen die Phase, in der dieser Aspekt des Prozesses der Entwicklung und Umsetzung eines neuartigen und wirkungsvollen Produktes durchgeführt wird, „Verifikation" (□ Abb. 4.1). Ein modernes Beispiel für diesen Aspekt vom terroristischen Prozess ist bei den Bombenanschlägen vom 7. Juli 2005 in London zu sehen. An diesem Tag gab es in London eine Reihe von Terror-Anschlägen auf Zivilisten, die während der morgendlichen Hauptverkehrszeit den öffentlichen Nahverkehr der Stadt nutzten. Innerhalb kurzer Zeit kam es zu vier Explosionen in drei U-Bahn-Zügen und einem Doppeldeckerbus. Diese wurden von vier Männern ausgelöst, die selbstgebastelte Bomben in Rucksäcken trugen (die so genannten „Rucksackbomber"). Dabei wurden 56 Menschen getötet und über 700 verletzt. In Anlehnung an die 9/11-Anschläge in New York werden diese Gräueltaten als die „7/7-Anschläge" bezeichnet.

Am 20. September, 2005 berichtete die BBC, dass Scotland Yard-Detektive CCTV-Aufnahmen veröffentlicht hatten, die zeigten, wie die 7/7-Bomber ihre Anschläge auf das Londoner Nahverkehrssystem neun Tage vor den tatsächlichen Anschlägen ausprobierten. Bezeichnenderweise hat Peter Clarke, Stellvertretender Kommissar von Scotland Yard, darauf hingewiesen, dass es „Teil der Methodik eines Terroristen" sei, Zeitpläne, Layout und Sicherheitsvorkehrungen zu überprüfen (British Broadcasting Corporation 2005). Obwohl sie keine „Kreativität" im Sinne von divergentem Denken und Ideengenerierung darstellen, sind Planen, Training, Ausprobieren und Auswertung dennoch ein wesentlicher Bestandteil des Prozesses, wodurch aus einer Vorstellung ein erfolgreiches Produkt zustande kommt, sowohl beim Terrorismus als auch bei einer neuen Musiktheaterproduktion oder einem neuen Konsumartikel. Die Phase der Verifikation bietet zusätzliche Möglichkeiten für Gegenmaßnahmen.

9.7 Die Förderung der „Anti-Kreativität"

Um Angst und Schrecken erfolgreich zu verbreiten, müssen Terroristen den gesamten Innovationsprozess vom Einfall bis zur Umsetzung und Ausbeutung vollständig durchführen. Folglich umfasst die Behinderung von Terrorismus nicht die äußerst schwierige Aufgabe, potenzielle Täter davon abzuhalten, bösartige Einfälle zu formulieren. Nicht einmal die Inquisition konnte Galileo in dieser Hinsicht bremsen. Weil jede einzelne Phase für den Ablauf unentbehrlich ist, müsste im Prinzip nur eine mehr oder weniger beliebige Phase blockiert werden. Dies bedeutet, dass die Sicherheitsbehörden eine Reihe Möglichkeiten für die Störung des Ablaufs des Prozesses haben. Sie brauchen die Schwachstelle von nur einer Phase feststellen und diese für defensive Zwecke ausnutzen.

Die sieben Phasen und sechs Ps, die an der Erzeugung wirksamer Neuheit beteiligt sind, wurden in ◘ Tab. 4.3 als eine Matrix mit 42 „Knotenpunkten" dargestellt, wobei jeder Knotenpunkt durch eine Kombination aus einem der sechs Ps (persönliche Eigenschaften, persönliche Motivation, persönliche Gefühle, Prozess, Produkt und Umfelddruck) und einer der sieben Phasen (Vorbereitung, Aktivierung, Generierung, Erleuchtung, Verifikation, Kommunikation und Validation) definiert ist. ◘ Tab. 4.3 gab Beispiele für die Besonderheiten der jeweiligen Knotenpunkte (z. B. im Knotenpunt Produkt-Generierung wird eine oder werden mehrere Lösungsentwürfe generiert, im Knotenpunkt Prozess-Verifikation werden diese Entwürfe ausgewertet). Im Knotenpunkt Persönliche Merkmale-Aktivierung ist Selbstvertrauen, im Knotenpunkt Umfelddruck-Verifikation konstruktives Feedback sehr förderlich (◘ Tab. 4.3). Folglich können die Knotenpunkte als potenzielle Schwachstellen betrachtet werden, weil etwa Schwächung des Selbstvertrauens oder Blockierung von konstruktivem Feedback zum richtigen Punkt im Prozess die Arbeit im entsprechenden Knotenpunkt unmöglich machen und den Gesamtprozess zum Stillstand bringen würde.

9.7.1 Aufbau von phasenbezogenen Barrieren

In Bezug auf einfallsreiche Kriminalität können die vielversprechendsten Ansätze zur Prävention und Hemmung kontraintuitiv sein. Sie umfassen nicht notwendigerweise Merkmale, die für Kriminalität charakteristisch sind (etwa geringe Empathie), sondern eher diejenigen Merkmale, die allen kreativen Menschen gemeinsam sind. D. H. Cropley (2010) schlug einen allgemeinen Ansatz zur Bekämpfung bösartiger Kreativität vor, der auf der in ◻ Tab. 4.3 skizzierten Interaktion von Phasen und Ps basiert. Anstatt auf abnorme Merkmale konzentrieren wir uns auf „normale" Eigenschaften, die auf „abnorme" (d. h. kriminelle) Art und Weise angewendet werden. Diese Herangehensweise erinnert an das Synektik-Verfahren (Gordon 1961), bei dem „das Vertraute merkwürdig gemacht wird" [engl.: making the familiar strange]. Anstatt den in der Tabelle dargestellten Rahmen zu nutzen, um (wohlwollende) Kreativität zu fördern, kann man ihn als Grundlage für die *Verhinderung* böswilliger Kreativität anwenden. Dies erfolgt nicht durch die Einführung von förderlichen Bedingungen, sondern durch den *absichtlichen Aufbau von hemmenden Bedingungen* – von absichtlichen „Kreativitäts-Barrieren".

Mit 42 Knotenpunkten, die alle denkbaren Schnittpunkte von Person, Prozess, Produkt und Umfelddruck mit den verschiedenen Phasen der Kreativität umfassen, ist es allerdings unpraktisch, jede mögliche Kombination von Phase und P zu blockieren. Anstatt zu versuchen, spezifische Maßnahmen für jeden einzelnen Knotenpunkt zu ergreifen, ist es sinnvoller, umfassendere Barrieren einzurichten (etwa die ganze Phase der Generierung zu blockieren) – in der Hoffnung, dass sich die Überwindung der entsprechenden Barriere für Terroristen als zu schwierig erweisen würde.

◻ Tab. 9.1 stellt die 42 Knotenpunkte mit der inzwischen gewohnten Struktur dar. Weil sich die Inhalte der Tabelle mit krimineller Kreativität beschäftigen, werden die letzten beiden Phasen „Umsetzung" und „Ausbeutung" genannt anstatt mit den eher neutralen Bezeichnungen „Kommunikation" und „Validation". Die Zellen dieser Tabelle enthalten nicht wie in ◻ Tab. 4.3 verhältnismäßig konkrete Beispiele für typische Prozesse (z. B. „Problemfindung") oder Zustände (z. B. „Unzufriedenheit mit dem Status Quo") für den jeweiligen Knotenpunkt, sondern abstrakte psychologische Aspekte, die in den jeweiligen Knotenpunkten besonders wichtig sind. Zum Beispiel: Im Knotenpunkt „Prozess-Aktivierung" ist das divergente Denken der entscheidende Prozess. Sollte der Umfelddruck das in diesem Knotenpunkt unentbehrliche divergente Denken eingrenzen, wird der Beitrag aller darauf folgenden Knotenpunkte zwangsläufig gehemmt. Im Knotenpunkt „Persönliche Motivation-Erleuchtung" ist proaktive Motivation entscheidend. Hier reicht also die Unterdrückung von proaktiver Motivation durch eingrenzenden Umfelddruck aus, um die Erzeugung kreativer Produkte zu hemmen.

Zum besseren Verständnis und zur leichteren Anwendung werden die in den einzelnen Knotenpunkten von ◻ Tab. 9.1 aufgelisteten Prozesse und Zustände als Dichotomien verstanden: divergentes vs. konvergentes Denken, proaktive vs. reaktive Motivation, innovative vs. anpasserische Persönlichkeit, generative vs. konservierende Gefühle, radikale vs. routinemäßige Produkte und entgrenzender vs. eingrenzender Umfelddruck. Diese Dichotomien wurden auf der Grundlage relevanter Forschung und Theorie auf dem Gebiet der Kreativität erarbeitet und von A. J. Cropley und Cropley (2009) zusammengefasst. Die für die Kreativität günstigen Pole der in ◻ Tab. 9.1 aufgelisteten Dichotomien der jeweiligen Knotenpunkte sind allerdings rein intuitiv; sie wurden nicht direkt aus empirischer Forschung abgeleitet.

Die ausschließliche Zuordnung des Einflusses eines spezifischen Pols von Prozess, persönlichen Eigenschaften, Produkt bzw. Umfelddruck zu einer einzelnen Phase des gesamten Prozesses beinhaltet vielleicht eine übermäßige Vereinfachung. Zum Beispiel zeigte eine Meta-Analyse von Haner (2005), dass in einer spezifischen Phase beide Pole einer dichotomisierten Dimension eine kreativitätsförderliche Wirkung haben können.

Tab. 9.1 Die Knotenpunkte der Erzeugung zweckdienlicher wirkungsvoller Neuheit

P	Pole	→ → Zweckdienliche, wirkungsvolle Neuheit wird erzeugt → →					Die Neuheit wird ausgenutzt	
Phase		Vorbereitung:	Aktivierung:	Generierung:	Erleuchtung:	Verifikation:	Umsetzung:	Ausbeutung:
Pole		(Sammlung von Wissen; Entwicklung von Problembewusstsein)	(Problemdefinition)	(Entwicklung von Lösungsentwürfen)	(Erkennung des vielversprechendsten Lösungsentwurfs)	(Bestätigung der Zweckdienlichkeit und Wirksamkeit des ausgewählten Lösungsentwurfs)	(Die Lösung wird umgesetzt)	(Die Lösung funktioniert wie geplant)
Prozess (Denkart)	Konvergent vs. divergent	Konvergent	Divergent	Divergent	Konvergent	Konvergent	Gemischt	Konvergent
Motivation	Reaktiv versus proaktiv	Gemischt	Proaktiv	Proaktiv	Proaktiv	Gemischt	Reaktiv	Reaktiv
Persönliche Merkmale	Anpasserisch versus innovativ	Anpasserisch	Innovativ	Innovativ	Innovativ	Anpasserisch	Anpasserisch	Anpasserisch
Persönliche Gefühle	Konservierend versus generativ	Konservierend	Generativ	Generativ	Generativ	Konservierend	Konservierend	Konservierend
Produkt der Phase	Routinemäßig versus radikal	Routinemäßig	Radikal	Radikal	Radikal	Routinemäßig	Routinemäßig	Routinemäßig
Umfeld-Druck	Eingrenzend versus entgrenzend	Entgrenzend	Entgrenzend	Entgrenzend	Eingrenzend	Eingrenzend	Eingrenzend	Eingrenzend

Er gab das Beispiel der Verifikation, die hauptsächlich konvergentes Denken beinhaltet, obwohl das Finden einer neuen Methode zur Bewertung eines Produktes auch divergentes Denken erfordern würde. Dennoch wies er darauf hin, dass konvergentes Denken in dieser Phase vorherrscht, und nannte es das „Hauptmerkmal" (S. 289) der Phase. Wir nehmen eine ähnliche Position ein und sprechen hier von Prozessen, persönlichen Eigenschaften, Produkten und dergleichen, die von „zentraler Bedeutung" sind, in dem Sinne, dass sie in einer bestimmten Phase die dominante, aber nicht notwendigerweise ausschließliche, Voraussetzung sind.

In ◻ Tab. 9.1 die senkrechten Spalten zwischen „Vorbereitung" und „Aktivierung", zwischen „Generierung" und „Erleuchtung" und zwischen „Verifikation" und „Umsetzung" teilen die bisher üblichen sieben Phasen in vier „Meta-Phasen" auf. Auffällig ist, dass ohne die erste Meta-Phase (aus „Vorbereitung" bestehend), die zweite („Aktivierung" und „Generierung") nicht zustande kommen könnte. Ähnlich: Ohne die zweite Meta-Phase käme die dritte („Erleuchtung" und „Verifikation") nicht zustande und ohne die dritte gäbe es keine vierte („Umsetzung" und „Ausbeutung"). Diese Übergänge zwischen den Meta-Phasen können also als die „natürlichen" Barrieren zum Zustandekommen krimineller Kreativität betrachtet werden. Um festzustellen, wie diese Barrieren aktiviert werden können, ist es notwendig, die Ps zu untersuchen und herauszuarbeiten, welches P in welcher Meta-Phase am effektivsten manipuliert werden kann – durch entweder Hemmung des für die Kreativität günstigen oder Förderung des für die Kreativität ungünstigen Pols. Es ist beispielsweise denkbar, dass es realistischer und praktischer wäre, konvergentes oder divergentes Denken (P von Prozess) zu blockieren als generative bzw. konservierende Gefühlslagen (P von persönlichen Gefühlen) zu beeinflussen. Nachdem wir festgestellt hätten, welches P am anfälligsten für Störungen sein sollte, könnten wir disruptive Aktionen planen. Es gibt bis jetzt allerdings keine wissenschaftlich gesicherten Befunde über entsprechende konkrete Maßnahmen.

Ein auf die Blockierung bösartiger Kreativität fokussierter Ansatz birgt einige für die Wissenschaft interessante Herausforderungen. Der Großteil der Literatur konzentriert sich auf die *Förderung* und nicht die *Hemmung* von Kreativität. In der Regel wollen auch wir Menschen helfen, kreativer zu denken, entsprechend motiviert zu sein und die dafür notwendigen Gefühlslagen zu erleben. Nun suchen wir nach Wegen, das Gegenteil zu erreichen, z. B. die Fähigkeit zu hemmen, divergent zu denken. Wir interessieren uns für das, was man als „Anti-Kreativität" bezeichnen könnte.[2] In Bezug auf Terrorismus wird diese Aufgabe allerdings dadurch erschwert, dass wir keinen direkten Einfluss auf das Leben von Terroristen haben – anders als bei Schulkindern oder Angestellten. Ist es überhaupt möglich, eine bestimmte Art von Denken, eine bestimmte Motivation, bestimmte Gefühle oder sogar ein bestimmtes Organisationsklima indirekt zu beeinflussen? Können wir aus der Ferne manipulieren, wie Terroristen denken, fühlen oder handeln, um sie *weniger* kreativ zu machen?

---

2   Die Förderung der Anti-Kreativität dürfte nicht so schwierig sein. Schließlich schaffen es die Schulen, Organisationen, Behörden und die Gesellschaft im Allgemeinen mit großem Erfolg.

Praktische Schlussfolgerungen

© Springer Fachmedien Wiesbaden GmbH, ein Teil von Springer Nature 2019
D. Cropley, A. Cropley, *Die Schattenseite der Kreativität*,
https://doi.org/10.1007/978-3-658-22795-1_10

Sicherheitsbehörden operieren in einem Umfeld, in dem – ausnahmsweise – böswillige Kreativität erwünscht ist – solange alle Nachteile gegen die Kriminellen fließen. Im Wettkampf mit Kriminellen allerdings hat die polizeiliche Seite nur begrenzte Möglichkeiten, die Initiative zu ergreifen. Je näher Polizeibeamte und Behörden an die Grenze der sozial Akzeptablen treten, desto stärker wird ihre „Anfälligkeit" für Überschreitungen des schmalen Grats zwischen Kreativität und Illegalität. Folglich kann es zu einem reaktiven „Wettrüsten" kommen, das für die Gesetzeshüter meistens ungünstig verläuft. Trotz der Wirkung der hypothetisierten „polizeilichen Persönlichkeit" und Elemente der „organisationalen Sklerose" gibt es Möglichkeiten für die Förderung proaktiver, kreativer Aktionen. Beispiele sind Trainingseinheiten, die etwa Ideengenerierung und Problemdefinition betonen oder auf betriebsinterne Blockaden eingehen.

Die nicht-kriminelle Gesellschaft ist daran interessiert, das Wohlergehen sowohl des Individuums als auch der Gemeinschaft aufrechtzuerhalten. Kriminelle andererseits sind daran interessiert, ihr eigenes Wohl auf Kosten anderer zu fördern und durchzusetzen. Es gibt also einen Zielkonflikt zwischen Tätern und der Gesellschaft und insbesondere den professionellen Strafverfolgungsbehörden. Somit können Täter und Gesetzeshüter als Konkurrenten angesehen werden (Hilton 2010). D. H. Cropley (2005) ging sogar so weit zu behaupten, dass der Wettbewerb zwischen Kriminellen und Sicherheitsbehörden in gewisser Weise mit dem Wettbewerb konkurrierender Unternehmen zu vergleichen sei. Beide versuchen neue Produkte zu entwickeln und die Opposition aus dem Geschäft zu drängen. Folglich kann die Kreativität einfallsreicher Krimineller als ein Prozess angesehen werden, der angesichts der Konkurrenz eines Rivalen (der Gesetzesvollstrecker) wirkungsvolle Neuheit hervorbringen muss. Gesetzeshüter wiederum müssen der Kreativität ihrer Konkurrenz entgegenwirken, indem sie den Entstehungsprozess verhindern und stören oder seinen Wert für die Täter auf einen Punkt reduzieren, an dem sich die Anstrengung nicht mehr lohnt.

10.1 Täter versus Gesetzeshüter: Ein Konkurrenzkampf

Wenn Gesetzeshüter auf die Kreativität des Täters einfach defensiv reagieren (*reaktiv* anstatt *proaktiv*), kann ein Kreislauf in Gang gesetzt werden, in dem die kriminelle Seite wirkungsvolle Neuheit erzeugt, die polizeiliche Seite auf die Neuheit reagiert, die kriminelle Seite neue wirkungsvolle Neuheit erzeugt, die polizeiliche Seite reagiert erneut usw. Hilton (2008, S. 178) beschrieb diesen Zyklus als einem „Wettrüsten" ähnlich. Ein einfaches Beispiel dieses Phänomens wurde von Aitken et al. (2002) in einem Bericht über eine Anti-Drogen-Aktion in Melbourne, Australien beschrieben. In Stadtteilen, wo viele kleine Drogendealer auf offener Straße aktiv waren, fokussierte die Aktion auf Passanten und erhöhte Polizeipräsenz. Die Aktion erreichte anfänglich ihr Ziel, weil die Fixer wegblieben. Aber die Dealer passten sich schnell an die neuen Bedingungen an und änderten ihr Verhalten entsprechend. Dies führte zu einer Verlagerung der Drogenszene in die nahe gelegenen Wohngebiete, zum Nichtnutzen geschützter Fixerräume sowie zu Betrug und verstärkter Gewalt, denen wiederum die Polizei durch neue Maßnahmen begegnen musste usw. Um ähnliche Abfolgen von Ereignissen in anderen Umfeldern durchbrechen zu können müssen die Gesetzeshüter wirkungsvolle Neuheit bei der Entwicklung von Abwehrmaßnahmen generieren und somit solche Eskalationszyklen unterbrechen. Wie wir im nächsten Abschnitt jedoch zeigen werden, gibt es dagegen große Hindernisse.

10.1.1 Die ungleichen Wettbewerbsvoraussetzungen

Kriminelle und Gesetzeshüter dürfen zwar als Wettbewerber angesehen werden, aber sie konkurrieren nicht auf Augenhöhe. Von Vollzugsbeamten wird vonseiten der Gesellschaft erwartet, dass sie „anpasserische" persönliche Eigenschaften zeigen und folglich versuchen, alle neuen Herausforderungen durch die Anpassung altbewährter Methoden zu bewältigen. Sogar wenn ihre Handlungen legal bleiben, müssen etwa Streifenpolizisten darauf achten, dass sie die Grenze des *sozial* Akzeptablen nicht zu nahe kommen. Auch die Strafverfolgungsbehörden stehen ständig in der Öffentlichkeit. Ihre Handlungen werden von Anwälten und Bürgerrechtsgruppen kritisch geprüft und von der Presse genau beobachtet. Sie sind Gegenstand hoher Erwartungen in der Öffentlichkeit und – sollten sie an die Grenze sehr nahe kommen – werden sie von der Politik nicht immer vor Kritik geschont, weil eine harte Linie politisch inopportun sein kann. Jede unerwartete Strategie oder Taktik wird von mehreren Seiten intensiv geprüft, debattiert und kritisiert. Folglich neigen die Behörden dazu, eher unflexibel zu sein und wenig Anreiz zu oder Unterstützung für Kreativität bei Einzelpolizisten zu bieten (d. h.: sowohl der unmittelbare als auch der mittelbare Umfelddruck wirkt kreativitätseingrenzend).

Wie French und Stewart (2001) feststellten, verwendet die Strafverfolgung nach wie vor weitgehend bürokratische Modelle. Die Entscheidungsmacht wird in wenigen Händen konzentriert und es gibt wenig Toleranz gegenüber Fehlern derer, die Neuheit einführen. Diejenigen, die dem altbewährten Weg folgen, werden dagegen belohnt. Viele Organisationen in den unterschiedlichsten Bereichen leiden unter einer solchen „institutionellen Sklerose" (Olson 1984), die diejenigen stärkt, die sich gegen Veränderungen wehren. Wie in allen Organisationen wird in der Strafverfolgung Neuheit nur in gewissen Grenzen geduldet, egal wie effektiv, bestechend und impulsgebend sie auch ist (▶ Kap. 7). Dies zu ändern ist schwierig. In den Worten von Niccolo Machiavelli (1532/2010, S. 26–27):

> » Es gibt nichts Schwierigeres ... als die Einführung einer neuen Ordnung der
> Dinge, weil der Innovator all diejenigen für Feinde hat, denen es unter den alten
> Bedingungen gut gegangen ist und nur lauwarme Verteidiger bei denen hat, die unter
> den neuen Bedingungen es gut haben könnten.

Diese Überlegungen deuten auf die Notwendigkeit einer Diagnose der Punkte hin, bei denen die Polizeiorganisation kreatives Verhalten vonseiten der „an vorderster Front" agierenden „Kriminalitätsbekämpfer" behindert bzw. ihre Fähigkeit eingrenzt, auf solches Verhalten wirkungsvoll zu reagieren.

Selbstverständlich ist es für einige Aspekte der Strafverfolgung angemessen, darauf zu bestehen, dass die etablierten Verfahrensweisen eingehalten werden. Diese dienen als Garantie für Fairness, Vermeidung von Korruption in der Polizei und dergleichen. Der Konkurrent (also der Kriminelle) hingegen erlebt keine Beschränkungen der eben dargestellten Art bzw. er kann eventuelle persönliche Bedenken etwa durch Umdeutungsprozesse beseitigen. In der Allgemeinheit können einfallsreiche Kriminelle in einigen Fällen sogar bewundert werden, wenn sie Unerwartetes tun. Leider sind die Wettbewerbsvoraussetzungen ungleich: die Kreativität der Gesetzeshüter wird durch Beschränkungen eingegrenzt, die Gesetzesbrecher ignorieren können.

Um eine Analogie aus dem Design-Bereich zu nehmen, sind Gesetzeshüter gezwungen, in einem strikt eingeschränkten Design-Raum nach Lösungen zu suchen.

Der polizeiliche Gestaltungsraum schließt dabei viele potenzielle Lösungen aus – gerade weil sie einen hohen Neuheitsgrad aufweisen. Den Verbrechern steht dagegen ein sehr großer Gestaltungsraum zur Verfügung, da die Aufhebung des Legalitätsgebots die Palette der möglichen „Lösungen" für sie enorm erweitert. In einer bestimmten Situation kann die Polizei zwischen vielleicht zwei Handlungsalternativen wählen (oder sie hat überhaupt keinen Spielraum), wohingegen Kriminelle freie Wahl haben. Auch wenn nur ein winzig kleiner Anteil der möglichen kriminellen „Lösungen" wirkungsvoll ist, haben die Gesetzeshüter immerhin eine viel schwierigere Aufgabe, da der Verbrecher nur einen einzigen Volltreffer braucht.

Kreative Kriminelle können diese Situation nutzen, um die Wirksamkeit ihrer Operationen zu erhöhen, und Gesetzeshüter müssen lernen sich anzupassen, um dieser ungleichen Lage Herr zu werden. Dies deutet auf die Notwendigkeit von Schulungen der Strafverfolgungsbeamten und Strafverfolgungsbehörden hin, um ihnen zu helfen, mit dieser Situation umzugehen. Wir beziehen uns hier nicht auf das Training korrekter polizeilicher Prozeduren, sondern auf die Generierung, Erkennung und wirksame Umsetzung neuartiger Ansätze innerhalb der bestehenden Spielregeln. Besonders wichtig ist dabei, nicht nur die „institutionelle Sklerose" zu vermeiden, sondern auch etwa das Generieren von Ideen, das Erkennen des eigentlichen Problems oder das Konzipieren von Problemen auf eine neue Art und Weise zu lernen (s. z. B. die Diskussion in einem späteren Abschnitt vom Prozess „denken wie der Dieb" oder von der Anwendung von Methoden der Systemtechnik). Wichtig auch ist, Neuheit und Wirksamkeit beim polizeilichen Vorgehen Vorrang zu geben (anstatt auf Regelkonformität zu bestehen). Was gebraucht wird ist ein viel breiteres Verständnis vom kreativen Problemlösen bei der strategischen und taktischen Planung der Strafverfolgung.

10.1.2 Die Kreative Lösungen Diagnose-Skala (KLDS)

D. H. Cropley und Cropley (2018) haben über ein Auswertungsinstrument berichtet, das eingesetzt werden kann, um die Art und das Ausmaß der Kreativität von vorgeschlagenen „Lösungen" zu messen: die *Kreative Lösungen Diagnose-Skala* [engl.: Creative Solutions Diagnosis Scale]. Obwohl wir uns mit der Anwendung der Skala meistens im unternehmerischen und pädagogischen Bereich beschäftigen, kann sie auf „Lösungen" im Sinne polizeilicher Maßnahmen übertragen werden. Im Wesentlichen identifiziert die Skala fünf „Kompetenzen" eines kreativen Produkts: „Zweckdienlichkeit und Wirksamkeit" (engl.: Relevance und Effectiveness); „Problemaufdeckung" (engl.: Problematization); „Vortriebseffekt" (engl.: Propulsion); „bestechende Qualität" (engl: Elegance); „Impulsgebung" (engl.: Genesis).

Diese Dimensionen sind in „Indikatoren" zerlegt, die es ermöglichen, die Anwesenheit oder Abwesenheit der Eigenschaften zu erkennen, die den Kompetenzen zugrunde liegen. Die Indikatoren umfassen Aspekte von Zweckdienlichkeit und Wirksamkeit (z. B. Korrektheit, Leistungsfähigkeit), Problemaufdeckung (z. B. Problemfindung, Prognose), Vortriebseffekt (z.B. Neudefinierung, Generierung), bestechende Qualität (z. B. Überzeugungskraft, gefälliges Äußeres) und Impulsgebung (z. B. Übertragbarkeit, Zukunftsträchtigkeit). Die Indikatoren ermöglichen eine „Diagnose" von wie kreativ ein spezifisches Produkt ist und welche Art von Kreativität es umfasst, eine Feststellung der internen Stärken und Schwächen des Produkts oder eine Unterscheidung zwischen alternativen oder konkurrierenden Produkten. Zum Beispiel könnte das eine Produkt in Bezug auf Problemaufdeckung stärker als ein anderes sein, aber in Bezug auf Impulsgebung schwächer. Oder es könnte ein bestimmtes Produkt in Bezug auf Problemaufdeckung stark, in Bezug auf bestechende Qualität allerdings schwach sein.[1]

10.1.3 Polizeiliche „Anfälligkeit"

Wir haben bereits auf den schmalen Grat zwischen kreativen und illegalen Handlungen aufmerksam gemacht und auf die Gefahr hingewiesen, die Grenze zwischen beiden zu überschreiten. Die Gesetzeshüter stehen vor dem Problem, dass polizeiliche Kreativität „illegal" werden oder zumindest von Menschen, die die Arbeit der Polizei eingehend prüfen, so wahrgenommen werden kann. In der Regel sind stabile, demokratische Gesellschaften nicht bereit, grundlegende Werte wie Freizügigkeit, die Unschuldsvermutung, das Versammlungsrecht und das Recht auf Schutz der Privatsphäre bewusst zu gefährden. Die öffentliche Meinung in solchen Gesellschaften protestiert, wenn diese Werte bei der Verhinderung von Gesetzesbrüchen kompromittiert werden – selbst im Falle der offensichtlichsten Schuld. Beispiele hierfür sind Einwände gegen Aktivitäten wie Razzien, präventive Festnahmen oder Profilerstellungen.

Die Vorstellung, dass unter gewissen Umständen Kreativität mit dem absichtlichen Ziel akzeptabel sein kann, im Interesse des Gemeinwohls Tätern „Schaden" zuzufügen (d. h. gegenüber Kriminellen böswillig aber gegenüber der Allgemeinheit wohlwollend zu sein), stellt die Strafverfolgungsbehörden vor ein großes Problem. Wolfe und Piquero (2011) wiesen auf das Problem hin, dass viele Polizeibeamte der „edlen Sache" [engl.: noble cause] (S. 333) große Bedeutung beimessen und folglich in eine Falle tappen können, in der ihr Verhalten von der Öffentlichkeit, von der Presse und von Politikern als verwerflich oder korrupt verurteilt wird, weil es zu weit geht. In solchen Situationen laufen Polizisten Gefahr, von ähnlichen Umdeutungsprozessen wie Terroristen Gebrauch zu machen, um ihre Handlungen zu rechtfertigen und kognitive Dissonanz so zu vermeiden. Obwohl das Thema für sie nur nebensächlich war, gaben Wolfe und Piquero unzureichender polizeilicher Ausbildung einen Teil der Schuld für diese Situation.

Polizeibeamte sind also für die Überschreitung der Grenze zwischen bewunderungswürdiger Kreativität und Verbrechen anfällig. Die öffentliche Empörung über solche Überschreitungen ist viel größer als im Falle von Künstlern, denn Künstler sind nicht verpflichtet, auf der richtigen Seite der Linie zu bleiben. Es wird sogar erwartet, dass sie im Namen ihrer Kunst Grenzen überschreiten. Die entsprechende polizeiliche Ausbildung müsste daher den Beamten zeigen, wo und wie sie im Rahmen ihrer Arbeit wirkungsvolle Neuheit erzeugen können, ohne die Grenze zur Illegalität zu überschreiten. Die Arten von Handlungen, persönlichen Merkmalen, Motivation und Gefühlslagen, die diese Linie definieren, sind in ◘ Tab. 7.1 skizziert. Die Varianten der in ◘ Tab. 7.1 dargestellten Dimensionen, die auf der „richtigen" Seite der Linie stehen, werden in der linken Spalte von ◘ Tab. 7.2 aufgelistet.

---

1 Die KLDS kann bei ▶ https://play.google.com/store/apps/details?id=com.csdsrubrik.id heruntergeladen werden, allerdings in englischer Sprache (CSDS).

10.2   Person und Umfelddruck in der Gesetzesvollstreckung

Die Strafverfolgung kann aus Sicht der persönlichen Merkmale der Gesetzeshüter selbst („Polizeipersönlichkeit") oder unter dem Gesichtspunkt der organisatorischen Aspekte der Strafverfolgung („Polizeiorganisation") unter die Lupe genommen werden. Die Polizeipersönlichkeit entspricht der Dimension von „Person", die wir in diesem Buch durchgehend zu einem der Bausteine unserer Analyse gemacht haben. Die Polizeiorganisation ist als Bestandteil des Umfelddrucks zu verstehen.

10.2.1   Persönliche Eigenschaften von Gesetzesvollstreckern

In einem Überblick über relevante Forschungsbefunde wies Twersky-Glasner (2005) darauf hin, dass die stereotype Polizeipersönlichkeit Züge wie Autoritarismus, Konservatismus (im Sinne von Widerstand gegen Veränderung und Festhalten an konventionellen Ansichten) und Dogmatismus umfasst. Solche Eigenschaften sind fast das genaue Gegenteil der persönlichen Merkmale, die die Kreativitätsforschung als für Kreativität günstig festgestellt hat (s. ◘ Tab. 3.1). Bei eingehender Betrachtung wirft jedoch die von Twersky-Glasner (2005) überprüfte Evidenz erhebliche Zweifel an der Genauigkeit dieses Stereotyps auf. Anstatt eine echte Übersicht der zugrunde liegenden Persönlichkeitsstruktur von Polizeibeamten zu umfassen, dürften Autoritarismus, Konservatismus und Dogmatismus vielmehr *Merkmale des organisatorischen Umfelds* sein, dem die Polizeibeamten unterworfen sind. Ein solches Umfeld ermutigt, aktiviert und unterstützt eher den Ausdruck *un*kreativer oder sogar *anti*-kreativer persönlicher Eigenschaften. Selbstverständlich erklären Menschen, die unter eingrenzendem Umfelddruck dieser Art stehen, ihre Unterstützung für Autoritarismus, Konservatismus und Dogmatismus.

Von den Beamten wird zum Beispiel erwartet, dass sie für Ordnung und Stabilität eintreten, ihre Emotionen und ihr Verhalten unter Kontrolle halten und klar und genau zwischen richtig und falsch unterscheiden. Obwohl die täglichen taktischen Aktivitäten der Polizeibeamten im Streifendienst ständig die Lösung von Problemen verlangen und Risikobereitschaft, Einfallsreichtum und Flexibilität erfordern, dürfte es laut Twersky-Glasner (2005) auf institutioneller Ebene wenig Spielraum geben für ungewöhnliche Assoziationen, Bereitschaft, Dinge auf neue Art und Weise zu sehen, Mehrdeutigkeit zu tolerieren oder unkonventionell zu sein. Die Lage wird dadurch verschärft, dass die als Vertreter der Normalbürger wahrgenommenen Polizisten nicht nur für die Durchsetzung des Gesetzes verantwortlich sind, sondern auch die besten Eigenschaften der Gesellschaft wie Fairness, Respekt für das Gesetz und Korrektheit verkörpern sollten. Wenn sie versuchen, Neues zu schaffen, das darauf abzielt, „böse Leute von der Straße zu holen" (Caldero und Crank 2004, S. 29), riskieren sie, die Grenze zwischen Kreativität und Illegalität in einem besonders empfindlichen Bereich zu überschreiten. Dies trifft besonders stark in Situationen zu, in denen die öffentliche Meinung eher auf der Seite der Kriminellen steht oder die Bürger hinsichtlich der Schuldhaftigkeit des Verbrechens zumindest ambivalent sind. Obwohl die Idee unter bestimmten Umständen annehmbar ist, Kreativität anzuwenden, um Täter zu frustrieren, wirft sie in der Tat schwierige Fragen auf, wie etwa die des absichtlichen Provozierens strafbarer Handlungen durch die Polizei [engl.: entrapment].

Programme zur öffentlichen Meinungsbildung bieten sich hier als eine mögliche Maßnahme an. Themen wie kreative Kriminalität und ihre fast schon anziehenden Aspekte könnten in Bezug auf spezifische Fälle thematisiert werden, ebenso wie die Tendenz, etwas Bewundernswertes in solchen Verbrechen zu sehen. Der gesamte Bereich des relativen Vorteils könnte thematisiert werden. Wie wir es im ► Kap. 6 ausdrückten: „Wer profitiert und wie viel und wer verliert und wieviel?" Die Unterscheidung zwischen intra-, inter- und extrapersonalem Nutzen verdeutlicht, dass die Kreativität von Kriminellen nur im intrapersonalen Sinne (vom Standpunkt des Täters) nützlich und im inter- und extrapersonalem Sinne verwerflich ist. Der Täter hat den Nutzen, die Allgemeinheit trägt die Kosten. Dahingegen ist die Kreativität der Polizei aus der Sicht von Kriminellen zwar böswillig, aus dem Blickwinkel der Gesamtgemeinschaft aber wohlwollend und daher im interpersonalen Sinne nützlich und folglich lobenswert.

Eine solches Programm dürfte keine schulähnliche Qualität haben; eine Maßnahme in Singapur liefert zum Beispiel Anhaltspunkte, wie es durchgeführt werden könnte. Die dortige Regierung versuchte, die Öffentlichkeit einzubeziehen, indem sie ein Dokument mit dem Titel „Ein Kampf gegen den Terror: Singapurs nationale Sicherheitsstrategie" [engl.: *A Fight Against Terror: Singapore's National Security Strategy*] veröffentlichte. Dies war das Ergebnis einer bewussten Entscheidung der Regierung, die Öffentlichkeit in ihre Bemühungen zur Bekämpfung des Terrorismus einzubeziehen – wobei die Öffentlichkeit als Ressource für die Bekämpfung von Verbrechen und nicht als Blockade gegen solche Bemühungen angesehen wurde. Polizei-Aktionen wurden als Schutz der Rechte der Gemeinschaft dargestellt und nicht als Einschränkung der Freiheit der Normalbürger.

10.2.2 Widerstand gegen Wandel

Wie Joseph D. McNamara, ehemaliger Polizeichef in Kansas City, Missouri, über die Polizeiarbeit schrieb: „Der Umsturz von Traditionen bringt ein Unbehagen hervor, das dem Prozess der großen Veränderung innewohnt" (Kelling et al. 1974, S. viii). Diejenigen, die sich an der Spitze von Organisationen befinden, haben ihre Positionen dadurch erreicht, dass sie innerhalb des bestehenden Systems gut funktionieren können. Für sie stellen Änderungen am System eine große Gefahr (Jaspers 2010) dar, weil altes Wissen sowie perfekt beherrschte Fertigkeiten irrelevant werden können. Manager und erfahrene Kollegen könnten damit konfrontiert werden, dass das, was sie für einen Großteil ihres Arbeitslebens befürwortet und getan haben, falsch war oder bestenfalls nicht mehr relevant ist. Daraus ergeben sich Bedrohungen für das Selbstbild und den Stolz auf die eigene Leistung oder die allgemeine Lebenszufriedenheit.

Der Bericht von Kelling et al. (1974) zeigte, dass ein Programm, das eine massive Zunahme der Polizeipräsenz auf den Straßen von Kansas City beinhaltete, keinen Einfluss auf die Kriminalitätsrate oder die Wahrnehmung des Niveaus der Kriminalitätsbedrohung durch die Bürger hatte. Wie diese Autoren aufzeigten, widerspricht dieser Befund 150 Jahre polizeilicher Überlieferung und auch dem, was Polizei-Rekruten in den verschiedensten Jurisdiktionen vom ersten Tag an lernen. Folglich besteht starker Widerstand gegen die Annahme und Umsetzung des Befunds. Zu viele Leute in leitenden Positionen haben in die bestehende Herangehensweise zu viel investiert. Solche mangelnde Bereitschaft, etablierte, einigermaßen gut laufende Verfahren aufzugeben, hat eine psychologische Grundlage. Die beteiligten Menschen sind mit den Verfahren vertraut, welche ihnen in der Vergangenheit erhebliche Vorteile gebracht haben. Genau diese Verfahren können Lob und Anerkennung hervorgerufen haben und sind bei vielen Menschen in leitenden Positionen Teil der öffentlichen Persona. Welcher vernünftige Mensch würde sie ändern wollen?

Jasper (2010, S. 93) erklärte die Situation als ein Aspekt der Risikovermeidung und bezog sich dabei auf „die Gefahren unbekannter Faktoren". Eigentlich ist die mangelnde Bereitschaft sich auf Neuheit einzulassen aus Sicht unterschiedlicher psychologischer Denkrichtungen verständlich. Diese schließen unter anderem ein: Theorien des Selbst, Dissonanztheorie, Lerntheorie (Verhalten, das in der Vergangenheit immer wieder positiv verstärkt wurde, wird wiederholt) oder Mednicks (1962) Theorie der Hierarchie von Assoziationen (Antworten auf einen Stimulus bilden eine Hierarchie, wobei Assoziationen, die in der Vergangenheit häufig gemacht wurden, in der Hierarchie hoch stehen und die Wahrscheinlichkeit hoch ist, dass sie wiederholt werden).

10.3   Fallbeispiel: Diagnose einer fiktiven Organisation

Diese Ausführungen können den Eindruck erwecken, dass die Polizeiorganisation die Erzeugung wirksamer Neuheit zwangsläufig blockieren muss, da sie unüberwindbaren Beschränkungen in sich trägt. Verschiedene Autoren haben jedoch darauf hingewiesen, dass es die Beschränkungen sind, die Kreativität kreativ machen (für eine Zusammenfassung siehe Sternberg und Kaufman 2010). Wenn es keine Beschränkungen gäbe, gäbe es keine Zweckdienlichkeit und Wirksamkeit, keine bestechende Qualität und keine Impulsgebung, da eine Lösung für nichts zweckdienlich oder wirkungsvoll wäre, es keine Kriterien für bestechende Qualität gäbe und alles auf alles übertragen werden könnte. Kreativität wäre bloße Erzeugung von Variabilität oder, wie wir es früher in diesem Buch benannt haben, Pseudo- oder Quasikreativität.

Auf der anderen Seite können zu viele Beschränkungen die Kreativität hemmen, genau wie Henry Fords Diktat „Es darf jede beliebige Farbe sein, solange es schwarz ist" jede Neuheit bei der Lackierung vom Model T ausschloss. Es besteht die Gefahr, dass die Polizeiorganisation zu sehr in ihren Gewohnheiten festgefahren sein kann. Was benötigt wird, ist eine Zwischenstufe der Randbedingungen, also weder zu viel noch zu wenig: ein System, das zwar seine Randbedingungen hat, aber das sich weiterhin ändern kann. Aus Sicht von Organisationen erfordert Kreativität die Überwindung der Hürden, die in den in ▶ Kap. 3 skizzierten 6 Ps und 7 Phasen immanent sind. Erforderlich dafür ist, dass Gesetzeshüter erfolgreich durch dieses Labyrinth von Randbedingungen navigieren können. Dies ist aber nur möglich, wenn Einzelpersonen und Organisationen über eine Art „Landkarte" verfügen, die spezifische Hindernisse und ihr mögliches Auftreten aufzeigt.

10.3.1   Der Weg durch dieses Labyrinth

D. H. Cropley und Cropley (2011) haben ein System vorgeschlagen, um durch das Labyrinth zu navigieren. Dieses System basiert auf den durch die 6 Ps und die 7 Phasen der Kreativität definierten 42 Knotenpunkten, die bereits ausführlich besprochen wurden (s. z. B. ▶ Kap. 4 und 9). Jeder Knotenpunkt bildet eine Schnittstelle zwischen einem der Ps und einer der Phasen: zum Beispiel Prozess in der Phase der Generierung (wir schreiben dies in der Form „Prozess-Generierung") oder persönliche Motivation in der Phase der Umsetzung („Motivation-Umsetzung"). An jedem Knotenpunkt gibt es spezifische Bedingungen, die die Kreativität fördern. Zum Beispiel: Im Knotenpunkt „Prozess-Generierung" ist divergentes Denken notwendig, weil diese Denkart für die Generierung neuer Ideen unentbehrlich ist. Im Knotenpunkt „Motivation-Umsetzung" ist allerdings reaktive Motivation unentbehrlich, weil das neue Produkt den Erfordernissen des Umfelds angepasst werden muss.

Wie in ► Kap. 9 ausgeführt wurde, müssen Veränderungen, die Kreativität fördern, nicht unbedingt umfassend sein; sie können sich auf nur spezifische Knotenpunkte konzentrieren an denen Blockaden auftreten (oder aber besonders günstige Zustände herrschen – in diesem Abschnitt allerdings liegt unser Fokus auf dem Abbau von Blockaden). Was das Polizeiverfahren betrifft ist also die Förderung von Kreativität nicht eine Frage der Neuorganisation des gesamten Systems, sondern der Ermittlung der Knotenpunkte, an denen spezifische Beschränkungen die Kreativität blockieren. Dies führt zu einem besseren Verständnis davon, wie die Blockaden funktionieren und was notwendig ist, um geeignete Abhilfe zu schaffen. Das Verfahren ist das Spiegelbild der Blockierungsansatzes, der in ► Kap. 9 besprochen wurde. Bei solchen Knotenpunkten sollte also der von Führungskräften ausgeübte Umfelddruck darauf gerichtet sein, die Polizeibeamten „an einer langen Leine" zu führen (entgrenzender Umfelddruck). Trotzdem muss der Umfelddruck (d. h. Managementverhalten) in der Phase der Umsetzung zwangsläufig die realen Zwänge des Tätigkeitsfeldes berücksichtigen, in dem Gesetzeshüter operieren (eingrenzender Aspekt des Umfelddrucks).

10.3.2 Das Innovationsphasenbezogene Auswertungsinstrument (IPAI)

D. H. Cropley und Cropley (2010, 2011) entwickelten ein Instrument zur „Diagnose" jeder Art von Organisation in Bezug auf die 42 Knotenpunkte – das *Innovationsphasenbezogene Auswertungsinstrument* (IPAI) [engl.: Innovation Phase Assessment Instrument]. Dieses Instrument misst 42 Faktoren, die der theoretischen Struktur in ◘ Tab. 10.1 sehr nahe kommen. Mit dieser Skala ist es möglich festzustellen, wie innovationsbereit sowohl die Mitarbeiter als auch das Management verschiedener Unternehmen sind und in welcher Hinsicht beide Gruppen innovationsfreundlich bzw. -feindlich sind. Eine solche Diagnose führt direkt zu Verbesserungsvorschlägen. Beispiele für Elemente der Skala werden in ◘ Tab. 10.2 dargestellt (s. übernächste Seite). Die Wörter „wahr" bzw. „falsch" in der rechten Spalte der Tabelle geben die innovationsfreundliche Antwort auf das entsprechende Testitem an. Zum Beispiel hinsichtlich einer innovationsfreundlichen Organisation ist die Aussage „alle Kollegen haben klar definierte Rollen" falsch. Dahingegen ist die Aussage „Kollegen bewerten Wandel positiv" wahr. Bei den eben dargestellten Beispielen nennen wir die Antwort „falsch" auf die Aussage „alle Kollegen haben klar definierte Rollen" und die Antwort „wahr" auf „Kollegen bewerten Wandel positiv" „ideale" Antworten, weil sie auf organisationsinterne Zustände aufmerksam machen, die Innovation fördern. Eine „ideale" Antwort deutet also auf „entgrenzenden" Umfelddruck.

10

Tab. 10.1 Die Knotenpunkte der Erzeugung zweckdienlicher wirkungsvoller Neuheit

Phase	→ → Zweckdienliche, wirkungsvolle Neuheit wird erzeugt → →					Die Neuheit wird ausgenutzt	
Pole	Vorbereitung: (Sammlung von Wissen; Entwicklung von Problembewusstsein)	Aktivierung: (Problemdefinition)	Generierung: (Entwicklung von Lösungsentwürfen)	Erleuchtung: (Erkennung des vielversprechendsten Lösungsentwurfs)	Verifikation: (Bestätigung der Zweckdienlichkeit und Wirksamkeit des ausgewählten Lösungsentwurfs)	Umsetzung: (Die Lösung wird umgesetzt)	Ausbeutung: (Die Lösung funktioniert wie geplant)
P							
Prozess (Denkart) — Konvergent vs. divergent	Konvergent	Divergent	Divergent	Konvergent	Konvergent	Gemischt	Konvergent
Motivation — Reaktiv versus proaktiv	Gemischt	Proaktiv	Proaktiv	Proaktiv	Gemischt	Reaktiv	Reaktiv
Persönliche Merkmale — Anpasserisch versus innovativ	Anpasserisch	Innovativ	Innovativ	Innovativ	Anpasserisch	Anpasserisch	Anpasserisch
Persönliche Gefühle — Konservierend versus generativ	Konservierend	Generativ	Generativ	Generativ	Konservierend	Konservierend	Konservierend
Produkt der Phase — Routinemäßig versus radikal	Routinemäßig	Radikal	Radikal	Radikal	Routinemäßig	Routinemäßig	Routinemäßig
Umfeld-Druck — Eingrenzend versus entgrenzend	Entgrenzend	Entgrenzend	Entgrenzend	Eingrenzend	Eingrenzend	Eingrenzend	Eingrenzend

◘ Tab. 10.2 Beispiele für Testitems des IPAI für die Phasen Vorbereitung, Generierung und Umsetzung

Phase	P	Beispiel-Item ("In dieser Organisation...")	"Ideale" Antwort
Vorbereitung	Prozess	Bevor ein neues Projekt gestartet wird, interessieren sich Kollegen nur für die eigene Rolle	Falsch
	Persönliche Motivation	Kollegen sind bereit, sich anzustrengen, um ihre Arbeit gut zu machen	Wahr
	Persönliche Merkmale	Kollegen sind zufrieden mit der Art, wie die Dinge gemacht werden	Falsch
	Persönliche Gefühle	Kollegen bewerten Wandel positiv	Wahr
	Produkt	Herausforderungen für die bestehende Perspektive treten selten auf	Falsch
	Umfelddruck	Alle Kollegen haben klar definierte Rollen	Falsch
Generierung	Prozess	Kollegen bringen nicht zusammenhängende Inhaltsbereiche häufig in Beziehung	Wahr
	Persönliche Motivation	Kollegen genießen es, mit sich widersprechenden Ideen konfrontiert zu werden	Wahr
	Persönliche Merkmale	Kollegen haben Angst davor, Fehler zu begehen	Falsch
	Persönliche Gefühle	Kollegen fühlen sich von zu vielen Ideen. überschüttet	Falsch
	Produkt	Kollegen produzieren viele Ideen.	Wahr
	Umfelddruck	Kollegen werden aufgefordert, Lösungen schnell zu finden	Falsch

(Fortsetzung)

◨ Tab. 10.2 (Fortsetzung)

Phase	P	Beispiel-Item („*In dieser Organisation...*")	„Ideale" Antwort
Umsetzung	Prozess	Kollegen schützen ihre Ideen vor externen Qualitätskontrollen	Falsch
	Persönliche Motivation	Kollegen spüren ein Bedürfnis nach Rückmeldung von außen	Wahr
	Persönliche Merkmale	Kollegen werden der Kritik Außenstehender ausgesetzt	Wahr
	Persönliche Gefühle	Kollegen fühlen sich kritisiert, wenn andere ihre Leistung auswerten	Falsch
	Produkt	Produkte werden erst auf den Markt gebracht, wenn wir uns sicher sind, sie werden Erfolg. haben	Falsch
	Umfelddruck	Auch weithergeholte Ideen werden akzeptiert, wenn sie ein Problem lösen	Wahr

10

10.3.3 Eine fiktive Fallstudie

◨ Tab. 10.3 zeigt fiktive Daten für die Analyse einer nur theoretisch existierenden Polizeibehörde. Diese Daten sollen veranschaulichen, welche Art von Daten die IPAI liefert und wie sie interpretiert werden können. Die Knotenpunkt-Werte, die im Hauptteil der Tabelle gezeigt werden, sind die Durchschnittswerte für die jeweiligen Knotenpunkte, die sich aus den Antworten einer Gruppe von fiktiven Polizeibeamten ergeben. Die jeweiligen Knotenpunkt-Werte jeder Spalte werden summiert, um eine mittlere Punktzahl für die in der Spalte vertretene Phase zu kalkulieren, und die Punkte für jede Zeile werden summiert, um eine mittlere Punktzahl für jedes P zu erhalten.

Diese Daten zeigen, dass die hier dargestellte „Polizeibehörde" eine niedrige Gesamtpunktzahl aufweist (77,9 aus 168) und damit für Innovation ungünstig ist. Organisationsintern ist sie in der Phase der Umsetzung am stärksten innovationsbereit und in den Phasen von Generierung und Validation am wenigsten. Dies bedeutet, dass die Behörde neuartige Verfahren gut implementiert, nachdem sie beschlossen worden sind aber sie eigene neue Ideen kaum entwickelt und ist gegenüber einer äußeren Bewertung weitgehend resistent. Relativ gesehen ist die persönliche Motivation der Beamten das stärkste P der Organisation und der Umfelddruck das schwächste.

Die bis jetzt gestellte „Diagnose" der Behörde hat nur die undifferenzierten Sammelwerte der sechs Ps und der sieben Phasen berücksichtigt. Der Wert jedes P bzw. jeder Phase setzt sich jedoch aus der Summe der Werte der relevanten Knotenpunkte zusammen: Der Wert der Phase „Vorbereitung" (10,5) zum Beispiel ergibt sich aus der Summierung der Werte der sechs Knotenpunkte „Vorbereitung-Prozess" (3,1), „Vorbereitung-persönliche Motivation" (1,3), „Vorbereitung-persönliche Merkmale" (2,6) usw.

◘ Tab. 10.3 Hypothetische IPAI-Daten der fiktiven Polizeibehörde[a]

Phase[b] P[c]	Vorbereitung	Aktivierung	Generierung	Beleuchtung	Verifizierung	Umsetzung	Validation	Summe
Prozess	3,1	2,1	1,4	2,1	3,1	2,3	1,8	15,9
Persönliche Motivation	1,3	3,2	1,3	3,3	3,4	3,2	0,8	16,5
Persönliche Merkmale	2,6	1,8	2,0	1,4	1,5	3,1	2,0	14,4
Persönliche Gefühle	1,2	2,4	1,0	2,1	2,8	2,7	0,5	12,7
Produkt	1,1	1,6	1,8	2,7	0,5	2,4	0,5	10,6
Umfelddruck	1,2	0,0	1,3	1,2	1,2	2,9	0,0	7,8
Summe	10,5	11,1	8,8	12,8	12,5	16,6	5,6	77,9

[a] Jeder einzelne Knotenpunkt kann eine Punktzahl von 0 (sehr ungünstig) bis 4 (ideal) haben

[b] Jede einzelne Phase (z. B. Vorbereitung, Umsetzung usw.) kann eine Punktzahl zwischen 0 (sehr ungünstig) bis 24 (ideal) haben. Diese Punktzahl ist die Summe der Punkte für die sechs Ps in dieser Phase

[c] Jedes P (z. B. Prozess, persönliche Motivation usw.) kann eine Punktzahl zwischen 0 (sehr ungünstig) bis 28 (ideal) haben. Diese Punktzahl ist die Summe der Punkte der sieben Phasen für dieses P

Durch die Mitberücksichtigung der einzelnen Knotenpunktwerte kann die Zusammensetzung jedes P bzw. jeder Phase differenzierter analysiert werden. Zum Beispiel: In der Vorbereitungsphase sind die Werte für die meisten Knotenpunkte niedrig aber die etwas stärkeren Knotenpunkte („Vorbereitung-Prozess" = 3,1 und „Vorbereitung-persönliche Merkmale" = 2,6) zeigen an, dass Beamte Ideen generieren können und bereit sind, es zu tun, bekommen aber wenig Unterstützung („Vorbereitung-Umfelddruck" = 1,2) und sind daher wenig motiviert („Vorbereitung-persönliche Motivation" = 1,3) und haben negative Gefühle hinsichtlich Ideengenerierung („Vorbereitung-persönliche Gefühle" = 1,2) mit einem sich daraus ergebenden niedrigen Niveau von Herstellung von Neuheit („Vorbereitung-Produkt" = 1,1). Der erzielte Phasenwert für „Vorbereitung" (10,5) könnte sich aus einer ganz anderen Konstellation von Knotenpunktwerten ergeben – etwa hoher Motivation und hohem Umfelddruck aber mangelnder Fähigkeit, divergent zu denken. Die Zerlegung des gesamten Phasenwerts in sechs Knotenwertpunkte macht es also möglich, die Gründe für den (in diesem Fall) schwachen Gesamtphasenwert differenziert zu „diagnostizieren". Ähnliches gilt für alle Phasen und Ps.

Auf Grundlage dieser Daten könnten nun spezifische Vorschläge für Abhilfemaßnahmen für die Behörde gemacht werden. Diese Empfehlungen können sich auf ganze Phasen, ganze Ps oder einzelne Knotenpunkte beziehen und genau auf die Ziele und Bestrebungen der spezifischen Organisation zugeschnitten sein. Die Organisation hat beispielsweise angegeben, dass sie nur begrenzte Mittel zur Verfügung hat und möchte daher eventuelle Maßnahmen auf nur eine begrenzte Anzahl sehr spezifischer Bereiche konzentrieren. Auf dieser Grundlage könnte die Empfehlung für diese Organisation darin bestehen, die Schwächen in der Generierungsphase anzugehen (konkret: Beamte in Prozessen zur Ideengenerierung wie Brainstorming zu schulen) und während dieser Phase *entgrenzenden* Umfelddruck zu erzeugen oder zumindest *eingrenzenden* Umfelddruck abzubauen. Letzteres könnte durch eine lockere Definition von Aufgaben, offensichtliche Belohnung der Generierung von Neuheit und die Bereitstellung ausreichender Zeit, um Ideen zu generieren, erreicht werden.

10.4 Operationale Strategien für eine kreative Verbrechenskämpfung

Eine Möglichkeit Kreativität bei der Bekämpfung von Verbrechen einzusetzen, besteht darin, neuartige und unerwartete – aber wirkungsvolle – breit angelegte (d. h. strategische) Ansätze für die Strafverfolgung zu entwickeln, selbst innerhalb der oben bereits erörterten persönlichen und institutionellen Zwänge. Wir werden in diesem Abschnitt zwei Beispiele vorstellen. Unser Ziel ist nicht, die Annahme dieser Maßnahmen in der genau beschriebenen Form zu empfehlen, sondern sie als Beispiele für neue Verfahren oder als mögliche Anregungen für die Entwicklung neuer Ansätze anzubieten.

10.4.1 Wie ein Krimineller denken

Obwohl er hauptsächlich über Design, insbesondere „Design gegen Kriminalität" schrieb, unterstützte Hilton (z. B. Hilton 2010; Hilton und Henderson 2008) den Konkurrenzkampf-Ansatz hinsichtlich Interaktionen zwischen Tätern und Gesetzeshütern und stellt so einen neuartigen Ansatz zur Bekämpfung der Kriminalität vor. Er befasst sich mit dem

Kampf nicht aus der Perspektive der Opfer oder der Gesetzesvollstrecker, sondern *aus der Sicht der Täter*. Ekblom (1997, S. 250) nannte diesen Ansatz „Denken wie der Dieb". Hilton schlug eine Methode vor, um dies systematisch und zielgerichtet zu tun. Er nannte diese Methode das *Zyklische Gegensteuern gegen kreativen Wettbewerb* [engl.: Cyclic countering of competitive creativity or „4Cs-Ansatz"]. Schematisch dargestellt und unter der Annahme, dass die Kontrahenten auf der einen Seite Gesetzesvollstrecker und auf der anderen Kriminelle sind, umfasst das Verfahren folgende Schritte:

1. Es werden Interviews mit bekannten Straftätern in einem bestimmten Schwerpunktbereich wie Einbruch, Betrug oder Terrorismus geführt.
2. Unter Verwendung ethnografischer Methoden zur Analyse der Interviews (siehe die Diskussion in ▶ Kap. 2) wird ein Bild der typischen „Persona" solcher Täter aufgebaut: ihre Motivation, wie sie Ziele identifizieren, wie sie mit Hindernissen fertig werden, ihre Reaktion auf veränderte Bedingungen, nach welchen Kriterien sie Entscheidungen treffen oder beurteilen, ob eine bestimmte Situation der Mühe wert ist usw.
3. In einer Konferenz der Strafverfolgungsbeamten übernimmt einer oder eine Gruppe von Beamten die „Persona" des Täters[2]; Mittels Rollenspiel versuchen sie, „in ihre Charaktere hineinzukommen" (Hilton und Henderson 2008, S. 183).
4. Gesetzeshüter stellen Vorschläge zur Kriminalitätsprävention dem virtuellen Täter vor. Der geht darauf ein, wie er mit den vorgeschlagenen Präventivmaßnahmen umgehen wird, um diese zu vereiteln. Diese Rückmeldung dient als Grundlage eines revidierten Ansatzes zur Aufklärung bzw. Prävention des jeweiligen Verbrechens.
5. Das Verfahren gilt als „zyklisch", weil es wiederholt werden kann oder sogar sollte; beispielsweise wenn sich reelle Kriminelle den Strafverfolgungsmaßnahmen anpassen und versuchen, sie zu unterlaufen oder wenn neue Rahmenbedingungen wie etwa neue Technologien, gesellschaftliche Entwicklungen, Veränderungen des polizeilichen Verfahrens oder sogar juristische Regelungen geschaffen werden.

Die Diskussion von Hilton und Anderson (2008) legt nahe, dass ein solches Rollenspiel es den Gegnern der Täter (in ihrem Fall Designern aber in unserem Fall Gesetzeshütern) ermöglicht, das durch die Bräuche und Gepflogenheiten ihres Berufes auferlegte Denkkorsett abzulegen. Auf diese Weise bietet das Verfahren „Gegenperspektiven", die es Gesetzeshütern ermöglichen, die Überzeugungen, Einstellungen, Erfahrungen und Motive der Täter besser zu verstehen und zu begreifen, etwa wie Kriminelle Chancen wahrnehmen und anschließend darüber nachdenken. Dies liefert Ideen für Präventivmaßnahmen und schlägt Möglichkeiten vor, den Wert der Straftaten für die Täter zu reduzieren, möglicherweise bis zu unterhalb der Schwelle, bei der das Begehen der Straftat mehr Mühe kostet als es wert ist. In den Untersuchungen von Hilton und Anderson ergab sich der besondere Wert des Verfahrens aus der Kreativität der virtuellen Täter, indem herausgefunden wurde: a) wie die von den Strafverfolgungsbehörden vorgeschlagenen neuen Gegenmaßnahmen untergraben werden konnten und b) wie diese

---

2 Eine „Persona" ist ein „virtueller Täter"; eine von den Beamten konstruierte Fantasie-Figur. Eine Persona verkörpert alle aus dem Blickwinkel der Polizisten „schlechten" persönlichen Merkmale von Tätern – Einfallsreichtum, Risikobereitschaft, Flexibilität usw. Nach einer Weile kann die Persona wie eine reale Person erscheinen.

Gegenmaßnahmen unbeabsichtigt neue Möglichkeiten für kriminelle Handlungen bieten können. Die virtuellen Täter haben die Möglichkeit, ihr Fachwissen im Bereich Kriminalität mit divergentem Denken zu kombinieren und so Neuheit zu schaffen.

Hilton und Henderson (2008) wiesen darauf hin, dass in einigen Fällen die virtuellen Täter in der Lage waren, den reellen Tätern voraus zu sein. Zum Beispiel konnten Presseberichte über neue Technologien oder geänderte rechtliche Interpretationen sofort in das Denken der Personas einfließen und es ihnen ermöglichen, sich neue verbrecherische Ansätze herauszuarbeiten, bevor die neuen kriminellen Methoden in der reellen Welt auftraten. Folglich konnten sich aus dem technologischen bzw. juristischen Wandel ergebende kriminelle Neuheiten im Voraus blockiert werden. Die Kurve des sich daraus ergebenden Wirksamkeitszerfalls wurde so steil, dass das Verbrechen für die reellen Täter völlig wirkungslos oder sogar gefährlich wurde. So fand der Neuheitszerfall der kriminellen Kreativität statt, noch bevor sie zur Anwendung kam.

Hilton und Henderson (2008) machten auch die interessante Erkenntnis, dass das Denken der Personas den Kreislauf des „Wettrüstens" zwischen Tätern und Gesetzeshütern durchbrechen kann. Der 4C-Ansatz bietet ebenfalls ein Beispiel für eine Situation, in der es vorteilhaft wäre, die entsprechenden polizeilichen Maßnahmen geheim zu halten. Wenn man sozusagen „die Gedanken der Kriminellen liest", indem man antizipiert, wie sie auf Präventivmaßnahmen reagieren könnten, wäre es nicht zweckdienlich, diese Tatsache zu veröffentlichen und so die Kriminellen darüber zu informieren, welche Maßnahmen zu vermeiden sind.

10

10.4.2 **Arbeit im „Roten-Team"**

Fishbein und Treverton (2004) wiesen darauf hin, dass alle Organisationen „nachhaltige, gemeinschaftliche Anstrengungen von Analysten institutionalisieren müssen, um ihre Urteile und zugrunde liegenden Annahmen *sowohl mittels kritischer als auch kreativer Denkweisen* zu hinterfragen". Der 4C-Ansatz kann als eine Möglichkeit betrachtet werden, solche Bemühungen zu systematisieren. Dabei handelt es sich eigentlich lediglich um ein Mitglied einer Familie von „alternativen" Techniken, die Analysten dabei helfen können, in Konflikten mit Konkurrenten die Handlungen der Konkurrenten zu antizipieren und so Überraschungen zu vermeiden oder, wie wir es ausdrücken, die Wirksamkeit der Neuerungen von Kriminellen zunichte zu machen.

Obwohl nicht direkt auf der Arbeit von Hilton (2010) basierend, funktioniert das Verfahren, das als *Arbeit im Roten-Team* [engl.: red teaming] bekannt ist, nach ähnlichen Prinzipien (s. ▶ http://redteamjournal.com/about/red-teaming-and-alternative-analysis/): Probleme aus der Perspektive des Gegners zu sehen und mögliche Strategien oder Taktiken aus dieser Sicht herauszuarbeiten. Dies erfordert Prozesse wie das Einbeziehen eines Advocatus Diaboli, das Stellen von „Was wäre wenn?"-Fragen und die Konstruktion von „Alternativ-Szenarien". Für diese ist das persönliche Merkmal „aktive Aufgeschlossenheit" [engl.: active openness to experience] unentbehrlich (Baron 2006, S. xiii).[3] Solche Prozesse und persönlichen Eigenschaften erinnern an das P von divergentem Denken und Aspekte der Ps von Person und persönlicher Motivation wie

---

3   *Aktive* Aufgeschlossenheit umfasst den Grad, zu dem ein Mensch neue Erkenntnisse *aktiv* erstrebt und nicht einfach für das aufgeschlossen ist, was sich bietet.

Offenheit, Flexibilität und Risikobereitschaft (s. ◻ Tab. 4.1). Um diese zu fördern ist entgrenzender Umfelddruck notwendig. Obwohl auch für eine viel breitere Anwendung geeignet – beispielsweise in der Wirtschaft oder im Militär – wird die „Rote- Teamarbeit" in den letzten Jahren zunehmend auf Sicherheitsfragen angewandt.

10.4.3 Problemfindung: ein Systemtechnik-Ansatz

Hari (2010) skizzierte einen auf der *Integrierten Kundenzentrierten Methode* (IKM) [engl.: Integrated Customer Driven Method] basierten Ansatz, um wirkungsvolle neuartige Gegenmaßnahmen zu generieren. Anstatt die Bekämpfung böswilliger Kreativität – in diesem Fall Terrorismus, aber seine Herangehensweise ist allgemeiner anwendbar – als eine Übung in kreativer Problemlösung zu behandeln, betrachtet Hari sie als eine Aufgabe im Bereich Problem*findung*. Aus Sicht der Systemtechnik konzentrierte er sich auf die „funktionalen" Eigenschaften kreativer Lösungen, insbesondere technischer Lösungen. Diese sind Wirksamkeit, Neuheit, bestechende Qualität und Impulsgebung (Cropley und Cropley, 2018, S. 35–36). Aus dieser Sicht besteht die Aufgabe der Problemfindung darin, sich dem Problem sehr genau anzunähern und vor allem zu fragen, *ob das richtige Problem angegangen wird*. Dies ähnelt der Unterscheidung in der Systemtechnik zwischen Verifikation und Validation: Verifikation fragt: „Lösen wir das Problem richtig?", wohingegen Validation fragt: „Lösen wir das richtige Problem?" Dieser Ansatz ermöglicht es also, Verbrechen in einem neuen Licht zu sehen.

Eine Diskussion von Tibi (2003) liefert ein Beispiel für einen solchen Ansatz. Obwohl sein Beispiel speziell auf die Bekämpfung des Terrorismus abzielt, kann sein Grundprinzip auf andere Arten kreativer Kriminalität übertragen werden – der Ansatz ist also impulsgebend. Liegt das Problem des Kaperns von Passagierflugzeugen durch Terroristen wirklich im Prozess, wodurch sie Waffen in das Flugzeug mitbringen? Oder ist das wirkliche Problem die Gefahr, die von Terroristen ausgeht, wenn es ihnen einmal gelungen ist, mit einer Waffe an Bord zu kommen? Die erste Definition des Problems konzentriert die Aufmerksamkeit auf Lösungen wie Metalldetektoren und Sicherheits-Screening, die in der Flughafenumgebung auftreten, zu einem festen Zeitpunkt im Abfertigungsprozess stattfinden und auf einen bestimmten Ort im Terminal konzentriert sind. Diese Maßnahmen untersuchen Millionen von Menschen, die keine Waffe bei sich haben, um eine Hand voll Täter zu erwischen; d. h. obwohl sie eventuell effektiv sind, ist ihre Effizienz sehr gering. Sie sind äußerst unflexibel und in hohem Maße auf technologische Faktoren wie zum Beispiel Metalldetektoren angewiesen. Folglich erwirken sie keinen Überraschungseffekt und sind für technologiebasierte Gegenmaßnahmen anfällig, wie zum Beispiel Handwaffen, die nicht aus Metall (leicht erfassbar) sondern aus etwa Kunststoff (schwer zu erkennen) bestehen.

Eine Neudefinition des Problems könnte etwa auf Ereignisse innerhalb des Flugzeugs fokussieren. Im Rahmen einer solchen Definition wäre die Schlüsselfrage nicht, wie Verteidigungsmaßnahmen innerhalb des Flughafens verbessert werden, sondern wie die substanziellen Ressourcen innerhalb des Flugzeugs selbst – insbesondere die Passagiere – am besten genutzt werden können. Flug UA93 zeigte, dass die Fluggäste auch ohne jegliche Vorbereitung und in einer Situation, in der sie mit Bedingungen konfrontiert waren, die bisher unbekannt waren, sich flexibel, schnell und wirkungsvoll organisieren konnten. Dieses Umdenken öffnet das Tor zu vorher undenkbaren Lösungen; man könnte beispielsweise nicht-tödliche Wurfpfeilgeschütze neben den Sauerstoffmasken bereithalten, mit denen sich Fluggäste bewaffnen könnten. Dies führt unter anderem zu einer neuen Sichtweise des vertrauten Elements der Passagiere, indem man sie als Teil der verfügbaren Ressourcen für die Entwicklung einer Lösung (Überwindung der Terroristen) und nicht als Hauptkomponente des Problems betrachtet.[4]

Beide Ansätze zielen auf die Lösung des zugrunde liegenden Hijacking-Problems ab, erzeugen jedoch radikal unterschiedliche Lösungen, von denen einige (wie Metalldetektoren) bereits einen sehr substanziellen Neuheitszerfall erfahren haben[5] und in jedem Fall nicht 100 % wirksam sind. Der Metalldetektor gibt potenziellen Terroristen auch reichlich Gelegenheit, ihre Konkurrenten zu beobachten und eigene kreative Wege zu finden, wie sie den Wert von deren Leistungen verringern können. Im Gegensatz dazu bietet das Einbeziehen der Passagiere die Möglichkeit, dass diese ihrer Fähigkeit freien Lauf lassen, sich in Echtzeit neue Lösungen ausdenken, die noch keinen Zerfall erfahren haben. Wie Hari (2010) in echten, konkreten Situationen beobachtet hat, ist in vielen Situationen (wie etwa einer Entführung durch Terroristen) die Notwendigkeit einer schnellen Lösung zu akut, um einem langwierigen bürokratischen Verfahren überlassen zu werden.

Hari (2010, S. 334) beschrieb die IKM als einen systematischen Weg, mit dem ständig und schnell in einem Prozess der „kontinuierlichen Kreativität" neue Problemdefinitionen erzeugt werden können (S. 334). Dies basiert auf Team-Meetings und kreativitätsfördernden Techniken wie Brainstorming in „agiler" Systemtechnik. In einem Projekt, in dem die Prinzipien der agilen Systemtechnik auf die Entwicklung von Lösungen für terroristische Aktivitäten mittels kreativer Problemfindung angewendet wurden (Hari 2010) zeigte sich, dass die vorgeschlagenen Lösungen ein hohes Maß an Neuheit und Wirksamkeit sowie hohe bestechende Qualität, aber eine niedrige Impulsgebung aufwiesen. Letzteres bedeutet, dass die vorgeschlagenen Lösungen oft sehr spezifisch und nur auf eine bestimmte Situation anwendbar waren. Paradoxerweise ist dieser Mangel an Übertragbarkeit jedoch von Vorteil: stark impulsgebende Kreativität vonseiten der Gesetzeshüter eröffnet neue Perspektiven nicht nur den Gesetzeshütern selbst, sondern auch den Tätern. Die Impulsgebung ist also ein zweischneidiges Schwert. Aber wo eine bestimmte Lösung sowieso nicht wiederverwendbar ist, ist diese Zweischneidigkeit ohne Bedeutung. Mangel an Impulsgebung kann also sogar als ein Vorteil angesehen werden, aber nur dann, wenn die Erzeugung wirkungsvoller Neuheit agil und in der Lage ist, Neuheit kontinuierlich zu generieren.

---

4   Wir machen hier keine Werbung für den Tibi-Ansatz, den viele Leser ohne Zweifel als unethisch, gefährlich, selbstmörderisch oder sogar verrückt ansehen würden. Unser Interesse gilt nicht dem genauen, konkreten Beispiel, sondern der prinzipiellen Paradigmenänderung, die hinter diesem Beispiel steckt.

5   Neuheitszerfall und Wirksamkeitszerfall treffen nicht nur bösartige Kreativität, sondern leider auch wohlwollende Kreativität.

10.4.4 Beispiele für die Umsetzung der Problemfindung

Ein verhältnismäßig einfaches, praktisches Beispiel für eine taktische Maßnahme, bei der die Strategie der Problemneudefinition als systematischer Ansatz angewandt wurde, um Abwehrmaßnahmen zur Bekämpfung der Kriminalität zu entwickeln, zeigt sich in der Verschiebung des Schwerpunkts von Maßnahmen gegen Kinderpornografie: vom Angebot zur Nachfrage. Mit konventionellen Mitteln sind Produktion und Vertrieb von explizit sexuell motiviertem Material mit Minderjährigen schwer aufzuspüren und zu verhindern – so schwierig, wie eine Nadel im Heuhaufen zu finden. Aber den Heuhaufen zu finden ist leicht! Das Problem wird also umdefiniert: es ist fortan nicht mehr die Herstellung, sondern der Besitz solchen Materials. In verschiedenen Ländern (z. B. Australien, Vereinigten Staaten) verbieten deshalb die Gesetze sowohl die Zulieferung als auch den Empfang von Material dieser Art.

Infolgedessen haben die Strafverfolgungsbehörden das Problem neu definiert. Es beschäftigt sich nicht mehr mit der Frage, wie die Herstellung von Kinderpornografie blockiert werden soll, sondern nun mit dem Problem, wie der Empfang und Besitz solchen Materials blockiert werden kann. Während das Zurückverfolgen zur Quelle des Materials (d. h. das Lösen des Herstellungsproblems) fast unmöglich ist, ist das Verfolgen von Empfängern einfach, da diese Personen sich selbst und zumindest ihren virtuellen Ort bekannt machen müssen, um das Material zu erhalten. Einige Polizeibehörden führen jetzt Aktionen durch, um *Käufer* von Kinderpornografie zu ermitteln. In diesen Operationen können Beamte nicht existierende Pornografie zum Verkauf anbieten und Aufträge anfordern oder so tun, als wären sie Benutzer, um damit echte Benutzer ausfindig zu machen. Solche Aktionen werfen jedoch ernsthafte Bedenken hinsichtlich des absichtlichen Provozierens strafbarer Handlungen auf, da es eine erhebliche öffentliche Abneigung gegen polizeiliche Verleitung zu einer Straftat [engl. „police entrapment"] gibt.

Auf den Philippinen machte die Polizei von Cebu City von der Taktik des Umdefinierens Gebrauch, um Verbrechen zu verhindern. Das gesetzwidrige Verhalten war illegaler Fischfang, bei der Fische mit Dynamit in die Luft gesprengt und anschließend die toten Tiere in einem gemieteten Boot gesammelt wurden. An Land konnte der illegale Fang gewinnbringend verkauft werden. Das Problem für die Polizei bestand darin zu beweisen, wer für den illegalen Fischfang verantwortlich war, denn immer wenn sie ein Boot abfing, war (verständlicherweise) niemand an Bord bereit, die Ladung als sein Eigentum zu beanspruchen. Die Polizei hat daraufhin das Problem neu definiert. Sie hörte auf, nach Tätern zu suchen und konzentrierte sich stattdessen darauf, den Zugang zu Fischerbooten zu erschweren. Das philippinische Gesetz erlaubt nämlich die vorübergehende Beschlagnahme von materiellen Beweisstücken, die für eine polizeiliche Untersuchung notwendig sind – und Boote, die mit illegal gefangenen Fischen beladen sind, bilden solche Beweisstücke. Folglich wurden nicht die Fischer sondern die Boote einfach in Gewahrsam genommen, während gleichzeitig nach dem Eigentümer der illegalen Ladungen gesucht wurde, was aber Jahre dauern könnte. In der Zwischenzeit standen die Boote nicht mehr für illegale oder aber auch legale Fischerei zur Verfügung. Angesichts der Gefahr, dass sie ihre Boote verlieren könnten, verlangten die Besitzer nicht beschlagnahmter Boote sehr hohe Mietgebühren. Damit lohnte sich die illegale Fischerei nicht mehr und die Verbrecher hörten „freiwillig" auf.

Im Jahr 2007 hatte die Polizei in Fargo, North Dakota, das Problem, dass sie viele Menschen, gegen die es Haftbefehle gab, nicht ausfindig machen konnte, um diese

Haftbefehle auszuführen. Sie definierten das Problem um und fortan hieß es nicht mehr „Wie kann die Polizei die Kriminellen ausfindig machen?" sondern „Wie kann man die Kriminellen dazu bewegen, sich von selbst zur Polizei zu liefern?" Der Rockmusiker und Reality-TV-Star Ozzy Osbourne sollte in Fargo auftreten, und die Polizei schickte Einladungen zu einer fiktiven Ozzy-Osbourne-Meet-und-Greet-Party – die angeblich unmittelbar vor dem echten Konzert stattfinden sollte – an die letzte bekannte Adresse einer großen Anzahl der gesuchten Personen. Nicht weniger als 40 von ihnen erschienen und wurden sofort verhaftet.

Der kühne Ozzy-Osbourne-Streich bietet ein gutes Beispiel für eine Situation, bei der Geheimhaltung für den Erfolg lebenswichtig war. Ohne Geheimhaltung wäre der Wirksamkeitszerfall so schnell gewesen, dass die Maßnahme nutzlos gewesen wäre. Im Cebu-City-Fall war andererseits der rasche Neuheitszerfall sehr günstig, da öffentliches Wissen über die Taktik der Beschlagnahme der Boote für die Wirksamkeit der Maßnahme unentbehrlich war. Auch wenn keine polizeiliche Provokation gesetzwidriger Handlungen vorliegt, erregen Polizeitricks oft erhebliche öffentliche Kritik, da sie irgendwie „unsittlich" zu sein scheinen – trotz der Tatsache, dass die Motivation der Polizei hinsichtlich des Allgemeinwohls zweifellos wohlwollend und in erster Linie auf extrapersonellen Nutzen ausgerichtet ist.[6]

Das öffentliche Unbehagen im Ozzy-Osbourne-Fall kann der Bewunderung für die kriminellen Betrüger gegenübergestellt werden, die im Film „Der Clou" von 1973 dargestellt wurden. Im Film arbeitet ein junger Betrüger mit einem Meister seines Fachs zusammen, um einen kriminellen Bankier um sein Vermögen zu bringen. Obwohl man zugeben muss, dass das Opfer in dem Film ein Mafioso war, werden im in Deutschland sehr erfolgreichen Film die Generierung und Umsetzung effektiver Neuheit bei Kriminellen als bewundernswert dargestellt. Ein Fokus auf intrapersonellen Nutzen scheint bei der böswilligen Kreativität von Betrügern akzeptabel zu sein. Dagegen besteht über die interpersönliche Böswilligkeit der Gesetzeshüter Unbehagen, trotz der Tatsache, dass ihre Kreativität dem extrapersönlichen Wohlergehen dient. Diese Überlegungen legen nahe, dass Öffentlichkeitsarbeit notwendig ist, bei der die Bewunderung von krimineller aber Unbehagen über polizeiliche Kreativität thematisiert wird. Es legt auch nahe, dass Polizeisprecher oder leitende Beamte gezielt über die Art und Weise geschult werden sollten, wie Polizei-„Clous" der Öffentlichkeit bekannt zu machen sind.

10.5 Schlussbemerkungen

Unser Zweck in diesem Buch war es zu zeigen, dass es nicht ausreicht, „einfallsreiche" oder „kreative" Kriminalität in erster Linie als ein bürokratisches Problem zu sehen. Wir haben daher diese Position durch die Anwendung von Konzepten aus der psychologischen Kreativitätsforschung unterstützt. Der Fokus lag auf den Tätern (Person), den Prozessen, den persönlichen Eigenschaften, Motiven und Gefühlen der beteiligten Menschen, den Produkten und dem Umfeldsdruck. Wir haben gezeigt, dass Kriminelle und als kreativ angesehene Mitglieder der Gesellschaft in all diesen Bereichen viele gemeinsame Merkmale aufweisen. Weil Kreativität in unserer Gesellschaft so hoch

---

6   In der Tat kritisierte der empörte Osbourne das Verhalten der Polizei.

geschätzt wird, gibt es zum Teil eine Weigerung, dies zu akzeptieren und auch zum Teil sogar eine widerwillige Bewunderung für „kreatives", kriminelles Verhalten.

Beide Sachverhalte haben negative Folgen für die Gesetzeshüter. Die Ablehnung der Verbindung zwischen Kreativität und Kriminalität führt zum Widerstand der Öffentlichkeit gegen geeignete Gegenmaßnahmen und einer Fokussierung auf einfaches „Wettrüsten" in einem zyklischen Geplänkel von Maßnahme und Gegenmaßnahme. Im letzten Teil des Buches haben wir im Sinne von Beispielen strategische Vorschläge gemacht und praktische Beispiele für taktische Maßnahmen gegeben, die diesen Zyklus brechen können. Wir haben jedoch nicht versucht, einen umfassenden praktischen Katalog operativer Verfahren für die Polizei zur Verfügung zu stellen, damit sie wirksamer gegen die Kriminalität vorgehen kann, d. h. wir haben nicht versucht, ein Kochbuch mit Rezepten für kreative Polizeiarbeit zu schreiben. Unsere Absicht war es vielmehr, die an der Strafverfolgung beteiligten Forscher, Theoretiker, sozial engagierten Bürger, politischen und polizeilichen Entscheidungsträger und Streifenpolizisten dazu zu bringen, die Kriminalität aus einem neuen Blickwinkel zu sehen und über neue Ansätze nachzudenken.

Wo wir konkrete Beispiele für neuartige Praktiken gegeben haben, erfolgte dies nicht in der Hoffnung, dass genau diese Praktiken übernommen würden, sondern dass die Beispiele unsere Vorschläge klarer machen und die Gesetzeshüter dazu ermutigen würden, ihre eigene wirkungsvolle Neuheit zu generieren. Mehr können wir nicht tun, denn der Kern der Kreativität liegt in der Erzeugung von Neuheit und eine Liste „vorverdauter" Lösungen würde diesem Prinzip völlig zuwiderlaufen. Wir hoffen trotzdem, dass wir das Thema Kriminalität und Kreativität salonfähig gemacht und erste Richtlinien für die notwendige polizeiliche Kreativität bereitgestellt haben.

Serviceteil

© Springer Fachmedien Wiesbaden GmbH, ein Teil von Springer Nature 2019
D. Cropley und A. Cropley, *Die Schattenseite der Kreativität*,
https://doi.org/10.1007/978-3-658-22795-1

Literatur

Agnew, R. (1999). A general strain theory of community differences in crime rates. *Journal of Research in Crime and Delinquency, 36,*123–155.

Agnew, R. (2011). *Toward a unified criminology: Integrating assumptions about crime, people and society.* New York: New York University.

Aitken, C., Moore, D., Higgs, P., Kelsall, J., & Kerger, M. (2002). The impact of a police crackdown on a street drug scene: Evidence from the street. *International Journal of Drug Policy, 13,*189–198.

Akinola, M., & Mendes, W. B. (2008). The dark side of creativity: Biological vulnerability and negative emotion lead to greater artistic creativity. *Personality and Social Psychology Bulletin, 34,*1677–1686.

Albert, R. S. (1990). Identity, experience and career choice among the exceptionally gifted and talented. In M. A. Runco (Hrsg.), *Theories of creativity* (S. 13–34). Newbury Park: Sage.

Aluja, A., & Garcia, L. (2005). Sensation seeking, sexual curiosity and testosterone in inmates. *Neuropsychobiology, 51,*28–33.

Amabile, T. M. (1982). The social psychology of creativity: A consensual assessment technique. *Journal of Personality and Social Psychology, 43,*997–1013.

Amabile, T. M. (1983). *The social psychology of creativity.* New York: Springer.

Amabile, T. M., & Gryskiewicz, N. D. (1989). The creative environment scales: Work environment inventory. *Creativity Research Journal, 2,*231–254.

Amabile, T. M., Goldfarb, P., & Brackfield, S. C. (1990). Social influences on creativity: Evaluation, coaction, surveillance. *Creativity Research Journal, 3,*6–21.

Anderson, N., Potocnik, K., & Zhou, K. (2014). Innovation and creativity in organizations. A state-of-the-science review and prospective commentary. *Journal of Management, 40,*1297–1333.

Andreasen, N. C. (1987). Creativity and mental illness: Prevalence rates in writers and their first-degree relatives. *American Journal of Psychiatry, 144,*1288–1292.

Andrews, D. A., & Bonta, J. (2010). Rehabilitating criminal justice policy and practice. *Psychology, Public Policy, and Law, 16,*39–55.

Andrews, D. A., Bonta, J., & Wormith, J. S. (2006). The recent past and near future of risk/need assessment. *Crime and Delinquency, 52,*7–27.

Atran, S. (2003). Genesis of suicide terrorism. *Science, 299,*1534–1539.

Baas, M., De Dreu, C. K. W., & Nijstad, B. A. (2008). A meta-analysis of 25 years of mood-creativity research: Hedonic tone, activation, or regulatory focus? *Psychological Bulletin, 134,*779–806.

Bacon, F. (1909). *Essays, civil and moral and the new Atlantis* [1627]. New York: Collier.

Baer, J. (1998). The case for domain specificity of creativity. *Creativity Research Journal, 11,*173–178.

Baer, J. (2011). Domains of creativity. In M. A. Runco & S. R. Pritzker (Hrsg.), *Encyclopedia of creativity* (Bd. 2, S. 404–408). San Diego: Academic.

Bailin, S. (1988). *Achieving extraordinary ends: An essay on creativity.* Dordrecht: Kluwer.

Baron, J. (2006). *Thinking and deciding* (4. Aufl.). New York: Cambridge University Press.

Barron, F. X. (1955). The disposition towards originality. *Journal of Abnormal and Social Psychology, 51,*478–485.

Barron, F. X. (1969). *Creative person & creative process.* New York: Holt, Rinehart & Winston.

Barron, F. X. (1972). *Artists in the making.* New York: Seminar Press.

Barroso, J.-M. (2009). Message to the European Commission Conference 'Can Creativity be Measured?' Brussels, May 2009.

Bartol, C., & Bartol, A. (2010). *Criminal behavior: A psychosocial approach* (9. Aufl.). Englewood Cliffs: Prentice Hall.

Batey, M., & Furnham, A. (2006). Creativity, intelligence and personality: A critical review of the scattered literature. *Genetic, Social, and General Psychology Monographs, 132,*355–429.

Baucus, M. S., Norton, W. I., Jr., Baucus, D. A., & Human, S. E. (2008). Fostering creativity and innovation without encouraging unethical behavior. *Journal of Organizational Behavior and Human Decision Processes, 72,*117–135.

Baudson, T. G., & Dresler, M. (Hrsg.). (2008). *Kreativität: Beiträge aus den Natur- and Geisteswissenschaften.* Stuttgart: Hirzel.

Beaussart, M. L., Andrews, C. J., & Kaufman, J. C. (2013). Creative liars: The relationship between creativity and integrity. *Thinking Skills and Creativity, 9,*129–134.

Benjamin, D., & Simon, S. (2002). *The age of sacred terror.* New York: Random House.

Benner, M. J., & Tushman, M. (2003). Exploitation, exploration, and process management: The productivity dilemma revisited. *Academy of Management Review, 27,*238–256.

Bernstein, P. L. (1996). *Against the gods: The remarkable story of risk.* New York: Wiley.

Besemer, S. P. (2006). *Creating products in the age of design; how to improve your new product ideas!.* Stillwater: New Forums Press.

Besemer, S. P., & O'Quin, K. (1999). Confirming the creative product three-factor analysis matrix model in an American sample. *Creativity Research Journal, 12,*287–296.

Bledow, R., Frese, M., Anderson, N., Erez, M., & Farr, J. (2009). A dialectic perspective on innovation: Conflicting demands, multiple pathways, and ambidexterity. *Industrial and Organizational Psychology, 2,*305–337.

Bledow, R., Frese, M., Anderson, N., Erez, M., & Farr, J. (2009). Extending and refining the dialectic perspective on innovation: There is nothing as practical as a good theory; nothing as theoretical as a good practice. *Industrial and Organizational Psychology, 2,*363–373.

Boba, R. L. (2005). *Crime analysis and crime mapping.* Thousand Oaks: Sage.

Bodankin, M., & Tziner, A. (2009). Constructive deviance, destructive deviance and personality: How do they interrelate? *Amfiteatru Economic Journal, 11,*549–564.

Boden, M. A. (2004). *The creative mind: Myths and mechanisms* (2. Aufl.). London: Routledge.

Boyer, P. (1985). *By the bomb's early light: American thought and culture at the dawn of the atomic age.* New York: Pantheon.

Breetzke, G. D. (2006). Geographical information systems (GIS) and policing in South Africa: A review. *Policing: An International Journal of Policing Strategies and Management, 29,*723–740.

Brisman, A. (2010). 'Creative crime' and the phytological analogy. *Crime, Media and Culture, 6,*205–225.

British Broadcasting Corporation (BBC). (2005). http://news.bbc.co.uk/2/hi/uk_news/4263176.stm. Zugegriffen: 26. Juni 2012.

Brophy, D. R. (1998). Understanding, measuring and enhancing individual creative problem-solving efforts. *Creativity Research Journal, 11,*123–150.

Brower, R., & Stahl, J. M. (2011). Crime and creativity. In M. A. Runco & S. R. Pritzker (Hrsg.), *Encyclopedia of creativity* (2. Aufl., S. 318–322). San Diego: Academic.

Brown, R. T. (1989). Creativity. What are we to measure? In J. A. Glover, R. R. Ronning, & C. R. Reynolds (Hrsg.), *Handbook of creativity, perspectives on individual differences* (S. 3–32). New York: Plenum.

Bryson, B. (2004). *A short history of everything.* London: Black Swan.

Bruner, J. S. (1962). The conditions of creativity. In H. Gruber, G. Terrell, & M. Wertheimer (Hrsg.), *Contemporary approaches to cognition* (S. 1–30). New York: Atherton.

Burgelman, R. A. (1983). Corporate entrepreneurship and strategic management. Insights from a process study. *Management Science, 29,*1349–1364.

Burghardt, M. D. (1995). *Introduction to the engineering profession* (2. Aufl.). New York: HarperCollins.

Burkhardt, H. (1985). *Gleichheitswahn Parteienwahn.* Tübingen: Hohenrain.

Byers, S. N. (2007). *Introduction to forensic anthropology.* Boston: Allyn & Bacon.

Cadbury, D. (2004). *Seven wonders of the industrial world.* London: Harper Perennial.

Caldero, M. A., & Crank, J. P. (2004). *Police ethics: The corruption of noble cause.* Cincinnati: Anderson.

Cameron, J. (2002). *The artist's way: A spiritual path to higher creativity* (2. Aufl.). New York: Putnam.

Canadian Intellectual Property Office (2007). What can you patent? http://strategis.gc.ca/sc_mrksv/cipo/patents/pat_gd_protect-e.html#sec2. Zugegriffen: 20. Nov. 2007.

Cattell, J., Glascock, J., & Washburn, M. F. (1918). Experiments on a possible test of aesthetic judgment of pictures. *American Journal of Psychology, 29,*333–336.

Christensen, C. M., Eichen, F. S. von den., & Matzler, K. (2011). *The innovators dilemma: Warum etablierte Unternehmen den Wettbewerb um bahnbrechende Innovationen verlieren.* München: Vahlen.

Cohen, A. K. (1955). *Delinquent boys: The culture of the gang.* Glencoe: Free Press.

Coleman, T. G. (2008). Managing strategic knowledge in policing: Do police leaders have sufficient knowledge about organizational performance to make informed strategic decisions? *Police Practice and Research, 9,*307–322.

Collins, M. A., & Amabile, T. M. (1998). Motivation and creativity. In R. J. Sternberg (Hrsg.), *Handbook of creativity* (S. 297–312). New York: Cambridge University Press.

Colvin, S. S., & Meyer, I. F. (1906). Imaginative elements in the written work of schoolchildren. *Pedagogical Seminar, 13,*91.

Comer, M. J. (1977). *Corporate fraud.* London: McGraw Hill.

Commonwealth of Australia. (2012). *Targeting scams: Report of the ACCC on scam activity 2011.* Canberra: Australian Competitive and Consumer Commission.

Cooper, D. (1988). *Henri de Toulouse-Lautrec.* London: Thames and Hudson.

Cooper, A., Rossmo, D. K., Schmitz, P. & Byleveld, P. (2000). Using GIS and visual aerial photography to assist in the conviction of a serial killer. Paper presented at the Fourth Annual International Mapping Research Conference, San Diego.

Craft, A., Gardner, H., & Claxton, G. (Hrsg.). (2008). *Creativity, wisdom and trusteeship: Exploring the role of education.* Thousand Oaks: Corwin Press.

Crang, M., & Cook, I. (2007). *Doing ethnographies.* London: Sage.

Cropley, A. J. (1967). *Creativity.* London: Longmans.

Cropley, A. J. (1968). Intellectual style and high school science. *Nature, 217,*1211–1212.

Cropley, A. J. (1973). Creativity and culture. *Educational Trends, 8,*19–27.

Cropley, A. J. (1990). Creativity and mental health in everyday life. *Creativity Research Journal, 3,*167–178.

Cropley, A. J. (1992). Glück und Kreativität: Förderung von Aufgeschlossenheit für den zündenden Gedanken. In K. K. Urban (Hrsg.), *Begabungen entwickeln, erkennen und fördern* (S. 216–222). Hannover: Universität Hannover, FB Erziehungswissenschaften.

Cropley, A. J. (1995). Creative performance in older adults. In W. Bos & R. Lehmann (Hrsg.), *Reflections on educational achievement. Papers in Honour of T. Neville Postlethwaite* (S. 75–87). Münster: Waxmann.

Cropley, A. J. (1997). Creativity: A bandle of paradoxes. *Gifted and Talented International, 12,*8–14.

Cropley, A. J. (2001). *Creativity in education and learning.* London: Kogan Page.

Cropley, A. J. (2006). In praise of convergent thinking. *Creativity Research Journal, 18,*391–404.

Cropley, A. J. (2009). Teachers' antipathy to creative students: Some implications for teacher training. *Baltic Journal of Psychology, 10,*86–93.

Cropley, A. J. (2011). Moral issues in creativity. In M. A. Runco & S. R. Pritzker (Hrsg.), *Encyclopedia of creativity* (2. Aufl., S. 140–146). San Diego: Academic.

Cropley, A. J. (2012). Creativity and education: Some Australian perspectives. *International Journal of Creativity and Problem Solving, 22*(1), 9–25.

Cropley, A. J. (2016). The myths of heaven-sent creativity: Towards a perhaps less democratic but more down-to-earth anderstanding. *Creativity Research Journal, 28,*238–246.

Cropley, A. J. (2017). Kreativität: der Begriff, der aus der Kälte kam. In C. Fischer, C. Fischer-Ontrupp, F. Käpnick, F.-J. Mönks, N. Neuber, & C. Solzbacher (Hrsg.), *Potenzialentwicklung. Begabungsförderung. Bildung der Vielfalt* (S. 219–226). Münster: Waxmann.

Cropley, A. J. (2018). Bringing creativity down to earth: A long labor lost. In R. J. Sternberg & J. C. Kaufman (Hrsg.), *The nature of human creativity* (S. 47–62). New York: Cambridge University Press.

Cropley, A. J., & Cropley, D. H. (2009). *Fostering creativity: A diagnostic approach for education and organizations.* Creskill: Hampton Press.

Cropley, A. J., & Cropley, D. H. (2010). The innovative institutional environment: Theoretical insights from psychology. *Baltic Journal of Psychology, 11,*73–87.

Cropley, A. J., & Davis, J. C. (1976). Psychological factors in juvenile delinquency. *Canadian Journal of Behavioural Science, 8,*68–77.

Cropley, A. J., & Reuter, M. (2018). Kreativität und Kreativitätsförderung. In D. H. Rost, N. Sparfeldt, & S. R. Buch (Hrsg.), *Handwörterbuch Pädagogische Psychologie* (5. Aufl., S. 363–374). Weinheim: Beltz.

Cropley, A. J., & Sikand, J. S. (1973). Creativity and schizophrenia. *Journal of Consulting and Clinical Psychology, 40,*462–468.

Cropley, D. H. (2005). Eleven principles of creativity and terrorism, *Science, Engineering & Technology Summit on Counter-Terrorism Technology,* 4th Homeland Security Summit and Homeland Exposition, Canberra, Australia.

Cropley, D. H. (2010). Malevolent innovation: Opposing the dark side of creativity. In D. H. Cropley, A. J. Cropley, J. C. Kaufman, & M. A. Runco (Hrsg.), *The dark side of creativity* (S. 339–359). Cambridge: Cambridge University Press.

Cropley, D. H., & Cropley, A. J. (2000). Fostering creativity in engineering andergraduates. *High Ability Studies, 11,*207–219.

Cropley, D. H., & Cropley, A. J. (2005). Engineering creativity: A systems concept of functional creativity. In J. C. Kaufman & J. Baer (Hrsg.), *Faces of the muse: How people think, work and act creatively in diverse domains* (S. 169–185). Hillsdale: Erlbaum.

Cropley, D. H., & Cropley, A. J. (2008). Elements of a universal aesthetic of creativity. *Psychology of Aesthetics, Creativity and the Arts, 3,*155–161.

Cropley, D. H., & Cropley, A. J. (2010). Recognizing and fostering creativity in design education. *International Journal of Technology and Design Education, 20,*345–358.

Cropley, D. H., & Cropley, A. J. (2010). Functional creativity: 'Products' and the generation of effective novelty. In R. J. Sternberg & J. C. Kaufman (Hrsg.), *The Cambridge handbook of creativity* (S. 301–317). New York: Cambridge University Press.

Cropley, D. H., & Cropley, A. J. (2011). Anderstanding value innovation in organizations: A psychological framework. *International Journal of Creativity and Problem Solving, 21*(1), 17–36.

Cropley, D. H., & Cropley, A. J. (2012). A psychological taxonomy of organizational innovation: Resolving the paradoxes. *Creativity Research Journal, 24,*229–240.

Cropley, D. H., & Cropley, A. J. (2018). *Die Psychologie der organisationalen Innovation.* Wiesbaden: Springer.

Cropley, D. H., Kaufman, J. C., & Cropley, A. J. (2008). Malevolent creativity. *Creativity Research Journal, 20,*105–115.

Cropley, D. H., Kaufman, J. C., & Cropley, A. J. (2011). Measuring creativity for innovation management. *Journal of Technology Management and Innovation, 6*(3), 13–30.

Cropley, D. H., Kaufman, J. C., White, A. E., & Chiera, B. A. (2014). Layperson perceptions of malevolent creativity: The good, the bad, and the ambiguous. *Psychology of Aesthetics, Creativity, and the Arts, 8,*400–412.

Csikszentmihalyi, M. (1996). *Creativity: Flow and the psychology of discovery and invention*. New York: Harper Collins.

Csikszentmihalyi, M. (1999). Implications of a systems perspective for the study of creativity. In R. J. Sternberg (Hrsg.), *Handbook of creativity* (S. 313–335). Cambridge: Cambridge University Press.

Csikszentmihalyi, M. (2006). Foreword: Developing creativity. In N. Jackson, M. Oliver, M. Shaw, & J. Wisdom (Hrsg.), *Developing creativity in higher education: An imaginative curriculum* (pp. xviii–xx). London: Routledge.

Committee on Science and Technology for Containing Terrorism (CSTCT). (2002). *Making the nation safe: The role of science and technology in countering terrorism*. Washington, DC: National Research Council/National Academy of Science.

Dacey, J., & Lennon, K. (1998). *Understanding creativity: The interplay of biological, psychological, and social factors*. San Francisco: Jossey-Bass.

Davis, M. A. (2009). Anderstanding the relationship between mood and creativity: A meta-analysis. *Organizational Behavior and Human Decision Processes, 108,*25–38.

De Grave, K. (1995). *Swindler, spy, rebel: The confidence woman in nineteenth-century America*. Columbia: University of Missouri Press.

Deresiewicz, W. (2015). The death of the artist – and the birth of the creative entrepreneur. *The Atlantic,* January–February.

Descartes, R. (1991). *Principles of philosophy* [1644]. Boston: Kluwer (Trans. V. R. Miller & R. P. Miller.).

Dillon, T. A., Lee, R. K., & Matheson, D. (2005). Value innovation: Passport to wealth creation. *Research-Technology Management, 50,*22–36.

Economist Technology Quarterly. (September 21, 2002). *Thanksgiving for innovation,* S. 13–14.

Eisenberg, J. (2005). *Creativity in sport*. Toronto: Chestnut.

Eisenberger, R., & Rhoades, I. (2001). Incremental effects of reward on creativity. *Journal of Personality and Social Psychology, 81,*728–741.

Eisenman, R. (1991). *From crime to creativity: Psychological and social factors in deviance*. Dubuque: Kendall/Hunt.

Eisenman, R. (2008). Malevolent creativity in criminals. *Creativity Research Journal, 20,*116–119.

Ekblom, P. (1997). Gearing up against crime: A dynamic framework to help designers keep up with the adaptive criminal in a changing world. *International Journal of Risk Security and Crime Prevention, 2,*249–265.

Ekblom, P., & Tilley, N. (2000). Going equipped: Criminology, situational crime prevention and the resourceful offender. *British Journal of Criminology, 40,*376–398.

English, J., & Jones, C. (2003). Creativity and innovation in education: The Tasmanian experience. *16th Annual Conference of Small Enterprise Association of Australia and New Zealand,* 28 September – 1 October 2003.

Ewing, R. (2011). The arts and Australian education: Realising potential. *Australian Education Review, No 58*. Melbourne: ACER.

Eysenck, H. J. (1995). *Genius: The natural history of creativity*. Cambridge: Cambridge University Press.

Eysenck, H. J. (1997). Creativity and personality. In M. A. Runco (Hrsg.), *The creativity research handbook* (Bd. 1, S. 41–66). Cresskill: Hampton Press.

Facaoaru, C. (1985). *Kreativität in Wissenschaft and Technik*. Bern: Huber.

Felson, M. (2002). *Crime and everyday life* (3. Aufl.). Thousand Oaks: Sage.

Festinger, L., Riecken, H., & Schachter, S. (1956). *When prophecy fails*. Minneapolis: University of Minnesota Press.

Fishbein, W., & Treverton, G. (2004). Rethinking "alternative analysis" to address transnational threats. *Occasional Papers, 3*(2). Washington, DC: Sherman Kent Center for intelligence analysis.

Fleming, A. (1980). On the antibacterial action of cultures of a penicillium, with special reference to their use in the isolation of B. influenzae. *British Journal of Experimental Pathology, 10,*226–236.

Fleischmann, M., & Pons, S. (1989). Electrochemically induced nuclear fusion of deuterium. *Journal of Electroanalytical Chemistry, 261,*301–308.

Florida, R. (2002). *The rise of the creative class and how it's transforming work, life, community and everyday life*. New York: Basic Books.

Florida, R., & Goodnight, J. (2005). Managing for creativity. *Harvard Business Review, 83*(7), 124–131.

Flynn, J. R. (1984). The mean IQ of Americans: Massive gains 1932–1978. *Psychological Bulletin, 95,*29–51.

Formosa, S. (2010). Maltese criminological landscapes: A spatio-temporal case where physical and social worlds meet. In E. Buhmann, M. Pietch, & E. Kretzler (Hrsg.), *Digital Landscape Architecture 2010* (S. 150–157). Heidelberg: Wichmann.

Fromm, E. (1990). *Greatness and limitations of Freud's thought*. New York: New American Library.

Gabora, L. (2002). The beer can theory of creativity. In P. Bently & D. Corne (Hrsg.), *Creative evolutionary systems* (S. 147–158). Amsterdam: Elsevier.

Gabora, L., & Holmes, N. (2010). Dangling on a tassel on the fabric of socially constructed reality: Reflections on the creative writing process. In D. H. Cropley, A. J. Cropley, J. C. Kaufman, & M. A. Runco (Hrsg.), *The dark side of creativity* (S. 277–296). Cambridge: Cambridge University Press.

Gabora, L., & Tseng, S. (2014). Computational evidence that self-regulation of creativity is good for society. arXiv:1408.2512 [cs.CY]. Zugegriffen: 21. Aug. 2014.

Gadd, K., & Delbrück, M. (2016). *TRIZ für Ingenieure: Theorie und Praxis des erfinderischen Problemlösens*. Weinheim: Wiley VCH.

Galton, F. (1869). *Hereditary genius*. London: Macmillan.

Gamman, L. (2013). *Gone shopping: The story of Shirley Pitts – queen of thieves*. London: Bloomsbury.

Gamman, L., & Raein, M. (2010). Reviewing the art of crime. What, if anything do criminals and artists/designers have in common? In D. H. Cropley, A. J. Cropley, J. C. Kaufman, & M. A. Runco (Hrsg.), *The dark side of creativity* (S. 155–176). Cambridge: Cambridge University Press.

Gammel, I. (1946). *The twilight of painting*. New York: Putnam's Sons.

Gascón, L. D., & Kaufman, J. C. (2010). Both sides of the coin? Personality, deviance and creative behavior. In D. H. Cropley, A. J. Cropley, J. C. Kaufman, & M. A. Runco (Hrsg.), *The dark side of creativity* (S. 235–254). Cambridge: Cambridge University Press.

Ghiselin, B. (1955). *The creative process*. New York: Bantam Books.

Gino, F., & Ariely, D. (2012). The dark side of creativity: original thinkers can be more dishonest. *Journal of Personality and Social Psychology, 102,*445–459.

Gladwell, M. (2008). *Outliers: The story of success*. New York: Little, Brown and Company.

Gladwell, M. (2009). *What the dog saw and other adventures*. London: Lane.

Goncalo, J. A., Vincent, L. C., & Audia, P. G. (2010). Early creativity as a constraint on future achievement. In D. H. Cropley, A. J. Cropley, J. C. Kaufman, & M. A. Runco (Hrsg.), *The dark side of creativity* (S. 114–133). Cambridge: Cambridge University Press.

Gordon, W. (1961). *Synectics: The development of creative capacity*. New York: Harper.

Gottfredson, M., & Hirschi, T. (1990). *A general theory of crime*. Stanford: Stanford University Press.

Gottschalk, P., & Gudmandsen, Y. S. (2009). An empirical study of intelligence strategy implementation. *International Journal of Police Science and Management, 12,*55–68.

Grayling, A. C. (2003). *What is good? The search for the best way to live*. London: Phoenix.

Gruber, H. E. (1993). Creativity in the moral domain: Ought implies can implies create. *Creativity Research Journal, 6,*3–15.

Gruber, H. E., & Davis, S. N. (1988). Inching our way up Mount Olympus: The evolving systems approach to creative thinking. In R. J. Sternberg (Hrsg.), *The nature of creativity: Contemporary psychological perspectives* (S. 243–270). New York: Cambridge University Press.

Grudin, R. (1990). *The grace of great things. Creativity and innovation*. New York: Ticknor and Fields.

Guilford, J. P. (1950). Creativity. *American Psychologist, 5,*444–454.

Hadamard, J. (1945). *Psychology of invention in the mathematical field*. New York: Dover Publications.

Haner, U.-E. (2005). Spaces for creativity and innovation in two established organizations. *Creativity and Innovation Management, 14,*288–298.

Hare, R. D. (2006). Psychopathy: A clinical and forensic overview. *Psychiatric Clinics of North America, 29,*709–724.

Hare, R. D., & Neumann, C. N. (2006). The PCL-R assessment of psychopathy: Development, structural properties, and new directions. In C. Patrick (Hrsg.), *Handbook of psychopathy* (S. 58–88). New York: Guilford.

Hari, A. (2010). A systems engineering approach to counterterrorism. In D. H. Cropley, A. J. Cropley, J. C. Kaufman, & M. A. Runco (Hrsg.), *The dark side of creativity* (S. 329–338). Cambridge: Cambridge University Press.

Harris, A. (2014). *The creative turn*. Rotterdam: Sense Publishers.

Harris, M. (2006). *Cultural anthropology*. Boston: Allyn & Bacon.

Harris, D. J., Reiter-Palmon, R., & Kaufman, J. C. (2013). The effect of emotional intelligence and task type on malevolent creativity. *Psychology of Aesthetics, Creativity and the Arts, 7,*237–244.

Haseman, B. C., & Jaaniste, L. O. (2008). The arts and Australia's national innovation system (1994–2008). *CHASS Occasional Paper, 7,*7–39.

Hassenstein, M. (1988). *Bausteine zu einer Naturgeschichte der Intelligenz*. Stuttgart: Deutsche Verlags-Anstalt.

Hausman, C. R. (1984). *A discourse on novelty and creation*. Albany: State University of New York Press.

Hayward, K., & Young, J. (2004). Cultural criminology: Some notes on the script. *Theoretical Criminology, 8,*259–273.

Hecht, D. K. (2010). Imagining the bomb. In D. H. Cropley, A. J. Cropley, J. C. Kaufman, & M. A. Runco (Hrsg.), *The dark side of creativity* (S. 72–90). Cambridge: Cambridge University Press.

Helson, R. (1983). Creative mathematicians. In R. S. Albert (Hrsg.), *Genius and eminence: The social psychology of creativity and exceptional achievement* (S. 311–330). Elmsford: Pergamon.

Helson, R. (1996). In search of the creative personality. *Creativity Research Journal, 9,*295–306.

Helson, R. (1999). A longitudinal study of creative personality in women. *Creativity Research Journal, 12,*89–102.

Hennessey, B. A., & Amabile, T. (1999). Consensual assessment. In M. A. Runco & S. R. Pritzker (Hrsg.), *Encyclopedia of creativity* (S. 347–359). San Diego: Academic.

Henning, B. G. (2005). *The ethics of creativity: Beauty, morality, and nature in a processive cosmos.* Pittsburgh: University of Pittsburgh Press.

Herrmann, W. (1987). *Auswirkungen verschiedener Fussballtrainingsstile auf Leistungsmotivation.* Universität Hamburg, unveröffentlichte Diplomarbeit.

Hilton, K. (2010). Boandless creativity. In D. H. Cropley, A. J. Cropley, J. C. Kaufman, & M. A. Runco (Hrsg.), *The dark side of creativity* (S. 134–154). Cambridge: Cambridge University Press.

Hilton, K., & Henderson, K. (2008). Developing criminal personas for designers. *Papers from the British Criminological Society Conference, 8,*175–186.

Hollin, C. R. (1989). *Creativity and crime.* London: Routledge.

Holzinger, B., & Klösch, G. (2017). *Schlafstörungen: Psychologische Beratung und Schlafcoaching.* Berlin: Springer.

Horaz [Quintus Horatius Flaccus], (ca. 19 BCE [1888]). Ars poetica. https://archive.org/stream/arspoeticadeshor00hora/arspoeticadeshor00hora_djvu.txt. Zugriffen: 28. Feb. 2018.

Horenstein, M. N. (2002). *Design concepts for engineers* (2. Aufl.). Upper Saddle River: Prentice Hall.

Howe, C., McWilliam, D., & Cross, G. (2005). Chance favours only the prepared mind: Incubation and the delayed effects of peer collaboration. *British Journal of Psychology, 96,*67–93.

Hudson, L. (1968). *Frames of mind.* London: Methuen.

Huizenga, J. R. (1994). *Cold fusion: The scientific fiasco of the century.* New York: Oxford University Press.

Hull, D. L., Tessner, P. D., & Diamond, A. M. (1978). Planck's principle. *Science, 202,*717–723.

Huxley, L. (1901). *Life and letters of Thomas Henry Huxley* (Bd. 2). New York: Appleton.

James, K., & Taylor, A. (2010). Positive creativity and begative creativity and negative creativity (and unintended consequences). In D. H. Cropley, A. J. Cropley, J. C. Kaufman, & M. A. Runco (Hrsg.), *The dark side of creativity* (S. 33–56). Cambridge: Cambridge University Press.

James, K., Clark, K., & Cropanzano, R. (1999). Positive and negative creativity in groups, institutions and organizations: A model and theoretical extension. *Creativity Research Journal, 12,*211–226.

Jamison, K. R. (1993). *Touched with fire: Depressive illness and the artistic temperament.* New York: Free Press.

Jasper, J. M. (2004). A strategic approach to collective action: Looking for agency in social movement choices. *Mobilization, 9,*1–116.

Jasper, J. M. (2010). The innovation dilemma: Some risks of creativity in strategic agency. In D. H. Cropley, A. J. Cropley, J. C. Kaufman, & M. A. Runco (Hrsg.), *The dark side of creativity* (S. 91–113). Cambridge: Cambridge University Press.

Johnson, J. A. (1983). Criminality, creativity, and craziness: Structural similarities in three types of nonconformity. In W. S. Laufer & J. M. Day (Hrsg.), *Personality theory, moral development, and criminal behaviour* (S. 81–105). Lexington: D. C. Heath.

Julius, A. (2002). *Transgressions: The offences of art.* London: Thames & Hudson.

Kampylis, P. (2010). Fostering creative thinking: The role of primary teachers. *Jyväskalä Studies in Education,* Whole No. 115.

Kampylis, P. G., & Valtanen, J. (2010). Redefining creativity–Analyzing definitions, collocations, and consequences. *Journal of Creative Behavior, 44,*191–214.

Kanazawa, S. (2003). Why productivity fades with age: The crime–genius connection. *Journal of Research in Personality, 37,*257–272.

Kant, I. (1998). *Kritik der reinen Vernunft* [1781]. Hamburg: Felix Meiner Verlag.

Kasov, K., Chen, C., Himsel, A., & Greenberger, E. (2007). Values and creativity. *Creativity Research Journal, 19,*105–122.

Katyal, N. K. (2002). Architecture as crime control. *Yale Law Journal, 111,*1039–1139.

Kaufman, G. (2003). Expanding the mood-creativity equation. *Creativity Research Journal, 15,*131–135.

Kaufman, J. C., & Baer, J. (2012). Beyond new and appropriate: Who decides what is creative? *Creativity Research Journal, 24,*83–91.

Kaufman, J. C., & Beghetto, R. A. (2009). Beyond big and little: The four c model of creativity. *Review of General Psychology, 13,*1–12.

Kay, S. (1996). The development of a personal aesthetic in creative accomplishments. *Journal of Aesthetic Education, 30,*111–114.

Kelling, G. L., Pate, A., Dieckman, D., & Brown, C. E. (1974). *The Kansas City preventive patrol experiment.* Washington, DC: The Police Foundation.

Kim, K. H. (2011). The creativity crisis: The decrease in creative thinking scores on the torrance tests of creative thinking. *Creativity Research Journal, 23,*285–295.

Kim, W. C., & Mauborgne, R. (2004). Value innovation: The strategic logic of high growth. *Harvard Business Review, 82,*172–180.

Kipper, D., Green, D., & Prorak, A. (2010). The relationship among spontaneity, impulsivity, and creativity. *Journal of Creativity in Mental Health, 5,*39–53.

Kirton, M. (1989). *Adaptors and innovators: Styles of creativity and problem solving.* London: Routledge.

Kitchen T. (2007). Effective crime prevention strategies and engagement with planning process in Bradford, England. http://www.unhabitat.org/grhs/2007. Zugegriffen: 23. Apr. 2011.

Koberg, D., & Bagnall, J. (1991). *The universal traveler: A soft systems guide to creativity, problem solving and the process of reaching goals*. Menlo Park: Crisp Publications Inc.

Koop, C., & Steenbuck, O. (Hrsg.) (2011). *Kreativität: Zufall oder harte Arbeit?* Frankfurt: Karg-Stiftung.

Kozbelt, A., & Meredith, D. (2011). Lifespan melodic originality trajectories in classical composers: A hierarchical linear modeling approach. *International Journal of Creativity and Problem Solving, 21*(2), 63–79.

Kozbelt, A. R., Beghetto, R. A., & Runco, M. A. (2010). Theories of creativity. In R. J. Sternberg & J. C. Kaufman (Hrsg.), *The Cambridge handbook of creativity* (S. 20–47). New York: Cambridge University Press.

KPMG. (2011). Fraud barometer: December 2011 readings. http://www.kpmg.com/au/en/issuesandinsights/articlespublications/fraud-barometer/pages/default.aspx. Zugegriffen: 5. Juni 2012.

Krohn, M. D., Lizotte, A. J., & Hall, G. P. (Hrsg.). (2009). *Handbook on crime and deviance*. Heidelberg: Springer.

Kuszewski, A. M. (2009). The genetics of creativity: A serendipitous assemblage of madness. *Método Working Papers*, No. 58. New York: Metodo Social Sciences Institute.

Landenberger, N. A., & Lipsey, M. (2005). The positive effects of cognitive-behavioral programs for offenders: A meta-analysis of factors associated with effective treatment. *Journal of Experimental Criminology, 1*, 451–476.

Langsdorf, W. B. (1900). *Tranquility of mind*. New York: Putnam's Sons.

Lee, S., & Dow, G. T. (2011). Malevolent creativity: Does personality influence malicious divergent thinking? *Creativity Research Journal, 23*, 73–82.

Lemert, E. M., Lemert. C. C., & Winter, M. (2000). *Crime and deviance: Essays and innovations of Edwin M. Lemert*. Lanham: Rowman & Littlefield.

Levitt, T. (2002). Creativity is not enough. *Harvard Business Review, 81*, 137–144.

Lewis, T. (2005). Creativity–A framework for the design/problem solving discourse in technology education. *Journal of Technology Education, 17*, 35–52.

Licate, D. A. (2010). *Innovations and organizational change in Ohio police departments*. Unpublished doctoral dissertation, Kent State University, Kent.

Lombroso, C. (1889). *The man of genius*. London: W. Scott.

Longshore, D., Turner, S., & Stein, J. (1996). Self-Control in a criminal sample: An examination of construct validity. *Criminology, 34*(2), 209–228.

Ludwig, A. M. (1998). Method and madness in the arts and sciences. *Creativity Research Journal, 11*, 93–101.

Lynam, D., & Miller, J. (2004). Personality pathways to impulsive behaviour and their relations to deviance: Results from three samples. *Journal of Quantitative Criminology, 20*, 319–341.

Lynn, R. (1971). *An introduction to the study of personality*. London: MacMillan.

Macchiavelli, N. (2010). The prince [1532] (trans. W. K. Marriott). Shelbyville: Wasteland Classics.

Mackay, C. (1852). Memoirs of extraordinary popular delusions and the madness of Crowds (2 Ed.). London: Office of the National Illustrated Library. http://www.econlib.org/library/Mackay/macEx2.html. Zugegriffen: 25. Jun. 2012.

MacKinnon, D. W. (1978). *In search of human effectiveness: Identifying and developing creativity*. Buffalo: Creative Education Foandation.

Mainemelis, C. (2010). Stealing fire: Creative deviance in the evolution of new ideas. *Academy of Management Review, 35*, 558–578.

Malinowski, B. (1929). *The sexual life of savages in North-Western Melanesia*. New York: Eugenics Pub. Co.

Manning, P. K. (2001). Technology's ways: Information technology, crime analysis, and the rationalization of policing. *Criminal Justice: The International Journal of Policy and Practice, 1*, 83–103.

Martin, J. N. (1997). *Systems engineering guidebook: A process for developing systems and products*. Boca Raton: CRC Press.

Martin, M. W. (2006). Moral creativity. *International Journal of Applied Philosophy, 20*(1), 55–66.

Martindale, C. (1989). Personality, situation, and creativity. In J. A. Glover, R. R. Ronning, & C. R. Reynolds (Hrsg.), *Handbook of creativity* (S. 211–228). New York: Plenum.

Marzbali, M. H., Abdullah, A., Razak, N. A., & Tilaki, M. J. M. (2011). A review of the effectiveness of crime prevention by design approaches to sustainable development. *Journal of Sustainable Development, 4*, 160–172.

Maslow, A. H. (1973). Creativity in self-actualizing people. In A. Rothenberg & C. R. Hausman (Hrsg.), *The creative question* (S. 86–92). Durham: Duke University Press.

May, R. (1976). *The courage to create*. New York: Bantam.

McIntyre, P. (2006). Creative practice as research: "Testing out" the systems model of creativity through practitioner-based enquiry. In R. Velila (Hrsg.), *Speculation and innovation: Applying practice led research in the creative industries* (S. 201–225). Brisbane: Queensland University of Technology.

McIntyre, P., & McIntyre, E. (2007). Rethinking creativity and approaches to teaching. *The International Journal of the Book, 4*(1), 15–22.

McLaren, R. B. (1993). The dark side of creativity. *Creativity Research Journal, 6*, 137–144.

McMullan, W. E. (1978). Creative individuals: Paradoxical personages. *Journal of Creative Behavior, 10,*265–275.

McWilliam, E., & Dawson, S. (2008). Teaching for creativity: Towards sustainable and replicable pedagogical practice. *Higher Education, 56,*633–643.

McWilliam, E., Dawson, S., & Tan, J. P.-L. (2011). Less elusive, more explicit. In P. Thomson & J. Sefton-Green (Hrsg.), *Researching creative learning: Methods and issues* (S. 113–125). London: Routledge.

Mednick, S. A. (1962). The associative basis of creativity. *Psychological Review, 69,*220–232.

Merton, R. K. (1938). Social structure and anomie. *American Sociological Review, 3,*672–682.

Mill, J. (1829). *Analysis of the phenomena of the human mind.* New York: A. M. Kelley.

Miller, A. I. (1992). Scientific creativity: A comparative study of Henri Poincaré and Albert Einstein. *Creativity Research Journal, 5,*385–418.

Miller, R. V. (2011). *Miller's Australian competition and consumer law annotated* (33. Aufl.). Sydney: Thomson Reuters.

Millward, L. J., & Freeman, H. (2002). Role expectations as constraints to innovation: The case of female managers. *Creativity Research Journal, 14,*93–109.

Moustakis, C. E. (1977). *Creative life.* New York: Van Nostrand.

Mumford, M. D., & Moertl, P. (2003). Cases of social innovation: Lessons from two innovations in the 20th century. *Creativity Research Journal, 13,*261–266.

Mumford, M. D., Baughman, W. A., Maher, M. A., Costanza, D. P., & Supinski, E. P. (1997). Process-based measures of creative problem-solving skills: IV. Category combination. *Creativity Research Journal, 10,*59–71.

Mumford, M. D., Baughman, W. A., Threlfall, K. V., Supinski, E. P., & Costanza, D. P. (1996). Process-based measures of creative problem-solving skills: I. Problem construction. *Creativity Research Journal, 9,*63–76.

Nebel, C. (1988). *The dark side of creativity: Blocks, unfinished works and the urge to destroy.* New York: Whitston Publishing Company.

Necka, E. (1986). On the nature of creative talent. In A. J. Cropley, K. K. Urban, H. Wagner, & W. H. Wieczerkowski (Hrsg.), *Giftedness: A continuing worldwide challenge* (S. 131–140). New York: Trillium.

Nicholls, J. G. (1972). Creativity in the person who will never produce anything original and useful. The concept of creativity as a normally distributed trait. *American Psychologist, 27,*717–727.

Nickerson, R. S. (1998). Confirmation bias: A ubiquitous phenomenon in many guises. *Review of General Psychology, 2,*175–220.

Nietzsche, F. W. (1922). *Der Wille zur Macht* [1884/1888]. Leipzig: Kröner.

Nobel Foandation. (1967). *Nobel lectures, Physics 1901–1921.* Amsterdam: Elsevier.

O'Brien, A., & Donelan, K. (Hrsg.). (2008). *The arts and youth at risk: Global and local challenges.* Newcastle upon Tyne: Cambridge Scholars Publishing.

O'Brien, K. (2011). *Pilot Pen creativity report.* Bankstown: Pilot Pen.

O'Connor, J. J., & Robertson, E. F. (2003). Jules Henri Poincaré. http://www-history.mcs.st-andrews. ac.uk/Mathematicians/Poincare.html. Zugegriffen: 29. Juli 2006.

Olson, M. (1984). *The rise and decline of nations.* New Haven: Yale University Press.

Oral, G. (2006). Creativity of Turkish prospective teachers. *Creativity Research Journal, 18,*65–73.

Osborn, A. F. (1953). *Applied imagination.* New York: Scribner's Sons.

Parnell, P. C. (2003). Introduction: Crime's power. In P. C. Parnell & S. C. Kane (Hrsg.), *Crime's power* (S. 1–32). New York: Palgrave Macmillan.

Patrick, C. (1935). Creative thought in poets. *Archives of Psychology, 26,*1–74.

Patrick, C. (1937). Creative thought in artists. *Journal of Psychology, 4,*35–73.

Pedneault, S. (2009). *Fraud 101: Techniques and strategies for understanding fraud* (3. Aufl.). Hoboken: Wiley.

Perkins, D. N. (1981). *The mind's best work.* Cambridge: Harvard University Press.

Peterson, H. (Hrsg.). (1954). *A treasury of the world's great speeches.* Danbury: Grolier.

Peterson, M. (2005). *Intelligence-led policing: The new intelligence architecture.* Washington, DC: US Department of Justice, Office of Justice Programs.

Pierce, J. R., & Aguinis, H. (2013). The too-much-of-a-good-thing effect in management. *Journal of Management, 39,*313–338.

Pilzer, P. Z. (1994). *Unlimited wealth* (2. Aufl.). New York: Crown Publishers Inc.

Pirelli, G., Gottdiener, W. H., & Zapf, P. A. (2011). A meta-analytic review of competency to stand trial research. *Psychology, Public Policy and Law, 17,*1–53.

Planck, M. (1948). *Wissenschaftliche Selbstbiographie. Mit einem Bildnis und der von Max von Laue gehaltenen Traueransprache.* Leipzig: Johann Ambrosius Barth Verlag.

Platt, W., & Baker, R. A. (1931). The relation of the scientific hunch to research. *Journal of Chemical Education, 8,*1969–2002.

Plucker, J. A. (1998). Beware of simple conclusions: The case for content generality of creativity. *Creativity Research Journal, 11,*179–182.

Poincaré, H. (1913). Mathematical creation. In H. Poincaré (Hrsg.), *The foundation of science.* New York: Science Press.

Price, B. C. (2012). Targeting top terrorists. *International Security, 36*(4), 9–46.

PricewaterhouseCoopers. (2018). *Pulling fraud out of the shadows. Global economic crime and fraud survey 2018*. London: PricewaterhouseCoopers.

Prindle, E. J. (1906). The art of imagining. *Transactions of the American Institute for Engineering Education, 25*,519–547.

Ramsland, K. (2010). *The forensic psychology of criminal minds*. New York: Berkley Boulevard.

Ratcliffe, J. H. (2006). The hot-spot matrix: A framework for the spatio-temporal targeting of crime reduction. *Police Practice and Research, 5*(1), 5–23.

Ratcliffe, J. H. (2016). *Intelligence-led policing* (2. Aufl.). London: Routledge.

Rechtin, E., & Maier, M. (2000). *The art of systems architecting*. Boca Raton: CRC Press.

Reuter, M., Roth, S., Holve, K., & Hennig, J. (2006). Identification of a first candidate gene for creativity: A pilot study. *Brain Research, 1069*,190–197.

Reyerson, K. L. (1982). Commercial fraud in the middle ages: the case of the dissembling pepperer. *Journal of Medieval History, 8*,63–72.

Rhodes, M. (1961). An analysis of creativity. *Phi Delta Kappan, 42*,305–310.

Richards, R. (Hrsg.). (2007). *Everyday creativity and new views of human nature: Psychological, social and spiritual perspectives*. Washington, DC: American Psychological Association.

Richards, R., Kinney, D. K., Benet, M., & Merzel, A. P. (1988). *Journal of Personality and Social Psychology, 54*,476–485.

Rickards, T. J. (1993). Creativity from a business school perspective: Past, present and future. In S. G. Isaksen, M. C. Murdock, R. L. Firestien, & D. J. Treffinger (Hrsg.), *Nurturing and developing creativity: The emergence of a discipline* (S. 155–176). Norwood: Ablex.

Rickards, T. J. (1999). Brainstorming. In M. A. Runco & S. R. Pritzker (Hrsg.), *Encyclopedia of creativity* (Bd. 1, S. 219–227). San Diego: Academic.

Roberts, M., & Erickson, W. (2010). Housing and designing out crime. www.westminster.gov.uk/workspace/assets/publications/Designing-Out-Crime-1280245316.pdf. Zugegriffen: 24. Apr. 2011.

Rocavert, C. (2016). Democratizing creativity: How arts/philosophy can contribute to the question of arts bias. *Creativity Research Journal, 28*,229–237.

Rogers, C. R. (1954). Towards a theory of creativity. *ETC: A Review of General Semantics, 11*,249–260.

Rorty, R. (1979). *Philosophy and the mirror of nature*. Princeton: Princeton University Press.

Rossman, J. (1931). *The psychology of the inventor: a study of the patentee*. Washington, DC: Inventors' Publishing Co.

Rothenberg, A. (1983). Psychopathology and creative cognition: A comparison of hospitalised patients, Nobel laureates and controls. *Archives of General Psychiatry, 40*,937–942.

Rothman, A. (1982). Genius and biographers: The fictionalization of Evariste Galois. *American Mathematical Monthly, 89*(2), 84–106.

Rothman, J. (2014). https://www.newyorker.com/books/joshua-rothman/creativity-creep. Zugegriffen: 2. Sept. 2014.

Royce, J. (1898). The psychology of invention. *Psychological Review, 5*(2), 113–134.

Runco, M. A. (2010). Creativity has no dark side. In D. H. Cropley, A. J. Cropley, J. C. Kaufman, & M. A. Runco (Hrsg.), *The dark side of creativity* (S. 15–32). Cambridge: Cambridge University Press.

Runco, M. A., & Jaeger, G. J. (2012). The standard definition of creativity. *Creativity Research Journal, 24*,92–96.

Runco, M. A., & Nemiro, J. (2003). Creativity in the moral domain: Integration and implications. *Creativity Research Journal, 15*,91–105.

Ruggiero, V. (2010). *Organized crime: Between the formal and the informal economy*. Santiago: Global Symposium on Security Transformation. http://www.securitytransformation.org/gc_publications.php. Zugegriffen: 20. Mai 2011.

Salcedo-Albarán, E., Kuszewski, A. M., Leon-Beltran, I. de., & Garay, L. J. (2009). *Rule-breaking from illegality: A trans-disciplinary inquiry*. Working Paper No 63. http://papers.ssrn.com/sol3/papers.cfm?abstract_id=1528842. Zugegriffen: 31. Dez. 2009.

Sampson, R. J., & Wilson, W. J. (1995). Toward a theory of race, crime and urban inequality. In J. Hagan & R. Peterson (Hrsg.), *Crime and inequality* (S. 37–54). Stanford: Stanford University Press.

Sawyer, R. K., John-Steiner, V., Moran, S., Sternberg, R. J., Feldman, D. H., Nakamura, J., et al. (2003). *Creativity and development*. New York: Oxford University Press.

Scheppele, K. L. (2004). Constitutional ethnography: An introduction. *Law and Society Review, 38*,389–406.

Schlink, S., & Walther, E. (2007). Kurz und gut: Eine deutsche Kurzskala zur Erfassung des Bedürfnisses nach kognitiver Geschlossenheit. *Zeitschrift für Sozialpsychologie, 38*,153–161.

Schmid, T. (2012). An Interdisciplinary vision for creativity and creative problem solving: A health science perspective in regional Australia. *International Journal of Creativity and Problem Solving, 22*(1), 77–96.

Schuldberg, D. (2000–2001). Six sub-clinical spectrum traits in normal creativity. *Creativity Research Journal, 13*, 5–16.

Schuster, M. (2015). *Alltagskreativität: Verstehen und entwickeln*. Heidelberg: Springer Spektrum.

Scott, T. E. (1999). Knowledge. In M. A. Runco & S. R. Pritzker (Hrsg.), *Encyclopedia of creativity* (Bd. 2, S. 119–129). San Diego: Academic.

Semmer, E. (1870). Resultate der Injektion von Pilzsporen and Pilzhefen in's Bluth der Thiere. *Virchows Archiv, 50,*158–160.

Shaw, M. P. (1989). The Eureka process: A structure for the creative experience in science and engineering. *Creativity Research Journal, 2,*286–298.

Shepard, J. M. (2006). *Sociology, updated* (9. Aufl.). Belmont: Wadsworth.

Silvia, P. J. (2008). Discernment and creativity: How well can people identify their most creative ideas? *Psychology of Aesthetics, Creativity and the Arts, 2,*139–146.

Silvia, P. J., Kaufman, J. C., Reiter-Palmon, R., & Wigert, B. (2011). Cantankerous creativity: Honesty-Humility, Agreeableness, and the HEXACO structure of creative achievement. *Personality and Individual Differences, 51,*687–689.

Simon, H. (1990). Interview. *Carnegie-Mellon University Magazine*, Fall, S. NN–NN.

Simonton, D. K. (1988). *Scientific genius: A psychology of science*. Cambridge: Cambridge University Press.

Simonton, D. K. (2004). *Creativity in science: Chance, logic, genius and Zeitgeist*. Cambridge: Cambridge University Press.

Simonton, D. K. (2007). The creative process in Picasso's Guernica sketches: Monotonic improvements versus nonmonotonic variants. *Creativity Research Journal, 19,*329–344.

Simonton, D. K. (2009). Varieties of (scientific) creativity: A hierarchical model of disposition, development, and achievement. *Perspectives on Psychological Science, 4,*441–452.

Simonton, D. K. (2010). So you want to become a creative genius? You must be crazy! In D. H. Cropley, A. J. Cropley, J. C. Kaufman, & M. A. Runco (Hrsg.), *The dark side of Creativity* (S. 218–234). Cambridge: Cambridge University Press.

Simonton, D. K. (2015). On praising convergent thinking: Creativity as blind variation and selective retention. *Creativity Research Journal, 27,*262–270.

Singer, J. K. (2010). Creativity in confinement. In D. H. Cropley, A. J. Cropley, J. C. Kaufman, & M. A. Runco (Hrsg.), *The dark side of creativity* (S. 177–203). Cambridge: Cambridge University Press.

Slater, B. H. (2006). http://www.iep.utm.edu/a/aestheti. htm#H2. Zugegriffen: 30. Juli 2007.

Schneier, B. (2000). *Secrets and lies: Digital security in a networked world*. New Your: Wiley.

Stein, M. I. (1953). Creativity and culture. *Journal of Psychology, 36,*311–322.

Sternberg, R. J. (1985). *Beyond IQ: A triarchic theory of human intelligence*. New York: Cambridge University Press.

Sternberg, R. J. (2003). *Wisdom, intelligence and creativity synthesized*. Cambridge: Cambridge University Press.

Sternberg, R. J. (2010). The dark side of creativity and how to combat it. In D. H. Cropley, J. Cropley, J. C. Kaufman, & M. A. Runco (Hrsg.), *The dark side of creativity* (S. 316–328). Cambridge: Cambridge University Press.

Sternberg, R. J., & Davidson, J. E. (1999). Intuition. In M. A. Runco & S. R. Pritzker (Hrsg.), *Encyclopedia of creativity* (Bd. 2, S. 57–69). San Diego: Academic.

Sternberg, R. J., & Kauman, J. C. (2010). Constraints on creativity. In J. C. Kaufman & R. S. Sternberg (Hrsg.), *Cambridge handbook of creativity* (S. 467–482). Cambridge: Cambridge University Press.

Sternberg, R. J., Kaufman, J. C., & Pretz, J. E. (2002). *The creativity conandrum: A propulsion model of kinds of creative contributions*. New York: Psychology Press.

Sternberg, R. J., & Lubart, T. I. (1995). *Defying the crowd: Cultivating creativity in a culture of conformity*. New York: Free Press.

Sternberg, R. J., & Lubart, T. I. (1999). The concept of creativity: Concepts and paradigms. In R. J. Sternberg (Hrsg.), *Handbook of creativity* (S. 3–15). New York: Cambridge University Press.

Tatarkiewicz, W. (2011). *A history of six ideas: An essay in aesthetics*. New York: Springer.

Taylor, I. A. (1975). An emerging view of creative actions. In I. A. Taylor & J. W. Getzels (Hrsg.), *Perspectives in creativity* (S. 297–325). Chicago: Aldine.

Taylor, K. E. (2004). *Brainwashing: The science of thought control*. Oxford: Oxford University Press. http://en.wikipedia.org/wiki/Brainwashing:_The_Science_of_Thought_Control.

TenHouten, W. D. (1999). Handwriting and creativity. In M. A. Runco & S. R. Pritzker (Hrsg.), *Encyclopedia of creativity* (Bd. 1, S. 799–805). San Diego: Academic.

Thomas, W. I., & Thomas, D. S. (1928). *The child in America*. New York: Knopf.

Tibi, D. Y. (2003). Autoimmune concept for dealing with the problem of airplane hijacking. Paper presented at the Technologies, Systems, and Architecture for Transnational Defense Conference, AeroSense, SPIE, Orlando, Florida, April.

Tiger, L. (1979). *Optimism: The biology of hope*. New York: Simon & Shuster.

Tiger, L., & Fox, R. (1971). *The imperial animal*. New York: Holt, Rinehart & Winston.

Tobler, W. (1970). A computer movie simulating urban ßwth in the Detroit region. *Economic Geography, 46,*234–240.

Torrance, E. P. (1965). *The Minnesota studies of creative thinking: Widening horizons in creativity*. New York: Wiley.

Toynbee, A. (1962). Has America neglected its creative minority? *California Monographs, 72,*7–10.

Treffinger, D. J., Sortore, M. R., & Cross, J. A. (1993). Programs and strategies for nurturing creativity. In K. Heller, F. J. Mönks, & A. H. Passow (Hrsg.), *International handbook for research on giftedness and talent* (S. 555–567). Oxford: Pergamon.

Trivers, R. (1985). *Social evolution*. Menlo Park: Benjamin/Cummings.

Trivers, R. (2011). *The folly of fools: The logic of deceit and self-deception in human life*. New York: Basic Books.

Tsanoff, R. (1949). *The ways of genius*. New York: Harper & Brothers.

Twersky-Glasner, A. (2005). Police personality: What is it and why are they like that? *Journal of Police and Criminal Psychology, 20,*56–67.

Unsworth, K. L. (2001). Unpacking creativity. *Academy of Management Review, 26,*286–297.

Van de Ven, A. H., Poole, M. S., & Angle, H. L. (2000). *Research on the management of innovation*. Oxford: Oxford University Press.

Walberg, H. J., & Stariha, W. E. (1992). Productive human capital: Learning, creativity and eminence. *Creativity Research Journal, 5,*23–340.

Walczyk, J. J., Runco, M. A., Tripp, S. M., & Smith, C. E. (2008). The creativity of lying: Divergent thinking and ideational correlates of the resolution of social dilemmas. *Creativity Research Journal, 20,*328–342.

Ward, T. B., & Kolomyts, J. (2010). Cognition and creativity. In R. J. Sternberg & J. C. Kaufman (Hrsg.), *The Cambridge handbook of creativity* (S. 93–112). New York: Cambridge University Press.

Watzlawick, P. (1976). *Wie wirklich ist die Wirklichkeit? München: Wahn, Täuschung, Verstehen* (S. 1976). München: Piper Verlag.

Wertheimer, M., & Metzger, W. (1957). *Produktives denken. Was geschieht, wenn man wirklich denkt und dabei vorwärts kommt?* Frankfurt a. M.: Waldemar Kramer.

Whittaker, D. J. (Hrsg.). (2007). *The terrorism reader*. London: Routledge.

Wikipedia. (2012) Enron. http://en.wikipedia.org/wiki/Enron. Zugegriffen: 26. Juni 2017.

Wilks, T. J., & Zimbelman, M. F. (2004). Using games theory and strategic reasoning concepts to prevent and detect fraud. *Accounting Horizons, 18*(3), 173–184.

Williams, A. P., Ostwald, M. J., & Askland, H. H. (2011). The relationship between creativity and design and its implications for design education. *Design Principles and Practices: An International Journal, 5,*57–72.

Wilson, C. (1984). *A criminal history of mankind*. London: Granada.

Winner, E. (1985). *Invented worlds: The psychology of the arts*. Cambridge: Harvard University Press.

Winner, E., & Hetland, L. (2000). The arts and academic achievement: What the evidence shows. *Journal of Aesthetic Education, 34,*3–4.

Wittkower, R., & Wittkower, M. (1969). *Born under Saturn: The character and conduct of artists*. New York: Norton.

Wolfe, S. E., & Piquero, A. R. (2011). Organizational justice and police misconduct. *Criminal Justice and Behavior, 38,*332–353.

Wolff, M., & Asche, H. (2009). Towards geospatial analysis of crime scenes–a 3D crime mapping approach. In M. Sester, L. Bernard, & V. Paelke (Hrsg.), *Advances in GIScience* (S. 429–448). Berlin: Springer.

Woodman, R. W., Sawyer, J. E., & Griffin, R. W. (1993). Toward a theory of organizational creativity. *Academy of Management Review, 18,*293–321.

Zaitseva, M. N. (2010). Subjugating the creative mind: The Soviet biological weapons program and the role of the state. In D. H. Cropley, A. J. Cropley, J. C. Kaufman, & M. A. Runco (Hrsg.), *The dark side of creativity* (S. 57–71). Cambridge: Cambridge University Press.

Yang, K., & El-Haik, B. (2003). *Design for Six Sigma: A roadmap for product development*. New York: McGraw-Hill.

Yue, X. D., Bender, M., & Cheung, C. K. (2011). Who are the best known national and foreign creators – a comparative study among andergraduates in China and Germany. *Journal of Creative Behavior, 45,*23–37.

Zubek, J. (Hrsg.). (1969). *Sensory deprivation: Fifteen years of research*. New York: Appleton Century Crofts.

Zuo, L. (1998). Creativity and the aesthetic sense. *Creativity Research Journal, 11,*309–313.

Printed in the United States
By Bookmasters